I0102710

www.ingramcontent.com/pod-product-compliance
Lightning Source LLC
Chambersburg PA
CBHW081655270326
41933CB00017B/3178
9781939123060

Relations between Iran and America in the context of developments in the Arab world

(2010-2013)

Persian Edition

Authored by

Behzad Diansaei

This book is derived from author's dissertation for Department of Political Science, Campus International School, University of Guilan, under Supervisory of Dr. Mottaghi, and advisory of Dr. Niakoei, which has been defended in September, 2013.

Title: Relations between Iran and America in the context of developments in the
  Arab world (2010-2013)
Author: Behzad Diansaei
ISBN: 9781939123060
LCCN (Library Congress Control Number): 2015903454
Publisher: Supreme Century, Los Angeles, CA

Prepare for Publishing: Asan Nashr
www.ASANASHR.com

Abstract

This study aims to look through the relations between Iran and the U.S on the course of changes in Arab world from 2010 to 2013.The study proceeds in a descriptive-analytical fashion and has been substantiated by such bona fide sources as authentic books,scientific magazines and internet websites.In order to collect information,note-taking out of various books,Internet websites,and library studies were chosen to be taken advantage of.The main question of the study is:how have revolutions in Middle East influenced the relations between Iran and the U.S?
Accordingly,such subordinate questions are to follow:
1.How have these revolutions caused the U.S to deal with Iran?
2.What approaches have Iran and the U.S adopted to the changes in the Arab world?
To answer the main question of the study,the following hypothesis has been brought up:recent movements in the region has caused the U.S to increase the pressure (atomic energy case,sanctions imposed by security counsil,oil-purchase sanctions)on Iran.Regarding the subordinate hypotheses,it has been stated that revolutions in the Arab world have magnified Iran's regional influence and thje dialogue of political Islam which is considered a serious rival for liberal democracy in the West.Besides Iran has supported Islamic identity-orientation;on the contrary,the U.S has tried to back up the western democracy in the Arab world.
After scrutinizing the relevant texts and documents the summary of what was discovered comes as follows:
It's been for nearly thirty years since the Islamic revolution that the relations between Iran and the U.S have been challenging,strained and hostile.However since the end of the cold war and especially during the past decade this relation has entered a new phase which coincides with American unilateralism.During the 1980s,of the two world powers,Iran has considered the U.S more threatening.Thus the policy Iran needs to follow regarding each Arab country has to be chosen according to the sensitivities and the degree of significance in mutual relations as well as regional issues.Iran's policy toward Egypt whose role in regional transactions is crucial must be based on priority of interests and fostering mutual relations.Speaking of Syria,Iran needs to follow a realistic policy based on safeguarding the strategic interests and fine-tuning through a look at the realities existing in Syrian communities.Needless to say,changes in Arab world has significantly increased not only the regional role and influence of Iran but also the sensitivity of the countries in the region to Iran's goals in such changeovers.According to the approaches adopted by Iran and the U.S to the recent changes in Arab world ,it's to be stated that the vague process of Arab world changes has so far worsened the conditions in the relations of the two countries in such a way that makes any interaction or reconciliation between them much more difficult and apparently more intense by the passage of time,since the more changes in Arab Spring move toward clarity and transparency of direction,the more competitive the U.S and Iran will be.

Key words : Arab spring .Middle East .Iran- Us Relation .Political Islam.The West

Behzad Diansaei © 2013
All Rights Reserved

All rights reserved. No part of this book may be reproduced or transmitted in any form or by any means, electronic or mechanical, including photocopying and recording, or by any information storage and retrieval system, without permission in writing from the author.

روابط ایران و آمریکا در بستر تحولات جهان عرب

در سالهای ۲۰۱۰ تا ۲۰۱۳

نویسنده:

بهزاد دیانسائی

بسم الله الرحمن الرحيم

عنوان کتاب: روابط ایران و آمریکا در بستر تحولات جهان عرب در سالهای ۲۰۱۰ تا ۲۰۱۳

نام نویسنده: بهزاد دیانسائی

شابک: ۹۷۸۱۹۳۹۱۲۳۰۶۰

کدشناسایی کتابخانه کنگره: ۲۰۱۵۹۰۳۴۵۴

ناشر: سوپریم سنچوری (قرن برتر)، لس آنجلس

نشر با کمک آسان نشر

www.ASANASHR.com

کلیه حقوق مادی و معنوی اثر برای نویسنده محفوظ می باشد

این کتاب بر اساس پایان نامه ای با همین عنوان از نویسنده که جهت دفاع از درجه فوق لیسانس رشته روابط بین الملل گروه علوم سیاسی در پردیس بین الملل دانشگاه گیلان با راهنمایی استاد دکتر ابراهیم متّقی و مشاوره دکتر امیر نیاکویی در شهریورماه سال ۱۳۹۲ شمسی نگاشته شده است، به رشته تحریر درآمده است.

سپاسگزاری

خداوند متعال را شاکرم که توفیق ادامه تحصیل و یادگیری بیشتر را بر من عطاء نمود. امیدوارم مرا همواره در جمع جویندگان حقیقت و پژوهشگران عرصه علم و معرفت قرار دهد. اکنون که به فضل خدا نگارش پایان نامه کارشناسی ارشد اینجانب به پایان رسیده است بر حسب وظیفه لازم میدانم تا از اساتید محترم جناب دکتر ابراهیم متقی و جناب دکتر امیر نیاکویی که زحمت راهنمایی و مشاوره پژوهش حاضر را تقبل کردند و همواره مرا از راهنمایی های بی شائبه و ارزشمند خود بهره مند نمودند کمال امتنان و تشکر را داشته باشم و از درگاه خالق یکتا توفیق و سلامتی ایشان را خواستارم. همچنین از کلیه ی کسانی که در پیشبرد پایان نامه نقش اساسی را داشته اند کمال تشکر و قدردانی را دارم.

تقدیم به همسر مهربانم:

که سایه مهربانیش سایه سار زندگیم می باشد، او که اسوه صبر و تحمل بوده و مشکلات مسیر را برایم تسهیل نمود

و تقدیم به:

نوگل زندگیم ریحانه

چکیده

پژوهش حاضر در پی بررسی روابط ایران و آمریکا در بستر تحولات جهان عرب از سال ۲۰۱۰-۲۰۱۳ میلادی می باشد روش تحقیق در این پژوهش به صورت توصیفی – تحلیلی می باشد و با استناد به شیوه مطالعات کتابخانه ای (اسنادی) از طریق کتب ، مجلات علمی و سایت های اینترنتی اطلاعات بدست آمده ، طبقه بندی شده و به رشته نگارش در آمده است . به منظور گر آوری اطلاعات از ابزار فیش برداری از کتب مختلف و فضای مجازی اینترنت و مطالعات کتابخانه ای بهره گیری شده است .

سوال اصلی تحقیق عبارت است از : انقلاب های منطقه خاورمیانه چه تاثیراتی بر روابط ایران و آمریکا داشته است ؟

در این راستا سولات فرعی بیان گردیده اند که عبارتند از :

۱. این انقلاب ها باعث چه کنشی از سوی آمریکا در قبال ایران شده است ؟

۲. ایران و آمریکا چه رویکردی در ارتباط با تحولات جهان عرب داشته اند ؟

در پاسخگویی به سوال اصلی تحقیق فرضیه زیر تدوین گردیده است : جنبش های اخیر در منطقه باعث افزایش فشار ها از جانب آمریکا به ایران (پرونده انرژی هسته ای ، تحریم های شورای امنیت ، تحریم خرید نفت) شده است .همچنین در پاسخگویی به فرضیه های فرعی عنوان شده است که انقلاب های جهان عرب باعث گسترش روز افزون نفوذ منطقه ای ایران و گفتمان اسلام سیاسی شده است که رقیبی جدی برای لیبرال دموکراسی غرب محسوب می شودو همچنین ایران از هویت گرایی اسلامی و آمریکا از دموکراسی غرب گرا در جهان عرب حمایت به عمل آورده است .

پس از بررسی متون و اسناد مربوطه خلاصه نتیجه تحقیق بشرح ذیل می باشد :

روابط ایران و امریکا پس از گذشت حدود سی سال از وقوع انقلاب اسلامی ایران، همواره در حالت چالشی و مخاصمه جویانه قرار داشته است. این روابط پس از خاتمهٔ دوران جنگ سرد و مخصوصاً طی یک دههٔ گذشته، وارد مرحلهٔ تازه‌ای شده است که مقارن با دوران یکجانبه گرایی امریکا شده است.طی سالهای دهه ۱۹۸۰، ایران همواره از میان دو ابر قدرت، ایالات متحده را تهدید بزرگتری به شمار آورده است با توجه به این شرایط، سیاست ایران باید درباره هر کشور عرب، با توجه به حساسیت‌ها و درجه اهمیت در روابط دو جانبه و مسائل منطقه‌ای، ویژگی خاص خود را داشته باشد. در مورد مصر، به دلیل اهمیت نقش این کشور در معادلات منطقه‌ای، سیاست ایران باید مبتنی بر اولویت بر منافع و بهبود روابط دوجانبه باشد. درباره سوریه، ایران باید سیاست واقع‌گرایانه مبتنی بر تأمین منافع استراتژیک خود را داشته باشد و مواضع خود را بر پایه واقعیت‌های موجود جامعه سوریه تنظیم کند .همچنین باید گفت، تحولات جهان عرب افزون بر این که نقش و نفوذ منطقه‌ای ایران را افزایش داده است، به همان اندازه بر حساسیت کشورهای منطقه از اهداف حضور ایران در این تحولات، افزوده است. با توجه به رویکردهای ایران و آمریکا در قبال تحوات جهان عرب باید گفت، فرایند مبهم تحولات جهان عربی تا کنون سبب تشدید وخامت و تیرگی در روابط دو کشور گشته است. به گونه ای که هر گونه تعامل و سازشی را میان دو کشور دشوار می کند و به نظر می رسد که این وضعیت در گذر زمان نیز تشدید شود. زیرا به هر اندازه که تحولات بهار عربی به سمت شفافیت و مشخص شدن جهت گیری آن حرکت کند، به همان میزان بر رقابت موجود میان ایران و ایالات متحده افزوده خواهد شد.

کلید واژگان : **بهار عربی ، خاورمیانه ، روابط ایران و آمریکا ، اسلام سیاسی ، غرب**

فهرست مطالب

فصل اول

کلیات تحقیق

۱-۱-بیان مساله

بررسی تحولات منطقه خاورمیانه و خیزش های مردمی برخی کشورهای عربی، اصلی ترین موضوع مورد بحث صاحبنظران سیاسی جهان غرب و کشورهای اسلامی در چند ماهه اخیر بوده است. آنچه مسلم است این است که طلیعه دمکراسی در جهان عرب، مسایل جدیدی را در مقابل راهبردهای ایالات متحده امریکا در برخورد با جهان اسلام و خاصه ایران قرار داده است. یکی از واضح ترین این موارد بروز تناقضاتی در مواضع امریکا نسبت به این تحولات و قیام ها بر اساس اصول و ارزش های اخلاقی و راهبردهای مطابق با منافع ملی اش بوده است. به بیان دیگر، می توان به وضوح مواضع چندگانه و گاه متناقض امریکا در برخورد با هر یک از قیام ها و کشورهای بستر آنها از زمان آغاز آنها تا کنون با همه فراز و نشیب هایش مشاهده کرد.

بیداری اسلامی که به مدت یک قرن با مشکلات عدیده ای از جانب قدرتهای بزرگ استعماری مواجه بود سر انجام در آخرین سال هجری قمری با پیروزی انقلاب اسلامی در ایران اوضاع و احوال جدیدی گرفت و موج دوم آن از اوایل سال 2011 میلادی آغاز گردید. یکی از مهمترین تبعات تحولات زنجیره ای رخ داده در کشورهای منطقه خاورمیانه، رشد تمایلات اسلام خواهی و قدرت یافتن گفتمان هایی بود که تحولات در حوزه های سیاسی ، اجتماعی و فرهنگی جامعه خود را ، با رجوع به متون و جنبش های اسلام گرا طلب می کردند. هر چند آمریکا و غرب تلاش نمود با عطف به چهارچوب ذهنی خود ساخته خویش مانند " الزام رسیدن به دموکراسی ، حضور پر قدرت سکولاریسم است ، انقلاب های منطقه خاورمیانه را صرفاً به خواسته های سیاسی ، اقتصادی و اجتماعی فرو کاهد. با این حال پیروزی اسلام گرایان در تونس و مصر آن هم در نخستین انتخابات برگزار شده پس از سقوط دیکتاتوری های بن علی و مبارک نشان از آن داشت که عاملِ تمایل به اسلام و ارزش های اسلامی به مراتب قوی تر و بر جسته تر از آنی است که آمریکا و غرب در ابتدا تصور می نمود.نیز یاد آور این نکته مهم است که آمریکا از گرایش انقلاب های منطقه خاورمیانه به الگو قراردادن انقلاب اسلامی ایران و گفتمان اسلام سیاسی که تهدیدی جدی، در دراز مدت، برای منافع حیاتی اش در خاورمیانه است شدیداً نگران می باشد . هدف از این تحقیق بیان و تاکید بر روی دو متغیر، تاثیر انقلاب های جهان عرب بر روابط ایران و آمریکا و تعارض ایدئولوژیک لیبرال دموکراسی با اسلام سیاسی می باشد.

۱-۲-اهمیت و ضرورت‌های تحقیق

ایالات متحده امریکا در طول سه دهه گذشته به عنوان ابرقدرت جهانی، رهبری خصومت ورزی با جمهوری اسلامی ایران را داشته است. به نظر نمی‌رسد ایران و آمریکا به لحاظ مسائل عینی همچون مسائل ژئوپلیتیکی، اقتصادی، انرژی و ... تقابلی آنچنانی داشته باشند بلکه مشکل را باید در مسائل غیر مادی جست. بدین لحاظ شناخت چرایی تقابل و خصومت دو طرف می‌تواند دید جامع‌تری در نوع و چگونگی ارتباط بدست داده و تحلیل جامع تری از روابط دو کشور بدست دهد. به دلیل این مهم و همچنین خلأ پژوهشی در این راستا، پژوهش حاضر درصدد پاسخگویی به سؤالاتی در این چارچوب است، که این مسئله به عنوان اهمیت تحقیق محسوب می‌شود.

۱-۳ - سوالات تحقیق

سوال اصلی

انقلاب های منطقه خاورمیانه چه تاثیراتی بر روابط ایران و آمریکا داشته است ؟

سوالات فرعی

۱. این انقلاب ها باعث چه کنشی از سوی آمریکا در قبال ایران شده است ؟

۲. ایران و آمریکا چه رویکردی در ارتباط با تحولات جهان عرب داشته اند؟

۱-۴- فرضیه های تحقیق

فرضیه اصلی

۳

جنبشهای اخیر در منطقه باعث افزایش فشارها از جانب آمریکا به ایران(پرونده انرژی هسته ای ، تحریم های شورای امنیت ، تحریم خرید نفت) شده است.

فرضیه های فرعی

۱. انقلاب های جهان عرب باعث گسترش روز افزون نفوذ منطقه ای ایران و گفتمان اسلام سیاسی شده است که رقیبی جدی برای لیبرال دموکراسی غرب محسوب می شود.

۲. شایران از هویت گرایی اسلامی و آمریکا از دموکراسی غرب گرا در تحولات جهان عرب حمایت به عمل آورده است .

۱-۵- متغییرهای تحقیق

متغیر مستقل : بیداری اسلامی ، دموکراسی منطقه ای

متغیر وابسته : نشانگان روابط ایران و آمریکا در خاورمیانه

۱-۶-اهداف تحقیق

- بررسی روابط ایران و امریکاقبل و بعد از پیروزی انقلاب اسلامی

- بررسی تاثیر روابط ایران و امریکا بر تحولات منطقه ای خاورمیانه

- بررسی تحولات خاورمیانه در قرن ۲۱

- بررسی تحولات سیاسی در خاورمیانه و بهار عربی

- بررسی تضاد ها و مشابهت های رویکردی ایران و آمریکا در باره تحولات جهان عرب

۱-۷-روش تحقیق

روش تحقیق در این پژوهش به صورت توصیفی – تحلیلی می باشد.

۱-۸-روش گردآوری اطلاعات

روش گردآوری اطلاعات در این پژوهش به صورت اسنادی و کتابخانه ای، مراجعه به اسناد و کتب و مقالات و سایت های اینترنتی می باشد.

۱-۹-تعریف مفاهیم

- سیاست خارجی

می‌توان گفت سیاست خارجی در مفهوم خاص، تدابیری است که حکومت‌ها، در اداره کشور و تعیین شکل و محتوای فعالیت خود اتخاذ می‌کنند. از سیاست خارجی تعاریف کلاسیک دیگری نیز ابراز شده است. سیاست خارجی «عبارت است از یک استراتژی با یک رشته اعمال از پیش طرح‌ریزی شده توسط تصمیم‌گیرندگان حکومتی که مقصود آن دستیابی به اهدافی معین در چارچوب منافع ملی، در محیط بین‌المللی است. سیاست خارجی همچنین می‌تواند ابتکار عمل یک دولت و یا واکنش آن در قبال کنش دیگر دولت‌ها باشد.»بسیاری از اندیشمندان معتقدند سیاست خارجی از بدو تولد و همزیستی انسانها در کنار همدیگر به وجود آمده است. «از آنجایی که به قول ارسطو، انسان به عنوان جانوری سیاسی است، توانست روابط خود را با دیگران بهبود بخشد، سیاست خارجی دوجانبه شکل گرفت.» (مقتدر،۱۳۵۸: ۱۳۲_ ۱۳۱)

- سیاست خارجی جمهوری اسلامی ایران:

جمهوری اسلامی ایران در سیاست خارجی خود دارای نظام ارزشی برگرفته از دستورها و مبانی اسلامی است. اهمیت ارزش‌ها در این است که می‌تواند مبنای بسیاری از رفتارها و ایستارها در سیاست خارجی گردد و دلایل و توجیه بسیاری از اهداف و کنش‌ها را در اختیار سیاست‌گذاران قرار دهدبر اساس اسناد رسمی ، بویژه قانون اساسی ، بیانات امام خمینی و عملکرد رفتاری ایران ،

اصول سیاست خارجی ایران عبارتند از ۱) نفی سلطه گری و سلطه پذیری ۲) استکبار زدایی ، ظلم ستیزی و عدالت خواهی ۳) حمایت از مستضعفان و محرومان ۴) حمایت و دفاع از حقوق مسلمانان ۵) همزیستی مسالمت آمیز و صلح طلبی ۶) عدم مداخله در امور داخلی کشور ها و احترام متقابل ۷) تعهد به قرار دادها ، معاهدات و قوانین بین المللی .(دهقانی فیروزآبادی، ۱۳۸۹: ۱۳۰)

- **سیاست خارجی ایالات متحده آمریکا**

ایالات متحده آمریکا در طول تاریخ خود استراتژی‌های متفاوت را با توجه به جایگاه جهانی خود اختیار کرده است. این تغییر استراتژی کاملاً طبیعی بوده است. از انزواگرایی تا بین‌الملل‌گرایی؛ اما آنچه همیشه ثابت بوده، ماهیت استراتژی‌ها که جملگی هدفشان در راستای ایجاد توانمندی اقتصادی، امنیت فیزیکی و اشاعه ارزشی بوده است. آمریکا امروزه استراژی مبارزه با تروریسم را دنبال می‌کند که با توجه به شرایط جهانی و دگرگونی در ارزیابی منافع ملی جایگزین استراتژی سد نفوذ شده است.(دهشیار ،۱۳۸۵: ۱۵۳)

درک و فهم رهبران آمریکا از محیط بین‌المللی در هزاره جدید به طرزی وسیع در چهارچوب ارزش دهنده فرهنگ سیاسی این کشور بازتاب یافته است. این به آن معنا است که برای اولین بار از زمان انتقال مرز تصمیم گیری از اروپا به آمریکا به طور وسیعی شاهد هستیم که سیاست خارجی گروگان ملاحظات داخلی گردیده است. اینکه چرا چنین دگرگونی گسترده در عملکرد خارجی رهبران آمریکا در دوران هژمونی این کشور حادث گردیده است به ضرورت باید توجه را معطوف به ماهیت ساختار نظام بین‌الملل کرد.(دهشیار ،۱۳۸۶ : ۳۳)

- **خاورمیانه**

دایرۀالمعارف جدید بریتانیکا، خاورمیانه را با تفصیل بیشتری تعریف می‌کند:«خاورمیانه سرزمینی است که در اطراف سواحل جنوبی و شرقی دریای مدیترانه کشیده شده و از مراکش تا شبه جزیره عربستان و ایران و گاهی نیز تا فراتر از آن امتداد یافته است. بخش مرکزی این ناحیه کلی، پیش از این خاور نزدیک خوانده می‌شده است. نامی که پاره‌ای از جغرافیدانان و تاریخ نگاران جدید غربی به این منطقه داده اند که بیشتر تمایل داشتند شرق را به سه منطقه «خاور نزدیک» به نزدیک ترین منطقه به اروپا که از دریای

مدیترانه تا خلیج فارس، «خاورمیانه» که از خلیج فارس تا جنوب شرق آسیا امتداد می‌یافت و «خاور دور» که به مناطق ساحلی اقیانوس آرام اطلاق می‌شد، تقسیم کنند.»(جفری کمپ،۱۳۷۵، ۵۵)

دکتر احمد نقیب زاده استاد دانشگاه تهران، برای خاورمیانه این تعریف را برگزیده است:

«خاورمیانه تقریبا تمام کشورهای شرق حوزه مدیترانه مانند ترکیه، سوریه، لبنان، فلسطین، اسراییل، مصر و کشورهای شبه جزیره عربستان(عربستان، کویت، امارات متحده و عمان) به اضافه کشورهای ایران، افغانستان و حتی پاکستان و در قاره آفریقا کشورهای سودان و بخشی از لیبی را شامل می‌شود»(نقیب زاده، ۱۳۷۷، ۲۶۶)

اصطلاح خاورمیانه که در اصل یک مفهوم ژئواستراتژیک است نخستین بار در سال ۱۹۰۲ میلادی توسط ماهان تاریخ نگار و دریا سالار نیروی دریایی آمریکا، در بخش مربوط به راهبرد نیروی دریایی بریتانیا در ارتباط با فعالیت روسیه در ایران و طرح راه اندازی راه آهن برلین بغداد، توسط دولت آلمان در نشریه نشنال ریوریو لندن به کار برده شد. منظور ماهان از خاورمیانه منطقه‌ای میان عربستان و هندوستان بود که مرکز آن خلیج فارس واقع می‌شد و برای اشاره به آن، اصطلاحات خاور نزدیک و دور رسانایی نداشت.(علی بابایی،۱۳۷۹، ۱).

۱-۱۰-ادبیات موضوع تحقیق

ادبیات روابط ایران و آمریکا، ادبیات گسترده‌ای است که معرفی تمامی آنها به طور کامل میسر نمی‌باشد. در ذیل برخی از آثار که به نگارنده جهت شکل‌دهی به چارچوب پژوهش کمک می‌کند معرفی می‌گردد و در طول پژوهش با بسیاری دیگر از ادبیات آشنا می‌شویم. در معرفی ادبیات به سه دسته از ادبیات توجه ویژه‌ای می‌شود؛ ادبیات مربوط به سیاست خارجی جمهوری اسلامی ایران، ادبیات مربوط به سیاست خارجی ایالات متحده آمریکا و ادبیات مربوط به روابط ایران و آمریکا.

۱) ادبیات مربوط به سیاست خارجی جمهوری اسلامی ایران:

آثار و کتاب‌های گوناگونی در زمینه سیاست خارجی جمهوری اسلامی ایران توسط اساتید و پژوهشگران به چاپ رسیده است که از جملهٔ آنها می‌توان به کتاب **سیاست خارجی جمهوری اسلامی ایران** دکتر علیرضا ازغندی اشاره کرد. کتاب فوق چارچوبی

کلی و بنیادین از اصول سیاست خارجی جمهوری اسلامی ایران به نگارنده می‌دهد. کتاب دیگری از دکتر ازغندی با عنوان **چارچوب‌ها و جهت‌گیری‌های سیاست خارجی جمهوری اسلامی ایران** که اخیراً (۱۳۸۹) از سوی انتشارات قومس به چاپ رسیده است، هم چارچوبی کلی از سیاست خارجی جمهوری اسلامی ایران بیان می‌دارد و هم بخش جداگانه‌ای (بخش سوم) را به سیاست خارجی دولت محمود احمدی نژاد اختصاص داده است. کتاب فوق سیاست خارجی ایران را از دوران مصدق به این سو به صورت زنجیره‌وار بیان داشته است. از دیگر بخش‌های مهم کتاب فوق تخصیص دادن بخشی جدا جهت بررسی سیاست خارجی جمهوری اسلامی ایران در جریان‌های اصلی روابط بین‌الملل (آرمان‌گرایی، واقع‌گرایی و سازنده‌گرایی) می‌باشد.

در میان کتاب‌های مربوط به سیاست خارجی جمهوری اسلامی ایران، کتاب دیگری که می‌توان معرفی نمود کتابی با عنوان **چارچوبی مفهومی برای ارزیابی سیاست خارجی جمهوری اسلامی ایران** به قلم دکتر سید جلال دهقانی فیروزآبادی است. کتاب حاضر در صدد است تا یک چارچوب نظری و مفهومی برای تعیین و تعریف معیارها و ملاک‌های ارزیابی سیاست خارجی جمهوری اسلامی ایران ارائه دهد. در این چارچوب مفهومی، معیارها و ملاک‌های مورد نیاز برای ارزیابی سیاست خارجی جمهوری اسلامی ایران، معنا و مفهوم منافع ملی و تعیین و توضیح مصادیق، عناصر و اهمیت و اولویت آنها و نیز مقدورات و محذورات آن در نظام بین‌الملل معاصر، تبیین شده است. بر این مبنا موفقیت در تأمین منافع ملی، غلبه بر موانع و محذورات ساختاری خارجی و برخورداری از الزامات و ویژگی‌های سیاست خارجی مطلوب، سه معیار و ملاک کلی برای ارزیابی سیاست خارجی جمهوری اسلامی ایران در نظر گرفته شده است.

سیاست خارجی جمهوری اسلامی ایران؛ بازبینی نظری و پارادایم ائتلاف نام کتابی دیگر در زمینه سیاست خارجی جمهوری اسلامی ایران است که توسط دکتر محمود سریع‌القلم نگاشته شده است. این کتاب با هدف ارائه راهکار جهت پیشبرد استراتژی ائتلاف‌سازی در سیاست خارجی جمهوری اسلامی ایران، ابتدا اصول ثابت سیاست خارجی ایران را که باید مدنظر تصمیم‌گیرندگان قرار داشته باشد، برمی‌شمرد. از نظر نویسنده این اصول ثابت عبارت‌اند از؛ ۱) ممتاز بودن جغرافیایی سیاسی ایران، ۲) منابع عظیم انرژی در ایران و اطراف ایران، ۳) حساسیت ایرانیان به حفظ حاکمیت و استقلال ملی ایران و ۴) تمایل فرهنگی ایرانیان به علم، تکنولوژی و بخشی از فرهنگ غرب وی در ادامه بر ضرورت ائتلاف‌سازی ایران با قدرت‌های بزرگ و برخی کشورهای همسایه می‌پردازد و آن را ضروری می‌بیند.

«تاثیر فرهنگ سیاسی ایرانیان بر سیاست خارجی» عنوان مقاله‌ای است از علیرضا ظهیری که در **فصلنامه علوم سیاسی** سال دوم شماره هشتم بهار ۷۹ به چاپ رسیده. مقاله فوق به فرهنگ سیاسی ایرانیان که گاه در تعارض با یکدیگرند ، بررسی های فرهنگی درباره رفتار سیاسی را دچار مشکل ساخته است. در میان آنچه که درباره فرهنگ سیاسی ایرانیان وجود دارد دو عنصر بیشترین نقش را در سیاست خارجی جمهوری اسلامی ایران ایفا نمودند. یکی ارزش‌ها و سنت‌های دینی با تکیه بر اندیشه شیعی و دیگری فرهنگ سیاسی تابعیت. عنصر تابعیت در فرهنگ سیاسی ایرانیان، منشا بسیاری از تحرکات سیاسی آنان است. در تصمیمات سیاست خارجی، نقش اصلی را رهبران ایفا نموده و بیشتر، آنان به این موضوع علاقه مند می‌باشند.

مقالهٔ دیگری که تأثیر فرهنگ را بر سیاست خارجی جمهوری اسلامی ایران بررسی نموده است مقاله‌ای است از احمد نقیب‌زاده با عنوان «تأثیر فرهنگ ملی بر سیاست خارجی: مورد جمهوری سلامی ایران» که در **فصلنامه سیاست خارجی** به چاپ رسیده است. مقاله فوق عوامل مؤثر بر سیاست خارجی را به دو دسته عوامل داخلی و خارجی تقسیم نموده است که در بین عوامل داخلی پاره-یی را جزو عوامل پایدار و پاره‌یی دیگر مانند رژیم سیاسی یا عوامل اقتصادی، را جزو عوامل نیمه پایدار قرار داده است. با این تقسیم بندی نقش عوامل فرهنگی را بر سیاست خارجی جمهوری اسلامی ایران بررسی نموده است.

«امنیت مداری در رویکرد سیاست خارجی امام خمینی(ره)» عنوان مقاله‌ای از دکتر مجتبی عطارزاده که در **فصلنامه دانش سیاسی،** سال چهارم، شماره دوم ، 1387 به چاپ رسیده . در این مقاله بر نقش پیروزی انقلاب اسلامی و چرخشی آشکار در سیاست خارجی ایران اشاره کرده و درآن بر اصلی به نام «حفظ دارالاسلام» که اصول دیگر در پرتو آن رنگ می گیرند تاکید کرده.

«امنیت هستی شناسی در سیاست خارجی جمهوری اسلامی ایران» اثر دکتر سید جلال دهقانی فیروز آبادی مقاله‌ای است که در **فصلنامه بین المللی روابط خارجی،** سال اول، شماره اول، ۱۳۸۸ چاپ شده. در این مقاله علت و انگیزه رفتاری سیاست خارجی ایران بر مبنای نظریه امنیت هستی شناختی مورد تجزیه و تحلیل قرار می‌گیرد. واژگان کلیدی این مقاله؛ سیاست خارجی، امنیت هستی شناختی، جمهوری اسلامی ایران، الگوهای رفتاری، هویت، منازعه، استکبار ، سلطه، نظام اعتماد اولیه، می‌باشند.

«بررسی واسازانهٔ نقش ایدئولوژی در سیاست خارجی ایران و پیوند آن با واقع‌گرایی و آرمان‌گرایی»از دکتر شهروز ابراهیمی مقاله-ای است که در **فصلنامه بین‌المللی روابط خارجی،** سال اول، شماره چهارم، ۱۳۸۸ چاپ شده است. در این مقاله به نقش «ایدئولوژی» در سیاست خارجی ایران به طور واسازانه و پیوند آن با دو رویکرد کلان روابط بین الملل یعنی «آرمانگرایی» و «واقع

گرایی» می پردازد. این مطالعه چالشی در برابر دو طیف از رهیافت هایی است که سیاست خارجی ایران را با رویکردهای مختلف از جمله ایدئولوژیک، سازنده گرا، واقع گرا و آرمان گرا و یا ترکیبی از آنها مانند آرمان گرای واقع گرا و واقع گرای آرمان گرا مورد مطالعه قرار می‌دهند.

۲) ادبیات مربوط به سیاست خارجی ایالات متحده آمریکا:

کتاب **سیاست خارجی آمریکا؛ خاورمیانه و دموکراسی** تألیف دکتر حسین دهشیار که از سوی انتشارات خط سوم به چاپ رسیده است، کتاب مهمی است که مبانی و اصول سیاست خارجی ایالات متحده را معرفی نموده است. کتاب فوق به مسائل مربوط به سیاست خارجی آمریکا و همچنین خاورمیانه از نگاهی تحلیلی نگریسته و چارچوب بسیار مناسبی برای فهم سیاست خارجی آمریکا در منطقه محسوب می‌شود. این کتاب همچنین به دلیل نگاهی کلان محور به مباحث مربوط به سیاست خارجی و سیستم بین‌المللی نیز دارای بار علمی قابل تأمل است. دو کتاب دیگر نیز که در راستای مباحث مربوط به سیاست خارجی آمریکا می‌باشد نیز از نویسنده مذکور به چاپ رسیده است، عبارتند از: **سیاست خارجی و استراتژی کلان ایالات متحده آمریکا و نومحافظه‌کاران و سیاست خارجی آمریکا** که به ترتیب توسط انتشارات قومس و سرایی به چاپ رسیده‌اند. در کتاب سیاست خارجی و استراتژی کلان ایالات متحده آمریکا، مبانی تئوریک استراتژی کلان آمریکا به خوبی معرفی گردیده که چارچوب مناسبی برای پژوهش حاضر می‌باشد. فصل پایانی کتاب فوق به استراتژی و سیاست خارجی در عصر بین‌الملل‌گرایی آمریکا اختصاص دارد که به مقایسه دو عصر ژئوپلیتیک و عصر ارزشی در سیاست خارجی آمریکا می‌پردازد. کتاب نومحافظه‌کاران و سیاست خارجی آمریکا نیز به مباحث مربوط به سیاست‌های نومحافظه‌کاران در دستگاه سیاست خارجی آمریکا اختصاص یافته است. فصل سوم کتاب مذکور با عنوان، تحلیل محافظه‌کارانه: امنیت بر بستر همکاری مبتنی بر قدرت، مباحث ارزشمندی در خصوص منطق تئوریک همکاری‌های منطقه‌ای و جهانی ارائه می‌دارد.

۳) ادبیات مربوط به روابط ایران و آمریکا:

سیاست خارجی امریکا در قبال جمهوری اسلامی ایران؛ نویسندگان داود غرایاق زندی، محمود یزدان فام، فرزاد پور سعید و غلامرضا خسروی، دارای چهار فصل می‌باشد. این کتاب مروری است بر مناسبات، تحولات و سیاست‌های امریکا در برابر جمهوری اسلامی ایران. کتاب، سیاست‌های امریکا از دولت کارتر تا آغاز دولت اوباما را پوشش داده است. هر چند سیاست و مناسبات کشورها حالت دو سویه دارد و در تعامل با یکدیگر شکل می‌گیرد، در این کتاب بیشتر تلاش شده است از منظر امریکا به موضوع نگاه شود و سیاست‌های آن در برابر جمهوری اسلامی ایران مورد ارزیابی قرار گیرد که تاکنون این امر از سوی ایرانیان کمتر مورد توجه قرار گرفته است.

ایران و امریکا: تعامل در عرصه عراق نام کتابی است که زیر نظر دکتر محمود واعظی در پژوهشکده تحقیقات استراتژیک به چاپ رسیده و دارای هشت مقاله می‌باشد. این پژوهشنامه در نظر دارد تا ابعاد تعامل ایران و امریکا در عرصه عراق را با توجه به شرایط منطقه‌ای و بین‌المللی مورد تحلیل قرار دهد.

کتاب تاریخ روابط سیاسی ایران و امریکا ۱۳۰۰ –۱۳۴۰ ه.ق تالیف آبراهام یسلسون و ترجمه محمد باقر آرام کتابی است در ده فصل که در آن به مطالعهٔ تقریبا چهل سال روابط رسمی ایران و امریکا، و سی سال مقدمات منجر به برقراری این روابط طی نیمهٔ دوم قرن نوزدهم، و بیست سال اول قرن بیستم می‌پردازد.

«**ایران و امریکا: رویارویی یا تعامل**» اثر دکتر جواد اطاعت مقاله‌ای است که در **مجله اطلاعات سیاسی ـ اقتصادی** شماره ۲۶۴-۲۶۳ چاپ شده. در این مقاله به این موضوع پرداخته که پس از پیروزی انقلاب اسلامی، جهت‌گیری سیاست خارجی ایران دگرگون شده ودر رویارویی با ایالات متحده امریکا قرار گرفته. پس از آن در امریکابر پایه رویکرد تقابل گرایانه و تعامل گرایانه به ایران نگریسته شد. در ایران نیز همین دو رویکرد سر بر آورد و آنچه در عمل پیش آمده برآیندی از دیدگاه‌های تقابل گرایانه و تعامل گرایانه بوده است که اختلافها میان دو کشور را به درازا کشانده است. در شرایط کنونی تنها عاملی که می تواند از دشمنی‌ها بکاهد و بن‌بست سیاسی را بگشاید، کنار گذاشته شدن نگاه تقابل گرایانه و برتری دادن به رویکرد تعامل گرایانه از هر دو سو است.

«**ایران، کانون چند زیر سیستم منطقه ای**» عنوان مقاله‌ای است از احمد نقیب زاده که در **فصلنامه مطالعات اوراسیای مرکزی**، سال دوم، شماره ۵، ۱۳۸۸ به چاپ رسیده. در این مقاله به این سوال پاسخ داده شده که چه نظم و نظامی در انتظار ساختار روابط بین

الملل است. ایالات متحده امریکا تلاش گستردهای برای تثبیت یک جهان تک قطبی به عمل آورد. این سیاست با مخالفت آشکار و پنهان تمام قدرتهای دیگر روبه رو شد. سوالی که پیش می آید این است که ایران چه وضعیتی داشته و وضعیت مطلوب آن به عنوان یک قدرت منطقهای چیست؟

دکتر حسین سلیمی در **پژوهشنامه علوم سیاسی**، سال چهارم، شماره دوم، ۱۳۸۸ مقالهای با عنوان «رویکرد سازهانگارانه به زمینه های اجتماعی روابط ایران و امریکا» دارد که مشخصاً با عنوان پایان نامه حاضر نزدیک و مرتبط میباشد. هدف اصلی در این مقاله بررسی زمینهها و گرایشهای موجود در ایران و امریکا در مورد کشور دیگر است.سوال اصلی در این مقاله این است که نگرش ایرانی ها و امریکاییها نسبت به کشور مقابل چگونه است و این نگرش چه تاثیری بر نوع نگاه آنها به روابط دو کشور بر جای میگذارد. بر اساس نگاه سازهانگارانه تمامی پدیدههای اجتماعی از جمله گرایش های سیاست خارجی، به صورت اجتماعی بر ساخته می شوند و این شامل تصمیم های دو کشور در مورد طرف مقابل و وضعیت روابط دو کشور نیز می شود. وجود نگاه منفی و همراه با نقد نسبت به طرف مقابل سبب نمیشود که آنها به تقابل و تعارض گرایش داشته باشند، بلکه گرایش اصلی هر دو جامعه به حل و فصل تدریجی مشکلات موجود است.

«همکاریهای نامتقارن ایران و امریکا در دوران اوباما» از دکتر ابراهیم متقی مقالهای است که در **فصلنامه بین المللی روابط خارجی**، سال اول، شماره سوم، ۱۳۸۸ به چاپ رسیده. در این مقاله به این موضوع توجه شده که اگرچه سیاست خارجی در دوران اوباما با تغییرات مشهودی در مقایسه با گذشته رو به رو شده، اما زیر ساختهای بنیادین در رفتار سیاسی و سیاست خارجی امریکا وجود دارد که به عنوان عناصر نسبتا پایدار و تغییرناپذیر در حوزه سیاست خارجی محسوب میشوند. رویکرد سیاست خارجی باراک اوباما را می توان گذار مجدد به واقعگرایی امنیتی دانست.

۱-۱۱- نوآوری تحقیق

تحقیقاتی که تاکنون انجام شده صرفا در خصوص روابط ایران و آمریکا بوده و اینکه آمریکا چه تحریم هایی در خصوص ایران اجرا کرده است. اما با توجه به اینکه تحولات جهان عرب، تحولات جدیدی هستند، نگرش هر یک از کشورهای آمریکا و ایران نسبت به این تحولات و همچنین تاثیری که این نگرش و مواضع می تواند بر روابط این دو کشور اثر بگذارد حائز اهمیت است و

واجد نوآوری می باشد که در این پایان نامه به بررسی آنها می پردازیم. چیزی که در منابع ذکر شده در سابقه تحقیق و یا پژوهش های انجام شده تا کنون به آن پرداخته نشده و یا کمتر به آن توجه شده است.

۱-۱۲-سازماندهی تحقیق

پژوهش حاضر در هفت فصل تدوین شده است. فصل اول کلیات پژوهش را دربرمی گیرد. در فصل دوم روابط ایران و امریکا قبل و بعد از پیروزی انقلاب اسلامی بررسی می شود. در فصل سوم به بررسی تاثیر روابط ایران و امریکا بر تحولات منطقه ای خاورمیانه می پردازیم. در فصل چهارم تحولات خاورمیانه در قرن ۲۱ را بررسی می کنیم. در فصل پنجم تحولات سیاسی در خاورمیانه و بهار عربی را بررسی می کنیم. در فصل ششم به بررسی تضاد ها و مشابهت های رویکردی ایران و آمریکا در باره تحولات جهان عرب می پردازیم و در فصل هفتم نتیجه گیری عنوان می شود.

فصل دوم

روابط ایران و امریکا قبل و بعد از پیروزی انقلاب

اسلامی

اگر بخواهیم به پیشینه روابط ایران و آمریکا نظری اجمالی بیفکنیم، به طورکلی آغاز روابط این دو کشور به اوایل قرن نوزدهم میلادی برمی‌گردد. در این برهه‌ی زمانی ، نوع روابط عمدتاً روابط مذهبی و فرهنگی و بعدها تا حدودی اقتصادی است.اما ایران در بعد از پایان جنگ جهانی دوم، در جهت نزدیکی هر چه بیشتر به ایالات متحده حرکت کرده و می‌توان گفت به عنوان کشوری همسو با نظم جهانی (به‌ویژه نظم ویژه سرمایه‌داری و جهان غرب در مقابل جهان شرق آن زمان) شناخته می‌شد. در حالیکه اکنون می‌توان گفت ایران در جایگاهی مخالف و یا اگر این تعبیر را نپذیریم،در نقشی حاشیه‌ای و مدعی سیاست، جهان‌بینی، نظم ارزشها و تفکری غیر همسو با نظم لیبرال دمکراتیک غربی است،در جهان امروز مطرح است. ایران تا قبل از انقلاب سال ۵۷ و به ویژه از سال ۱۳۳۲ (به همراه اسرائیل) مهمترین کشور در منطقه خاورمیانه در جهت حفظ منافع آمریکا و نظام سرمایه‌داری در برابر نفوذ کمونیسم و ایدئولوژی‌های ناسیونالیستی و ضد غربی موجود در خاورمیانه به‌شمار می‌آمد. همسایگی با شوروی برای ایران باعث شد که از دهه ۱۹۵۰ به متحد استراتژیک آمریکا تبدیل شود و آمریکا در این دوره امیدوار بود تا ایران بتواند جلوی نفوذ اتحاد شوروی را در خاورمیانه بگیرد.(یسلسون،۱۳۶۸: ۵۴)

۲-۱- روابط ایران و آمریکا از ۱۲۳۰ شمسی تا جنگ جهانی دوم

آغاز این روابط نزدیک به ۱۰۰ سال از عهد ناصری تا اشغال ایران توسط متفقین در سال ۱۳۲۰ برابر با ۱۹۴۱ میلادی بود." جاستین پرکینز" اولین آمریکایی است که در تاریخ به ایران پای گذارد. از سوی دیگر، نخستین ایرانی که رسما تابعیت ایالات متحده آمریکا را پذیرفت" میرزا محمد علی حاج سیاح" بود که در انقلاب مشروطیت نیز شرکت داشت.(همان : ۵۴)

در آن زمان اصل بی طرفی و انزوا مبتنی بر دکترین مونروئه بر سیاست خارجی آمریکا حاکم بود. از این رو واشنگتن اساسا در صحنه بین المللی نقشه ای در سر نداشت و تمام هم و غم دولت های ملی و ایالتی توسعه همه جانبه این کشور در چارچوب مرزهای کشوری بود و دور افتادگی جغرافیایی این سرزمین نوعی فرصت تاریخی برای آمریکاییان ایجاد نمود تا فرایند ملت سازی در این کشور از بحران های شایع قرن نوزدهم سامان یابد. ایران در این سال ها محل تنازع و کشاکش منافع دولتین روس و بریتانیا بود و دول دیگری سیاست های توسعه طلبانه و استعماری داشتند مثل فرانسه، پرتغال و ... نیز بر اساس قرارداد نانوشته با متحدین

قدرتمند خود در مسکو . لندن، چشم طمع از ایران بریده بودند و آلمان نیز زمانی که جای پایی در ایران و چراغ سبزی از جانب رضا شاه دید وارد چالش های جدی با دول روسیه و بریتانیا شد .(دبیری مهر،۱۳۸۵، ۴)

در سال ۱۲۰۸ شمسی/۱۸۲۹ میلادی دو مبشر مسیحی امریکایی از کلیسای پرس بی ترین(presbyterian mission) برای تبلیغ دین مسیح و مطالعه احوال عیسویان آذربایجان، به ایران می آیند. این دو تن پس از بررسی وضعیت اقلیت های مذهبی در ایران و فرستادن گزارش های خود به آمریکا موجبات اعزام دیگر مبشرین امریکایی را به ایران فراهم می نمایند. با افزایش تعداد هیئت های تبشیری امریکایی در ایران، آنان به توسعه فعالیتهای خود پرداخته و افزون بر استانهای شمالی در دیگر شهرهای بزرگ ایران مانند تهران، مشهد و کرمانشاه به ساختن مدرسه، کتابخانه، کلیسا، درمانگاه، آموزشگاه های علمی و غیره می پردازند. در سال ۱۲۳۵ شمسی/۱۸۵۶ میلادی یک عهدنامه دوستی و تجارت میان ایران و امریکا بسته شده و بر اساس اصل حقوقی کامله الوداد، تمامی امتیازاتی که برای سایر دولت های خارجی در ایران در نظر گرفته شده بود، برای شهروندان این کشور منظور می شود. همچنین فعالیتهای مذهبی، فرهنگی، آموزشی و پزشکی هیئت های مذهبی امریکایی موجب ایجاد محبوبیتی به مراتب بیش از دیگر کشورهای بیگانه در ایران برای دولت امریکا فراهم کرد. (بداقی، ۱۳۸۷، ۱۹)

اما امیر کبیر گام نخست را در ایجاد روابط بین دو کشور برداشت. ارزیابی اولیه امیر کبیر، امکان همکاری با آمریکاییان در جهت تشکیل نیروی دریایی بود.ارتباط مستقیم امیر کبیر با آمریکاییان برای احداث پایگاه دریایی در بوشهر بود. احداث راه آهن از خلیج فارس به تهران نیز از دیگر محورهای مذاکره برای همکاری دولتین ایران و آمریکا در اواخر قرن نوزدهم بود که به علت فشار بریتانیا به سرانجام نرسید. (نوایی، ۱۳۶۹، ۶۰۲)

در ۱۹ اکتبر ۱۸۵۱م/۱۴ ذیحجه ۱۲۶۷قمری پیمان دولتی و کشتیرانی ایران و ایالات متحده بین میرزا احمد خان خویی و جورج مارش طی هشت ماده به امضا رسید این معاهده به دولت آمریکا اجازه حضور رسمی در خلیج فارس و تاسیس کنسولگری در بوشهر را می داد مجوزی که تا پیش از آن فقط انگلیسی ها از آن بهره مند بودند. (رضا زاده ملک، ۱۳۵۰ ، ۸۹).

اما در این دوره با وجود سطح محدود مناسبات فیمابین ، تصور مثبتی از ۲ کشور نزد افکار عمومی و صاحب منصبان سیاسی ایران و آمریکا وجود داشت که یکی از دلایل عمده آن اشتراک دو کشور در بدبینی و خصومت با انگلستان و سابقه استعماری بریتانیا در دو کشور بود ضمن آن که آمریکای تاسیس شده در اواخر قرن هجدهم و استقلال یافته در ۱۷۷۶ سابقه بدی در روابط بین المللی

نداشت و کشور آزادیخواهی و استقلال طلبی محسوب می شد و ایران به آمریکا به عنوان نیروی سوم نگاه می کردند. (دبیری مهر، پیشین)

گام بعدی باز گشایی سفارت آمریکا در ایران بود که تا پیش از این دولت انگلستان حافظ منافع اتباع آمریکایی در ایران شناخته می شد حضور اتباع آمریکا خصوصا مبشرین مذهبی و توسعه تجارت سبب شد تا کنگره آمریکا به دولت آن کشور اجازه بازگشایی سفارت را در تهران بدهد.بنجامین فرستاده آمریکا در ایران پس از آنکه فوریه ۱۸۸۳ م ./ ۱۳۰۰ ق فرمان خود را در خصوص عزمیت به ایران دریافت نمود راهی انزلی شد اما حضور وی آن تاثیری را نداشت که دولتمردان قاجاریه به دنبالش بودند اما پس از وی با ورود پارت مجموعه ای از اقدامات تجاری در تهران صورت گرفت.متقابلا حاج حسینقلی خان معتمدالوزاره با چهار سال تاخیر همراه با هیئت سیاسی ایران در سال ۱۲۶۶ شمسی/ ۱۸۸۸ میلادی برای تاسیس سفارت ایران در واشنگتن، با سمت نماینده ویژه وزیر مختار، راهی امریکا شد. هم نماینده امریکا در تهران و هم نماینده ایران در واشنگتن به تحریض دولتمردان ایالات متحده امریکا برای حضور بیشتر در ایران، کمک علمی، صنعتی و سیاسی به این کشور و اعمال سیاستی فعال تر در اقبال ترک تازی های روسیه و انگلستان با عنایت به اوضاع داخلی ایران نمودند، اما در ابتدا با توجه به دوری مسافت و پیروی امریکا از سیاست انزواگرایی در مسائل دیگر قاره ها که در راستای دکترین مونروئه قرار داشت، دولت امریکا علاقه ای به درگیر ساختن خود در مسائل ایران نشان نداد. (دهشیری، ۱۳۶۸، ۹۵)

این مقطع از روابط ایران و امریکا در واقع تحت تاثیر سه عامل قرار دارد:

الف) باید توجه داشته باشیم که جایگاه منحصربه فرد دولت شیعه در ایران در میان کشورهای اسلامی از اهمیت بسیاری در روابط این کشور با آمریکا برخوردار است.

ب) ایران سابقه تمدن بسیاری داشته و در سالیان بسیاری دور ایران در حوزه خاورمیانه و محیط همسایگان خود نقش بسزایی داشته و دارد.

ج) از آغاز سده ۱۹ میلادی ضعف و سستی در دولت های وقت ایران موجب یکه تازی دولتهای قوی اروپا و بی توجهی به آمال مردم و تاخت و تاز آنها در عرصه های مختلف حکومتی ایران شدکه برای مردم ایران وضعیتی رنج آور و تحقیرآمیز می نمود. (همان : ۹۵)

این درحالی بود که سیاست خارجی آمریکا تا پایان قرن ۱۹ مبتنی بر سه اصل زیربود:

۱.تاکید بر دکترین مونروئه به مفهوم پافشاری بر عدم مداخله کشورهای اروپایی در امور مربوط به نیم کره غربی و تاکید بر اینکه امریکایی لاتین حوزه اصلی آمریکا است.

۲.انزواگرایی به معنای عدم شرکت در شبکه پیچیده اتحادیه های دولت های اروپایی علیه یکدیگر

۳.تاکید بر تجارت آزاد بین المللی و توسعه تجارت با عنایت به اجتناب از برخوردهای خارجی و تنازعات بین الملل. (یسلسون، ۱۳۶۸، ۱۶۰)

ایالات متحده آمریکا در قرن نوزدهم با تکیه بر سه عامل فوق در رقابتها و تنازعات کشورهای اروپایی با یکدیگر بر سر گسترش دامنه سلطه و نفوذ به سایر مناطق جهان دخالت نداشت و سیاسی کاملا انزوطلبانه اتخاذ کرده بود.بالاخره با اظهار پی در پی بی علاقگی دولتمردان امریکایی به مداخله در امور ایران، وظیفه اصلی هیئت سیاسی امریکا محدود به حفظ امنیت اتباع و مبشرین مسیحی امریکا در ایران گردید. این سیاست در طول انقلاب مشروطیت و سالهای بحرانی ۱۲۸۵ شمسی تا ۱۲۸۸ شمسی/ ۱۹۰۶– ۱۹۰۹ میلادی همچنان حفظ شد و دولتمردان امریکایی بی طرفی خود را در مورد حوادث و اتفاقات این سالها به نمایندگان سیاسی خود در ایران گوش زد می نمودند. در سال های پس از انقلاب مشروطیت، به علت ضعف مفرط دولت مرکزی ایران و اغتشاشات داخلی و مداخلات گسترده روسیه و انگلستان در امور اقتصادی و مالی ایران، مجلس شورای ملی در آذر ۱۲۸۹/ دسامبر ۱۹۰۹ میلادی تصمیم گرفت برای جلوگیری از فساد و خرابی مالیه ایران و ترمیم آن، از دولت آمریکا با توجه به سیاست عدم مداخله امریکا در امور دیگر کشورها مستشار مالی دعوت نماید. بدین منظور با راهنمایی دولت امریکا هیئتی مرکب از پنج تن از کارشناسان امور مالی به سرپرستی "مورگان شوستر" در خرداد ۱۲۹۰/ مه ۱۹۱۱ وار تهران شدند. این هیئت رسما مستخدمین دولت ایران محسوب شده و دولت امریکا نقشی جز ایجاد رابطه میان آنها و دولت ایران نداشت. این هیئت با کسب اختیارات لازم از مجلس شورای ملی و ایجاد یک نیروی انتظامی، دست اندرکار اصلاحات وسیعی در نظام مالیاتی، قوانین گمرکی، حقوق کارمندان دولت و تنظیم ترازنامه اقتصادی کشور گردید. اگرچه اقدامات شوستر تحسین مردم مسلمان ایران را برانگیخت، اما با توجه به جو سیاسی حاکم پیش از جنگ جهانی اول در نظام بین الملل و منافع روسیه و انگلستان در ایران، این اقدامات موجبات خشم دولت روسیه و انگلستان را فراهم کرد. (همان :۱۶۰)

در نتیجه با وجهه ای که آمریکا پس از جنگ و در کنفرانس صلح به دست آورده بود، دولت ایران که به علت نقض بی طرفی اش در جنگ و خساراتی که از این بابت متوجه اش شده بود برای شرکت در کنفرانس صلح پاریس به امریکا متوسل شد، اما دولت انگلستان به بهانه اینکه ایران رسما بی طرف بوده و در جنگ شرکت عملی نداشته و نیز با توجه به اینکه قرارداد سری ۱۹۱۹ میلادی/ ۱۲۹۸ شمسی، ایران و انگلیس در حال شکل گرفتن بود و انگلستان ترس فاش شدن آن را داشت، از پذیرفتن هیئت ایرانی جلوگیری به عمل آورد. هر چند که مدتی بعد با فاش شدن این قرارداد، امریکا و برخی دیگر از قدرت های بزرگ به مخالفت با آن برخاستند و سرانجام آن قرارداد ملغی گردید.(مهدوی، ۱۳۶۴، ۳۵۸)

با شروع دوره چهارم مجلس شورای ملی در تیر ۱۳۰۰/ ژوئن ۱۹۲۱ قوام السلطنه نخست وزیر به منظور ایجاد منبع درآمدی برای خزانه خالی کشور به فکر اعطای امتیاز نفت شمال به یک دولت بی طرف خارجی افتاد. بنابراین مذاکرات محرمانه ای با نمایندگان شرکت نفت امریکایی استاندارد اویل در مورد اعطای امتیاز نفت پنج ایالت شمالی ایران آغاز گردید. این مذاکرات در آبان ۱۳۰۰/ نوامبر ۱۹۲۱ منجر امضای قراردادی شد که به موجب آن امتیاز استخراج و بهره برداری از نفت شمال ایران به مدت پنجاه سال به شرکت امریکایی مذکور واگذار گردید. این قرارداد مورد تصویب مجلس شورای ملی نیز قرار گرفت. با علنی شدن این قرارداد هر دو دولت شوروی و انگلستان به مخالفت با آن برخاستند و سرانجام انگلستان توانست نیمی از امتیاز مذکور را از دست کمپانی استاندارد اویل درآورده و شرکت نفت ایران و انگلیس را در این امتیاز شریک کند. این عمل مورد اعتراض دولت ایران قرار گرفته و این کشور قرارداد را ملغی کرد. (همان: ۳۷۶)

هم زمان با انتقال سلطنت از سلسله قاجار به خاندان پهلوی و تحکیم قدرت رضا شاه پهلوی، روابط ایران و ایالات متحده امریکا عادی و دوستانه بود. با شدت یافتن رقابت آمریکا و انگلیس در تسلط بر منابع نفتی ایران، رضاخان نسبت به اهداف امریکاییان در ایران سوءظن پیدا کرد به طوری که در مورد نفت بحرین به امریکا اعتراض نمود. اما روابط عادی میان دو کشور همچنان برقرار بود تا اینکه در سال ۱۳۱۴ شمسی/ ۱۹۳۵ میلادی حادثه ای کوچک منجر به تیرگی روابط دو کشور گردید. سفیر ایران در واشنگتن به علت تخلف از قوانین رانندگی امریکا بازداشت شد، اما پس از تشخیص هویت وی آزاد گردید. در همین رابطه مطبوعات امریکا نیز انتقاداتی از نظام سیاسی ایران نمودند. در نتیجه به دستور رضاشاه سفیر ایران احضار گردیده و روابط دو کشور به حالت تعلیق درآمد. این وضعیت بیش از دو سال بر روابط ایران و آمریکا سایه افکند. در اواخر سال ۱۳۱۷ شمسی/

۱۹۳۸ میلادی، رئیس اداره خاورمیانه وزارت خارجه امریکا به عنوان نماینده ویژه آن کشور به تهران آمده و رسما عذرخواهی کرد. در سالهای بعد روابط اقتصادی و تجاری دو کشور افزایش یافت. (دهشیری، پیشین، ۲۴۱-۲۴۰)

۲-۲- روابط ایران و آمریکا از جنگ جهانی دوم تا کودتای ۲۸ مرداد ۱۳۳۲

پس از شعله ور شدن آتش جنگ جهانی دوم در شهریور ۱۳۱۸/ سپتامبر ۱۹۳۹ دولت ایران با صدور اعلامیه ای رسما بی طرفی خود را اعلام کرد. ایالات متحده در طول جنگ یک هدف کوتاه‌مدت در ایران داشت که همان ایجاد امنیت در داخل کشور بود تا جریان کمکهای متفقین به شوروی تسهیل شود. اما هدف بلندمدت امریکا نگه‌داشتن ایران در حوزه بلوک غرب بود. دولت امریکا سعی می‌کرد با تقویت ارتش ایران و ژاندارمری ــ که اقدامات مربوط به آن را شروع کرده بود ــ این کشور را در آینده زیر سیطره غرب نگه دارد. (ذوقی، ۱۳۶۸، ۱۷۸)

امریکا با توجه به تجربه‌ای که از دولت روس و انگلیس در جنگ اول داشت و از سیستم تحت‌الحمایگی آنها باخبر بود، می‌دانست که این دفعه هم چنین برنامه‌ای برای آینده ایران دارند. لذا امریکا پا جلو گذاشت و ظاهرا تحت عنوان استقلال و تمامیت ارضی به ایران کمک کرد.(ایوانف، ۱۳۵۶، ۱۰۰)

امریکا در طول جنگ گرچه به آموزش افسران ایرانی توجه داشت اما هدف اصلی خود را که گسترش نفوذ و تثبیت موقعیت ایالات‌متحده در ایران بود، تعقیب می‌کرد. در طی سالهای فوق معاملات ایران و امریکا افزایش یافت و تعداد امریکاییها در ایران روبه‌فزونی گذاشت. در راستای همین سیاست گسترش نفوذ بود که هیات مالی میلسپو به ایران اعزام شد و امور مالیه ایران را به‌دست گرفت .(کلاف، ۱۳۶۸:134)

امریکا در این زمان سیاست جامعی نسبت به ایران اتخاذ کرد و تلاش نمود به تحکیم موقعیت سیاسی ــ اقتصادی ایران مبادرت نماید. اما اعمال چنین سیاست جامعی، مستلزم کنترل کامل بر امور اقتصادی، سیاسی و نظامی کشور بود تا از راه آن بتوان تحولات لازم را به عمل آورد. از آنجا که این نحوه کنترل کامل بر امور یک کشور تنها درباره مستعمرات و یا کشورهای نیمه‌مستعمره اعمال می‌گردید و سیاست خارجی سنتی و میراث ایدئولوژیکی امریکا هم مانع اعمال چنین سیاستی بود، دولت امریکا در عمل با

مشکلاتی روبرو شد. بنابراین آنها برای پیشبرد سیاست سلطه‌گرانه خود درصدد برآمدند به‌طور غیرمستقیم این کنترل را بر امور ایران به‌دست آورند. دراین‌راستا، دولت امریکا ایران را واجد شرایط لازم برای دریافت کمک برنامه وام و اجاره دانست و اعلام کرد ایران می‌تواند از کمکهای امریکا از طریق وام و اجاره استفاده نماید. از طریق این کمکها بود که امریکا می‌توانست به نحو موثری بر شئونات نظامی و اقتصادی ایران نظارت کند و به‌دنبال آن خواسته‌های خود را تعقیب نماید. «در سال ۱۹۴۲م/۱۳۲۱ش. حدود هشت و نیم میلیون دلار کمک نظامی و اقتصادی امریکا در اختیار ایران قرار گرفت.(گازیوروسکی، 91:1371)

همزمان با تلاش امریکا برای نفوذ بیشتر در ایران، در داخل کشور نیز زمینه برای پذیرش این نفوذ کاملا آماده بود. امریکاییها با اقداماتشان محبوبیت خاصی در میان ایرانیها به‌دست آورده بودند و از طرف دیگر محمدرضا شاه که پس از سقوط رضاشاه تجربه کافی نداشت، در مواجهه با نیروهای متفق و نیز نیروهای داخل که از فشارهای دوره رضاخان سخت آشفته و عصبانی بودند، برای تحکیم موقعیت خود حمایت امریکا را مغتنم شمرد.با نزدیک شدن پایان جنگ جهانی دوم، دولت ایران تلاش نمود بعد از جنگ استقلال و تمامیت ارضی کشور را به‌دست آورد و در تلاشهای خود برای تحقق این هدف به پیمان سه‌جانبه ایران - انگلیس ــ شوروی استناد می‌کرد که بر اساس آن، متفقین متعهد شده بودند پس از پایان جنگ نیروهای خود را از ایران خارج سازند.(فاوست، ۱۳۷۴، ۵۲)

مساله خروج نیروهای متفق از ایران در کنفرانس پتسدام مطرح شد و در اعلامیه نهایی کنفرانس چنین قید گردید: «موافقت شد که سربازان متفقین فورا از تهران عقب کشیده شوند و مراحل بعدی عقب‌نشینی سربازان از ایران در گردهمایی وزیران خارجه سه کشور که در اول سپتامبر ۱۹۴۵م/ ۱۳۲۴ش در لندن برگزار خواهد شد، مورد رسیدگی قرار گیرد. اما شوروی به بهانه این‌که هنوز جنگ با ژاپن خاتمه نیافته است، با این اعلامیه موافقت نکرد. تخلیه نکردن ایران از سوی شوروی، در شرایطی صورت می‌گرفت که شوروی دامنه نفوذ کمونیسم را به کشورهای اروپای شرقی گسترش داده و در برخی از این کشورها توانسته بود حکومتهای دست‌نشانده ایجاد کند. با توجه به زمینه‌های مساعد رشد کمونیسم در ایران، از جمله وجود فقر و تنگدستی، نابسامانی اوضاع اقتصادی و فعالیت رو به رشد حزب توده، تحلیل گران غربی خارج نشدن نیروهای شوروی را چنین تفسیر می‌کردند که شوروی قصد دارد در ایران حکومتی دست نشانده روی کار آورد و از این طریق سیاستهای خود را در ایران و خاورمیانه عملی نماید. معنای این تصمیم شوروی، در واقع به خطر افتادن منافع امریکا و انگلیس در منطقه خاورمیانه بود.اقدامات شوروی در ایران و

حمایتهای آن کشور از جمهوری های خودمختار آذربایجان و کردستان، و نیز تعلل این کشور در خروج قوای خود از ایران، هرچه بیشتر امریکاییان را متقاعد ساخت که دولت شوروی به‌عنوان یک نیروی سلطه جو قصد دارد در ایران هرچه بیشتر نفوذ کند و ایران را به بلوک شرق وابسته نماید؛ به‌این‌جهت امریکا درصدد بود در مقابل شوروی موضع مشخص و محکمی در پیش بگیرد.(کارردانکوس،۱۳۶۳: ۳۴۰)

اگر نظام سرمایه‌داری امریکا درصدد جلوگیری از استیلای نظام کمونیستی در ایران برنمی‌آمد و شوروی موفق می‌شد موقعیت خود را در ایران تثبیت کند، علاوه‌بر امتیاز نفت شمال، دیگر منابع انرژی و بازار مصرف ایران را هم به‌دست می‌آورد و دست غربیها را از آن کوتاه می‌ساخت. علاوه بر این، شوروی پس از تثبیت موقعیت خود در ایران، به دیگر مناطق خاورمیانه و آبهای خلیج‌فارس و از آنجا به هندوستان چنگ می‌انداخت. دکتر میلسپو معتقد بود: «شوروی موقعیت خود را در کنار عراق و ترکیه تقویت می‌کند و آماده پیشروی به سوی خلیج فارس است و سپس چرخش به سوی هند و غرب به سوی کانال سوئز خواهد داشت. آنگاه خطر برای صلح و امنیت جهان آشکارتر خواهد شد و منافع ملی و بین‌المللی انگلستان و ایالات‌متحده را در معرض تهدید قرار خواهد داد.(میلسپو،۱۳۷۰: ۲۰۷)

دولت امریکا در دوران جنگ تلاشهایی برای نفوذ در ایران انجام داد اما از زمانی که قضیه آذربایجان و کردستان پیش آمد، نقش فعال‌تری را در صحنه سیاست ایران بازی کرد. هر اندازه که کشمکش نیروهای خودمختار آذربایجان و کردستان بیشتر می‌شد و تشنج بین امریکا و شوروی بر سر قضایایی چون آینده اروپای مرکزی و جنگ داخلی یونان بیشتر اوج می‌گرفت، سیاست امریکا در ایران نیز با یک تغییر و دگرگونی اساسی، در راستای مداخله مستقیم سوق می‌یافت. هرچه دامنه اختلافات ایران و شوروی زیادتر می‌شد، ایران نیز برای امریکا اهمیت بیشتری می‌یافت. لذا امریکا سیاست مداخله مستقیم را در امور ایران اتخاذ کرد و به مقابله با شوروی برآمد، اما بسیار زیرکانه وارد عمل شد تا حساسیت بیش از اندازه و غیرمنتظره شوروی را دامن نزند.در راستای این سیاست، امریکا نیروهای خود را در خلیج‌فارس به حالت آماده‌باش درآورد و بقیه قوای آن کشور که هنوز در منطقه باقی مانده بودند، به دستور ترومن به ایران مراجعت کردند و پادگان امیرآباد را با سه‌هزار سرباز تقویت نمودند. درباره این رویه دولت امریکا «حزب جمهوریخواه امریکا که سیاست شوروی را دنباله‌رو سیاست تزارها می‌دانست، زبان به انتقاد از سیاست حکومت دموکراتها گشود و خواهان واکنش شدیدتر حکومت ترومن علیه اقدامات شوروی شد. به دنبال اقدامات شوروی در ایران و انتقاد حزب

جمهوری‌خواه از ترومن، وزیر امور خارجه امریکا، بیرنس، نطق شدید اللحنی ایراد کرد که هشداری به شوروی بود. او گفت: «چنانچه برخلاف منظور و اصول منشور سازمان ملل، کسانی به زور متشبث شوند یا آن را وسیله تهدید قرار دهند، امریکا تماشاچی و بی‌اعتنا نخواهد بود.(ذوقی،پیشین: ۲۱۷)

دولت امریکا در حمایت از ایران تا آنجا پیش می‌رفت که حساسیت بیش از حد شوروی را به دنبال نداشته باشد. اگرچه ایران برای امریکا منافع زیادی داشت، اما سیاستمداران امریکا حاضر نبودند به خاطر ایران با شوروی درگیری نظامی پیدا کنند و اگر تهدید به استفاده از نیروی نظامی هم می‌کردند، برای عقب نشاندن حریف بود. دولت امریکا در این زمان نمی‌خواست تسلط شوروی بر ایران به چیرگی بر منابع سرشار نفتی منطقه منجر شود، لذا «مساله‌ای که برای ترومن نیز اهمیت داشت حرکت گازانبری عظیمی بود که مدیترانه و شرق نزدیک را تهدید می‌کرد که می‌بایست متوقف گردد. با وجود این، ترومن در حرکتی که به منظور دفاع از ایران در برابر اهداف و مقاصد شوروی آغاز کرد، دقت و احتیاط لازم را به کار برد تا اقداماتش تحت‌نظر سازمان ملل و در پوششی از ارج نهادن به اصول منشور آتلانتیک انجام گیرد. سیاست امریکا بیشتر این بود که ایران، هم در برابر امپریالیسم شوروی حفظ شود و هم در برابر بریتانیا بنابراین امریکا تصمیم گرفته بود دامنه نفوذ شوروی را در ایران محدود کند. اگرچه امریکا در آغاز چندان واکنش شدیدی در مقابل روس‌ها به خرج نداد، اما از اواخر ۱۹۴۵م/۱۳۲۴ش، یعنی پس از کنفرانس مسکو، سیاست امریکا شکل جدی‌تری به خود گرفت.(فاوست، پیشین: ۲۲۱)

سیاست امریکا به طور کلی از سال ۱۹۴۵م/ ۱۳۲۴ش در جهت مقابله و ایستادگی در برابر توسعه‌طلبی شوروی تنظیم گردید؛ چنانکه مساله تخلیه ایران از نیروهای شوروی، به یک نقطه بحران در روابط ایران و شوروی و به‌تبع آن در روابط امریکا و شوروی تبدیل شد. به دنبال این بحران، دولت ایران از شوروی به سازمان ملل شکایت کرد و دولت امریکا به‌شدت از این اقدام ایران پشتیبانی نمود.(گازیوروسکی، پیشین، ۹۵)

دولت ایالات متحده با توجه به ماهیت خواسته‌های شوروی، بر این اعتقاد بود که ایران به‌تنهایی نمی‌تواند در مقابل فشار شوروی مقاومت کند. بنابراین هنگامی‌که حسین علا، نماینده ایران در سازمان ملل، شکایت ایران را علیه شوروی مجددا مطرح کرد، دولت ایران و ایالات متحده به‌صورتی هماهنگ عمل کردند. آندری گرومیکو باز هم مخالفت کرد و تقاضا نمود سازمان ملل برای مدتی

۲۱

موضوع را از دستور کار خود خارج سازد اما نماینده امریکا با این درخواست مخالفت کرد. ترومن اعتقاد داشت دولت ایران ضعیف‌تر از آن است که بتواند در مقابل شوروی خود را نجات دهد، از این‌رو وزیر امور خارجه‌اش، بیرنس، اعلام کرد چون دولت ایران قادر نیست مساله خود را در سازمان ملل عنوان کند، دولت امریکا به نمایندگی از دولت ایران اقدام لازم را به عمل خواهد آورد .دولت امریکا چون با شوروی پیمانی امضا نکرده بود که آن کشور را ناقض آن بداند، نمی‌توانست کار قانونی بکند اما بر طبق اصول منشور آتلانتیک دولت امریکا از این حق قانونی برخوردار بود که چنانچه مساله‌ای صلح و امنیت جهانی را تهدید کند، توجه شورای امنیت را به آن جلب نماید. اما اثبات این امر که اقدامات شوروی در شمال ایران و عدم خروج نیروهای آن کشور صلح جهانی را به خطر می‌اندازد، کار ساده‌ای نبود. لذا پس از اینکه ترومن درخواست نماینده شوروی را مبنی بر به تعویق انداختن مساله اختلافات ایران و شوروی از دستور کار سازمان ملل رد کرد، اولتیماتومی برای استالین فرستاد و خواهان خروج نیروی شوروی از ایران شد. البته مورخین در این که آیا واقعا اولتیماتومی در کار بوده است، تردید دارند؛ چون تنها مدرک موجود، همان ادعای خود ترومن است که در آوریل ۱۹۵۲م/۱۳۳۱ش در یک مصاحبه مطبوعاتی از وجود اولتیماتوم خبر داد.(ذوقی، پیشین، ۲۶-۲۵)

اکنون امریکا به طور فعال به جای انگلستان وارد مسائل داخلی ایران شده بود و ایران هر روز بیش از پیش به امریکا وابستگی سیاسی پیدا می‌کرد. مساله آذربایجان و التجای ایران به امریکا، در این میان اثر قطعی بر جای گذاشت .ایران برای منافع امریکا در خاورمیانه، به منزله یک مانع طبیعی در برابر نفوذ شوروی به حساب می‌آمد و امریکا می‌توانست با تقویت این کشور منابع نفتی خود را در عربستان حفظ کند؛ به ویژه آنکه کارشناسان نفتی امریکا اعلام کردند شمال ایران نفت قابل‌توجهی ندارد و هدف روسها نفوذ در ایران و رسیدن به نفت جنوب شرقی است. از این پس بود که دولت امریکا درصدد برآمد نظر خود را در مورد ثبات و امنیت ایران جدی‌تر بگیرد. جرج آلن، سفیر امریکا در تهران، می‌گفت: دولت ایران در مقابل دول بزرگ و مقتدر، بی‌گناه و دارای حقانیت است و همچنین مستشاران امریکایی را تشویق و وادار می‌کرد ارتش ایران را تقویت نمایند، تاجایی‌که ارتش به زودی تجهیز شد و آماده مقابله با دموکراتها گشت و موقع اعزام ارتش ایران به آذربایجان حمایت خود را از آنها اعلام کرد.(مهدوی، ۱۳۶۸، ۲۴۶)

دولت امریکا با اعطای امتیاز نفت شمال به شوروی مخالف بود و اعتقاد داشت این امر باعث نفوذ شوروی در منطقه خلیج‌فارس و به خطر افتادن منافع آن کشور در خاورمیانه می‌شود، با این همه تمایل نداشت برای رد قرارداد ایران را تحت فشار بگذارد؛ زیرا این مساله حساسیت دولت شوروی را بیشتر می‌کرد و طبعا این امر، احتمال مداخله نظامی ارتش سرخ را در امور ایران بیشتر می‌کرد. مداخله مسلحانه شوروی در ایران نیز به‌نوبه‌خود تمامی تشکیلات سازمان جدید التاسیس ملل متحد را در معرض خطر قرار می‌داد و صلح و امنیت و ثباتی که امریکا خواهان آن بود، به‌خطر می‌افتاد. از این رو سیاستمداران امریکا دولت ایران را تلویحا به رد مقاوله نامه قوام ـ سادچیکف تشویق می‌کردند. جرج آلن، به‌گونه‌ای زیرکانه و احتیاط آمیز چنین می‌گفت: «ایرانیان صاحبخانه و مختار در امور کشور خود می‌باشند و آزادی کامل برای رد و یا قبول قرارداد قوام سادچیکف را دارند. اما اگر تصمیم به رد آن بگیرند، دولت امریکا در مقابل هرگونه رویه تهدید و ارعابی که شورویها پیش بگیرند، به ایران کمک و مساعدت خواهد کرد.(همان : ۱۳)

سرانجام مجلس شورای ملی مقاوله‌نامه را با اکثریت آرا رد کرد و این امر، اعتراض و تهدید شدید دولت شوروی را به دنبال داشت. قوام در مقابل این اعتراض پاسخ داد که قانون یازدهم آذر ۱۳۲۳،ش/۱۹۴۴،م اعطای هرگونه امتیازی را منع کرده و چون حکومت او گمان می‌کرد مذاکره درباره شرکت مختلط و فروش نفت بلامانع است، دست به چنین کاری زده است و چون تصمیم نهایی با مجلس است، او تقصیری ندارد پس از ختم غائله آذربایجان و عدم تصویب قرارداد نفتی ایران و شوروی، دولت امریکا دیگر به حمایت خود از قوام ادامه نداد .در این زمان شاه برای تحکیم پایه‌های قدرت خود، خواهان حمایت امریکا بود تا به اعمال نفوذ بیشتری در امور کشور دست یابد. دولت امریکا واقف بود که محمد رضاشاه به کمک انگلستان به قدرت رسیده است، و از این رو سعی می‌کرد با حمایت از شاه، گرایش او را به سوی خود معطوف کند. در ابتدای حکومت محمدرضاشاه، دولت امریکا دلایل واضحی برای حمایت از او نمی‌دید؛ چون امریکاییها به لحاظ آگاهی از مشکلات و موانع موجود و نیز با توجه به شناختی که از شاه داشتند، در هنرنمایی و کارآیی او مشکوک بودند اما پس از سقوط قوام، سیاست امریکا به حمایت از شاه متمایل شد چون او را عنصری نیازمند به خود یافتند که برای تحکیم و بسط قدرت خود خواهان حمایت است. شاه برای حل مشکلات و موانع موجود بر سر راه حکومت خود، هرچه بیشتر به امریکا گرایش پیدا کرد. دولت امریکا هم از موقعیت پیش‌آمده استفاده نمود و برای جلب همکاری شاه و نفوذ بیشتر در ایران، از او حمایت کرد.امریکا با ارائه کمکهای اقتصادی به کشورهایی چون ایران،

تاحدودی قدرت خرید مردم را بالا می‌برد و ازسوی‌دیگر بر صدور کالاهای مصرفی امریکا به کشورهای مورد نظر که بعد از جنگ جهانی دوم تولیدشان رو به توسعه بود، می‌افزود. این مساله، باعث به‌جریان‌افتادن سرمایه‌های امریکا می‌شد. علاوه بر این، امریکا از طریق سرمایه‌گذاری در زمینه استخراج مواد خام کشورهای مورد نظر، برای نیروی کار این کشورها ایجاد اشتغال می‌کرد؛ چرا که این مساله تا حدودی سطح زندگی مردم را بالا می‌برد و این امر به نوبه خود عامل مهمی در واپس زدن کمونیسم به شمار می‌رفت.(سنجر، ۱۳۶۸: ۵۰)

و بالاخره در سالهای پس از جنگ جهانی دوم ، با ظهور امریکا به عنوان یک قدرت جهانی در صحنه نظام بین الملل، معادلات مرسوم سیاسی جهان که بیش از یک سده بر روابط میان کشورها سایه افکنده بود، تغییر کرده و امریکا حضور خود را در مناطق مختلف جهان به دیگر قدرتها که اینک در مقایسه با آن، قدرت درجه دومی بیش محسوب نمی شدند، ارزیابی کرد. در همین راستا موقعیت استراتژیکی ، وجود منابع عظیم نفت و وجود رژیمی متمایل به غرب در ایران، زمینه را برای حضور فعالتر امریکا در ایران تحت عناوینی چون جلوگیری از گسترش کمونیسم و غیره آماده کرد. در نتیجه امریکاییان نهضت ملی ایران را که از چندی پیش آغاز شده بود، تشویق نموده و درصدد کمک به آن برامدند. در جریان ملی شدن صنعت نفت یعنی قبل از کودتای ۲۸ مرداد دکتر مصدق سعی داشت که روابط دوستانه ای با امریکا داشته باشد و حتی کمک های مالی و اقتصادی آنان را بپذیرد بطوری که در نامه ای به آیزنهاور پس از انتخاب وی به جانشینی ترومن، نوشت: "البته در این مدت (در جریان ملی شدن نفت) کمک هایی از طرف دولت امریکا به ایران شده است... ولی آن قدر نبوده که مشکلات ایران را مرتفع کند... ملت ایران امیدوار است که با مساعدت و همکاری امریکا موانعی را که در راه فروش نفت ایجاد شده برطرف شود و چنانچه رفع موانع مزبور برای آن دولت مقدور نیست کمک های اقتصادی بفرمایند تا ایران بتواند از سایر منابع خود استفاده نماید.(منصوری،۱۳۸۵: ۲۰)

بطور کلی سیاست آمریکا نسبت به جنبش ملی شده صنعت نفت می توان به سه دوره تقسیم کرد : .

پشتیبانی از حقوق حقه ایران به منظور شکستن انحصار نفتی انگلستان.

میانجیگری دوستانه در حل اختلاف ایران و انگلستان.

همسوئی با انگلستان و شرکت در براندازی دولت ملی.

در مرحله نخست، که میان سال ۱۳۲۹ تا فروردین ۱۳۳۰ به طول انجامید . ماموران سیاسی و کارشناسان اقتصادی آمریکا مرتبا ایرانیان را به ایستادگی در برابر شرکت نفت و احقاق حق خود تشویق می کردند.مرحله دوم به صورت میانجیگری دوستانه آغاز گردید که هم تا حدودی منافع ایران تامین شود و هم لطمه شدیدی به منافع کارتلهای نفتی خاورمیانه وارد نشود .در این مرحله بتدریج انگلستان تلاش نمود تا منافع نفتی آمریکا را با منافع نفتی انگلستان به هم گره زده و راه همکاری دو کشور در مورد قضیه ملی شدن نفت ایران هموار کند.

پیروزی جمهوری خواهان در انتخابات ریاست جمهوری پائیز ۱۳۳۱ سرآغاز سومین مرحله درگیری آمریکا در قضیه نفت ایران و مشارکت در براندازی دولت ملی بود .با این ترتیب نظر آمریکائیها به کلی تغییر کرد و از موضع میانجیگری دوستانه به همسوئی با دولت انگلستان سوق پیدا کرد . (حمیدی نیا ،۱۳۸۲: ۶۱۳-۶۱۲)

" جلال آل احمد" در این رابطه می نویسد: "اما نباید نامه ژنرال" آیزنهاور" را فراموش کرد که درسال ۱۹۵۳ (ماه ژوئن) نوشت که کمک های امریکا در صورتی به ایران داده خواهد شد که مسأله نفت به سرانجام قابل تحملی رسیده باشد. و البته که مقصود "آیزنهاور" از این نامه خالی کردن زیر دیوار دکتر مصدق بود. چنان چه حتی ملیون مبارز سرسخت را نیز به شک انداخت، حتی خود دکتر مصدق نیز با این نامه دریافت که دیگر از پشتیبانی امریکا برخوردار نیست و در آخرین فرصت پیش از سقوط به سفیر امریکا هندرسون نوشت که حاضر است برای حل مسأله نفت به مشاوره ای جدی بپردازد و مواردی را قبول کند که برای سیاست امریکا قابل تحمل باشد. اما دیگر دیر شده بود چرا که دولت امریکا نقشه وسیعی کشیده بود و در برانداختن حکومت دکتر مصدق تسریع می کرد و جانشین او را نیز معین کرده بود...(آل احمد،۱۳۵۷: ۹۳-۹۴)

موفقیت کودتای ۲۸ مرداد ۱۳۳۲ ، زمینه نفوذ و سلطه تمامی سازمانها و دستگاههای حاکمیت در ایران را برای آمریکا فراهم ساخت .هر یک از این دستگاهها برنامه ها و اقدامات خود را با دستگاه مشابه آمریکایی هماهنگ می کردند و به تائید آنها می رساندند .و در فاصله سالهای ۱۹۵۲(۱۳۳۱ش) تا ۱۹۵۶ (۱۳۳۵ش) به گونه ای بی سابقه بر تعداد مشاوران فنی آمریکا در ایران افزوده شد .(منصوری ، ۱۳۹۰ :۲۲) . به دنبال به نتیجه رسیدن کودتای ۲۸ مرداد و شکست نهضت ملی نفت که در واقع مرحله انتقال حاکمیت انگلستان به حاکمیت سیاسی امریکا بر ایران بود، در مورخه ۱۸ شهریور همان سال نیکسون معاون رییس جمهور وقت امریکا در رأس هیأتی ۲۳ نفره وارد ایران شد و نیز در مورخه ۲۱ مهرماه ۳۲ نمایندگان جمهوری خواه کنگره به همراه" هندرسن" سفیر امریکا و همزمان با بازگشت محمدرضاشاه وارد ایران می شوند .در ۱۳۳۲ قرارداد معروف کنسرسیوم بین

"علی امینی" با نماینده کنسرسیوم نفت شخصی به نام" پیچ" منعقد شد که به موجب آن "۵۵" درصد از نفت ایران به امریکا و "۴۵" درصد به انگلیس فروخته می شد.بنابراین با کودتای ۲۸ مرداد ۱۳۳۲ که توسط سازماندهی جاسوسی آمریکا و انگلیس طراحی شد و به اجرا در آمد، شاه را مجددا بر مسند قدرت نشاندند. سپس با استقرار حکومت کودتا همه دستاوردهای سیاسی نهضت ملی را یک شبه نابود ساختند و به سرکوب ملت ایران مبادرت ورزیدند. مبارزین آزادی و استقلال کشور را دستگیر و اعدام نمودند، روحانیت را از صحنه سیاسی حذف کردند و به تثبیت سلطه سیاسی، اقتصادی ، اجتماعی ، فرهنگی و نظامی مشغول شدند. کودتای ۲۸ مرداد ۱۳۳۲ اولین سنگ بنای رفیع دیوار بی اعتمادی میان ایران و آمریکا بود که با خیانت دولتمردان آمریکا بر اعتماد ملت ایران به دست آمریکا کار گذاشته شد. بنابراین با این اقدام ، آمریکا متاسفانه معمار ایجاد دیوار بی اعتمادی میان دو کشور گردید. (صادقی، ۱۳۸۴: ۲۲۴)

پس از روی کار آمدن محمد مصدق به عنوان نخست وزیر ایران و چالش جدی میان ایران و انگلیس آمریکا ، مصدق را به عنوان تهدیدی مشترک برای خود و انگلیس تلقی کرد و حذف وی از صحنه سیاسی ایران جزو اولویت های سیاست های پنهان این کشورها قرار گرفت.البته برخی دخالت آمریکا در ایران و کودتای ۲۸ مرداد ۱۳۳۲ را رفع خطر نفوذ کمونیسم به ایران می دانند. اما آنچه همیت دارد آن است که اقدام آمریکا در کودتای ۱۳۳۲ تاثیرات بسیار عمیقی در روابط ایران آمریکا داشت. حاکمیت و تسلط آمریکا بر ایران با کودتای ۲۸ مرداد ۱۳۳۲ آغاز شد. در اسناد منتشر شده توسط سازمان CIA و وزارت امور خارجه آمریکا در سال ۱۳۷۹(۲۰۰۰ میلادی) آمده است که در فاصله آذر تا دی ۱۳۳۱ نمایندگان و دستگاه امنیتی انگلیس با نمایندگان CIA در شهر واشنگتن دیدار کردند تا دوباره طرح های پشت پرده و مبارزه مشترک با نهضت مردمی در ایران به بحث و تبادل نظر بپردازد.(دلدم، ۱۳۵۸: ۱۴۵)

در فروردین ۱۳۳۲، آمریکایی ها به پیشنهاد انگلیس پاسخ مبت دادند و آمادگی خود را برای همکاری مشترک جهت انجا کودتا درایران اعلام کردند.در همین ایام نمایندگان آمریکا و انگلیس تعهدات لازم را از شاه کتبا اخذ کردند و محمد رضا شاه حکم عزل مصدق و نصب زاهدی را به سمت نخست وزیری و قائم مقامی فرمانده نیروهای مسلح صادر کرد و آمریکایی ها و انگلیسی ها از او خواستند تا سرلشکر آزموده را به عنوان رئیس ستاد ارتش معرفی کند. از این زمان به بعد شاه به اروپا و سپس به ایتالیا می رود و عوامل آمریکایی و انگلیسی همکاران در داخل کشور با صرف هزینه های کلان به اجری مفاد طرح T.P.Ajax مبادرت می

نمایند. طرح ابتدا با مشکلاتی مواجه می شود و سرانجام کودتا در ۲۸ مرداد ۱۳۳۲ تحقق می یابد و زمینه های مالکیت آمریکا بر مقدرات مردم ایران فراهم می شود. (بوندرافسکی، ۱۳۶۵: ۲۱۱).

۲-۳- بعد از کودتای ۲۸ مرداد ۱۳۳۲ تا انقلاب اسلامی ایران

می توان گفت که سیاست آمریکا به عنوان مهمترین حامی نظام سرمایه‌داری و جهان غرب در بعد از کودتای ۲۸ مرداد علیه حکومت ملی دکتر محمد مصدق؛ حمایت از محمد رضا شاه پهلوی و اقدامات سرکوبگرانه وی در مقابل کمونیست‌ها، ملیون و نیروهای مسلمان رادیکال و ضد غرب بوده و ایران به عنوان سدی محکم در برابر تمامی نیروها، گروه‌ها و ایدئولوژی‌های ضد غربی و ضد سرمایه‌داری در جهت منافع ایالات متحده انجام وظیفه می‌کرد.ایران در منطقه خاورمیانه به عنوان استراتژیک ترین کشور منطقه چه از لحاظ ژئوپلیتیک و چه از لحاظ سیاسی و اجتماعی مهمترین نقطه اتکا، اطمینان و ثبات برای آمریکا بود. ایالات متحده با گسترش حمایت و تجهیز نظامی و مالی ایران، نظام شاهنشاهی وابسته به خود را به جایگاهی رفیع در عرصه بین‌الملل و در جهت همکاری‌های بین‌المللی در وجوه مختلف اقتصادی ـ سیاسی ـ فرهنگی رساند. ایران در جهت حاکمیت نظام سرمایه‌داری قرار داشته و به همین دلیل در تبلیغات سرمایه‌داری و غرب به‌عنوان کشوری متمدن، در حال توسعه و نظام سیاسی آن با توجه به اقدامات ضد حقوق بشر و استبدادی آن دارای روابط وسیع و گسترده با کشوری‌های مهم و تأثیرگذار جهان و حتی بسیاری از کشورهای بلوک شرق بود.ایران برای آمریکا در آن سال‌ها حکم ژاندارم منطقه خاورمیانه را بازی می‌کرد. «ریچارد نیکسون» رئیس جمهوری جمهوری خواه آمریکا «در دکترین معروف{به طور ضمنی} خود بر این عقیده بود که دولت آمریکا نه می‌تواند و نه باید نقش ژاندارم و پلیس جهان را بازی کند. در عوض می‌بایست در هر منطقه از جهان یکی از دولت‌های محلی را که از توان کافی برخوردارند، تسلیح و تقویت کند به‌عنون ژاندارم و ضامن امنیت و ثبات منطقه استفاده کند.»(میلانی،۱۳۸۵: 307-306)

از منظر ایران و منافع حکومت سلطنتی محمدرضا پهلوی نزدیکی و همکاری با ایالات متحده مهمترین عنصر در حفظ مشروعیت و حاکمیت این رژیم در عرصه بین‌الملل و همچنین پشتوانه‌ای قوی و مؤثر در سیاست‌ها و استراتژی‌های تهاجمی و دفاعی ایران در مقابل کشورهای خاورمیانه و به ویژه اعراب می‌بود.کشورهای عربی در زمان حکومت پهلوی مهمترین مخالفان منافع ملی‌ایران بودند زیرا این کشور را حامی اسرائیل در مقابل فلسطینیان دانسته و نیز به‌علت کینه‌ها و مشکلات همیشگی و تاریخی میان اعراب

وایرانیان، آن را دشمن خود و منافع ملی خود ارزیابی می‌کردند. قرارداد ۱۹۷۵ ایران و عراق در الجزایر که منجر به تعیین خط «تالوگ» در اروند رود شد و عراق مجبور به دست کشیدن از بسیاری از ادعاهای خود- و لو به ظاهر- نمونه‌ای از جایگاه و نقش‌ایران در منطقه خاورمیانه و توانایی رژیم شاه در تحکیم و اثبات مدعای خود و دارا بودن «دست بالا» در مناسبات و سیاست‌های منطقه‌ای بود. همچنین‌ایران در بعضی از موارد برای برخی از کشورهای عربی نقش قیم مدارانه و منجی‌گرایانه بازی می‌کرد. دخالت نظامی‌ایران در ظفار عمان در سال ۱۳۵۲ هـش که به‌منظور حمایت‌ایران از رژیم‌های سنتی عرب در برابر نفوذ کمونیست‌ها بود که خود این حمایت موجب هرچه بیشتر قیمومیت ایران بر گروهی از کشورهای عرب و گسترش حاکمیت و سلطه خود بر آنان می‌شد. (بیل، ۱۳۷۱: ۱۵۷)

در حقیقت و به عبارت دیگر ایران با پشتیبانی ایالات متحده و کشورهای جهان غرب خود را به جایگاه برتر در صحنه منطقه خاورمیانه رسانده و حمایت از سوی ایالات متحده دراین زمان منجر به ترس کشورهای عرب از این کشور و سکوت و دادن امتیاز به رژیم محمدرضا پهلوی شده بود. اما این ترس و سکوت در نطفه خود موجب عمیق‌تر شدن کینه و عقده‌های فرو خورده ملل عرب و حاکمان عرب از ایران گردید.(دبیری مهر، ۱۳۸۵)

اما در مورد سیاست خارجی شاه نکته‌های بسیار ریزی وجود دارد که فهم این رابطه را امری سهل و ممتنع می نماید. باید دانست که ایران تا قبل از انقلاب اسلامی و از دوره قاجار به این طرف،به علت ضعف داخلی حکومت‌ها و سلسله‌های حاکم و عدم اتکای آنان به رای و نظر مردم، به دنبال تحت الحمایگی قدرتهای بزرگتر بوده است. محمدرضا شاه پهلوی در عین ادعای استقلال طلبی و مقابله با دخالت‌های بیگانگان و خارجی، دارای یک حالت وابستگی بوده و در دیپلماسی خود از این کشور تقاضای حمایت ـ به ویژه در هنگام بحران سیاسی به وجود امده در سالهای ۵۶ ـ ۵۷ که به وقوع انقلاب اسلامی انجامید ـ داشته است و هنگام مشاهده عدم حمایت کافی دچار یاس و بدبینی نسبت به قدرت‌های غربی شده و حتی در کتاب «پاسخ به تاریخ» خود سقوط خود را ناشی از دسیسه‌های انگلیس و آمریکا می‌داند(فالاچی ،۷۲،۱۳۸۳)

.به طور کل دیپلماسی ایرانی در آن سالها، دارای دو حالت متناقض «عشق و نفرت» بوده است. شاه به سلطنت رسیدن خود را مدیون ایالات متحده و انگلستان بود و به همین دلیل خود را در بلوک غرب و تحت الحفاظه آمریکا و تامین کننده منافع و خواستهای آنان در منطقه خاورمیانه قرار می داد. به عنوان نمونه ایالات متحده طی فروش هواپیماهای «F ـ 4 فانتوم» به ایران، سری جاسوسی این هواپیما را موسوم به RF ـ 4 را در اختیار نیروی هوایی ایران قرار داد. «این جنگنده‌ها که به پیشرفته ترین

تجهیزات زمان خود مجهز شده بودند در طی دهه ۵۰ شمسی تا وقوع انقلاب زیر نظر مستقیم مستشاران آمریکایی قرار داشتند.در آن زمان نیروی هوایی ایالات متحده به اجازه شخص شاه با همکاریهای نیروی هوایی ایران طی یک سری عملیات محرمانه به انجام ماموریتهای شناسایی در مرز ایران با اتحاد جماهیر شوروی (پیشین) می پرداخت. در عین این نزدیکی، شاه به خصوص با بالا رفتن قیمت نفت ادعای ایستادگی در مقابل غرب و استعمار را داشته و خود را قهرمان مبارزه با استعمار می‌دانست. «خود ستایی نمی‌کنم مسلما یک عده‌ای بودند که دلشان خون بود یک عده‌ای بودند که شاید به طور انفرادی با خارجی مبارزه می‌کردند ولی قطعا {این} من بودم {که به طور جدی} در مقابل خارجی مقاومت کردم. شاه حتی به قدرت‌های خارجی انتقاد می‌کرد و اعتقاد داشت می‌تواند درس حکومتداری به آنان بیاموزد؛ حکومت‌های آنان را ناکار آمد دانسته و سیستم حکومتی خود را استثنایی و قابل یادگیری توسط حکومت‌های آمریکا و اروپا می‌داند. «به شما اطمینان می دهم که ایران از بسیاری از جهات خیلی دموکرات تر از کشورهای شما در اروپا است. عمر سوسیالیسم شما سرآمده است، سوسیالیسم انقلاب سفید من تشویق به کار است.یک سوسیالیسم تازه و مدرن است، باور کنید ما در ایران خیلی پیشرفته‌تر از شما هستیم و واقعا چیزی نیست که از شما بیاموزیم.»(همان:83-82)

الف) روابط ایران و آمریکا در زمان جان اف کندی

دولت امریکا در ادامه روند حمایت های همه جانبه سیاسی نظامی و اقتصادی از ایران با روی کارآمدن کندی (در ژانویه ۱۹۶۱) بعنوان رییس جمهور، به این نتیجه رسید که استمرار این حمایت ها ممکن است در داخل ایران با واکنش هایی مردمی مواجه شود که در آن صورت حیات رژیم و منافع امریکا با تهدیداتی جدی رو به رو خواهد شد لذا آن چنان که در امریکای لاتین سیاست پرداختن به اصلاحات داخلی را در پیش گرفته بود، در ایران نیز این خط مشی را آغاز نمود، که در این باره فرهالیدی در کتاب خود می نویسد: عکس العمل فشارهای امریکا، انقلاب سفید بود که در سال م۱۹۶۲ (۱۳۴۱ ش) آغاز شد و اگر چه در ماه ژوئیه ۱۳۴۱/۱۹۶۲ امینی نخست وزیر طرف دار امریکا از کار برکنار شد، ولی امریکا با ادامه سیاست های داخلی رژیم ایران موافقت داشت و این موافقت هم چنان تا حدود ۱۵ سال دیگر ادامه داشت و به این ترتیب روابط ایران و امریکا از اوایل دهه ۱۹۶۰ بسیار نزدیک و صمیمانه بود و هم کاری نظامی میان دو کشور بسط و توسعه فوق العاده یافته است. "در اعلامیه مشترکی که پس از

دیدار شاه و کندی در فروردین ۱۳۴۱ در واشنگتن منتشر گردید جز تأیید متعهدات سابق امریکا در برابر ایران از جمله موافقت نامه دفاعی دو جانبه اسفند ۱۳۳۷ اشاره ای به مسایل نظامی نمی شد و به جای آن نوشته بود: سران دو کشور درباره لزوم تسریع پیشرفت اقتصادی ایران و لزوم کمک های خارجی به این کشور برای ادامه برنامه های پیشرفت اقتصادی آن به توافق رسیدند"(مهدوی،۱۳۶۸: ۲۰۴)

دکترین کندی تحت نام اتحاد برای پیشرفت عنوان گردید و براساس آن بر شعارهایی نظیر اصلاحات دموکراسی، آزادی، حقوق بشر و کرامت انسان تاکید می شد. کندی در عرصه سیاست خارجی و در مورد حکومت های متحد و وابسته به آمریکا به ضرورت اعمال اصلاحات مسالمت آمیز از بالا به منظور متوقف کردن انقلاب خشونت بار از پایین پافشاری کرد. برای اجرای دکترین کندی درصورت ضرورت استفاده از نیروی نظامی برای مهار محالفین مجاز بود.درآوریل ۱۹۶۱ (اردیبهشت ۱۳۴۰) دولت کندی نسبت به ادامه ثبات سیاسی ایران تحت حکومت شاه ابراز نگرانی کرد در آمریکا کمیته ای مسایل ایران را به دقت زیر نظر گرفت و برای مقابله با بحرانهای مردمی و آشفتگی های سیاسی واقع در ایران برنامه ریزی کرد که طرح ۱۴ ماده ای وزارت امور خارجه آمریکا یکی از برنامه های آن بود.شاه برای اجرای دکترین کندی در ایران کابینه شریف امامی را منحل کرد و به تشویق آمریکا امینی نخست وزیر شد در حالی که فرستاده کندی به ایران به شاه توصیه نمود که توجه خود را به مسایل روستایی اصلاحات ارضی برنامه ریزی اقتصادی و ایجاد فضای بازسیاسی متمرکز کند شاه بر دریافت کمک نظامی و اقتصادی پافشاری می کرد سرانجام با سفر لیندون جانسون معاون رئیس جمهور وقت آمریکا به ایران در دوم شهریور ۱۳۴۱ شاه تسلیم برنامه های آمریکا شد و دکترین کندی را به صورت تمام عیار به اجرادر آورد. (ایزدی، ۱۳۸۰ : ۳۴).

ب)روابط ایران و آمریکا در زمان نیکسون

آخرین مرحله در نزدیکی روابط ایران و آمریکا، با آغاز ریاست جمهوری نیکسون شکل گرفت. ریچارد نیکسون و محمد رضا شاه از سالهای قبل با هم روابط دوستانه و بسیار نزدیکی داشتند، چرا که نیکسون در ماجرای کودتای ۲۸ مرداد به عنوان معاون رئیس جمهور وقت آمریکا، نقش تعیین کننده ای در بازگشت شاه به قدرت ایفا کرده بود و این مسئله باعث شده بود تا رابطه این دو بسیار صمیمی و دوستانه باشد. البته شرایط جهانی و منطقه ای هم در آن زمان به نحوی بود که این نزدیکی را

اجتناب ناپذیر می نمود. نیکسون در حالی به کرسی ریاست جمهوری تکیه زد که شکاف بزرگی بین اقشار مختلف ملت آمریکا ایجاد شده بود، و رکود اقتصادی در داخل و جنگ های برون مرزی ایالات متحده را با وضعیتی بحرانی مواجه ساخته بود و او با وعده حل این معضلات به کاخ سفید راه یافت. بنابراین با توجه به شرایط داخلی آمریکا، تهدیدهای بین المللی و همچنین شرایط داخلی ایران، این روابط به بالاترین سطح خود در زمینه سیاسی، اقتصادی و نظامی رسید. (برشنده، ۱۳۸۴: ۱۶۱)

در واقع روابط استراتژیک دو کشور و موقعیت استراتژیک ایران در خلیج فارس و نیز توان و تمایل شاه، سبب شد ایران به عنوان انتخابی طبیعی برای پر کردن خلاء ناشی از خروج نیروهای انگلیسی در نظر گرفته شود و در نقش ژاندارم منطقه، مسئولیت حفظ ثبات و امنیت خلیج فارس را به عهده بگیرد. و نیکسون رئیس جمهور وقت آمریکا برای اجرای هر چه بهتر این نقش، تعهد کرد هر نوع سلاح پیشرفته و پیچیده به جز سلاح اتمی را به شاه بفروشد. بدین ترتیب سیاست دو ستونی آمریکا در منطقه بر پایه ایران و عربستان به عنوان ستون های نظامی و سیاسی شکل گرفت تا هم ثبات و امنیت منطقه در جهت منافع غرب و تداوم صدور نفت به کشورهای غربی تضمین شود و هم سدی محکم در برابر اهداف و سیاست های توسعه طلبانه شوروی ایجاد گردد و هم دوستی صمیمی و هم پیمان غرب در سازمان اوپک سیاست های نفتی آمریکا را تسهیل کند. (خرمشاد، ۱۳۸۳: ۳۱۴-۳۱۳)

در این دوران ایران از دید آمریکا هم پایگاهی برای حملات هوایی یا زمینی به اتحاد شوروی بود و هم موقعیتی مناسب برای جمع آوری اطلاعات و جاسوسی بر علیه شوروی. موقعیت جغرافیای و در اختیار داشتن تنگه هرمز و منابع نفت و غیره باعث شد دولت آمریکا ایران را برای امنیت ملی کشور دارای اهمیت تعیین کننده بداند.(گازیوروفسکی، ۱۳۷۱: ۱۶۶-۱۶۴)

در این دوره روابط اقتصادی ایران و آمریکا نیز ابعاد تازه ای یافت ایران گذشته از مناسبات نظامی و اقتصادی با آمریکا در جهت منافع این کشور در خاورمیانه اقدامات خاص صورت داد از جمله شاه در جنگ اعراب و اسرائیل به مسلمانان پشت کرد و از اسرائیل حمایت کرد و در این جنگ ها به تامین نفت و انرژی اسرائیل پرداخت.از مهم ترین اهداف دکترین نیکسون این بود که اعتقاد داشت برای جلوگیری از خطر نفوذ شوروی ها، می بایست امریکا مسؤولیت قسمت عمده دفاع از منافع خود را به کشورهای تحت سلطه اش به ویژه در خاورمیانه واگذار نماید و در ادامه این سیاست بود که از اوایل دهه ۱۹۷۰ سیل اسلحه و

مهمات امریکایی به ایران سرازیر شد، این سیاست حتی زمان" جرالدفورد" که پس از استعفای نیکسون متعاقب ماجرای واترگیت، به ریاست جمهوری رسیده بود، تغییر نکرد.(روبین،۱۳۶۳، ۱۹۵)

۸ نیروگاه اتمی در ایران موافقت کرد... و در ۱۹۷۶ پروتکل بازرگانی دیگری بین دو کشور به امضا در ماه مارس ۱۹۷۵ ایران و امریکا یک قرارداد بازرگانی ۱۵ میلیارد دلاری امضأ کردند و امریکا با احداث رسید که به موجب آن حجم مبادلات بازرگانی دو کشور در پنج سال بعد ۵۲ میلیارد دلار پیش بینی شده بود. در این سال ها در رابطه با سیاست فروش اسلحه امریکا به ایران در بین مقامات امریکایی و مطبوعات جهانی و محافل خبری جنجال ها و انتقادات فراوانی صورت می گرفت که همواره کیسینجر از مدافعان اصلی رژیم شاه و سیاست امریکا در این رابطه بود .(همان : ۲۲۰)

پ) روابط ایران و آمریکا در زمان کارتر

شاه ایران از پیروزی دمکرات ها و انتخاب کارتر به ریاست جمهوری در ۱۳۵۵ اظهار نگرانی نمود و بیم آن داشت که به روابط و پیوندهای محکمی که او با حکومت جمهوری خواهان امریکایی برقرار کرده بود، آسیب های سختی وارد شود. در واقع پیروزی کارتر دوران عدم اطمینانی در روابط ایران و امریکا پدید آورد. تصمیم بسیار مهمی که کارتر در بدو کار خود گرفت قطع صدور اسلحه به رژیم های دیکتاتوری و وابسته به امریکا بود و سعی کرد تا با رژیم های مترقی روابطی حسنه برقرار نماید و به تدریج فعالیت های کارتر در جهت منافع حقوق بشر اثراتی بر رژیم-های ارتجاعی و مستبد مثل ایران گذاشت که نهایتاً باعث رنجش این نوع رژیم ها می شد.(واعظی، ۱۳۸۱: ۷۵)

دکترین کارتر دارای سه بعد اساسی بود که عبارتند از:

الف) تعهد صریح و بی پرده آمریکا در جهت واکنش نظامی به هر شکل لازم در تمایل هرنوع تلاش شوروی بر حضور ژئوپلیتک در مناطق جهان.

ب)تاکید بر حقوق بشرفضای بازسیاسی آزادی های مدنی و فشار بر حکومت های کمونیستی به ویژه دراروپای شرقی برای رعایت آنها.

ج) ایجاد فضای باز سیاسی و ترویج فعالیت های اصلاح طلبانه با هدف حفظ حکومت های دیکتاتوری متحد آمریکا نظیر رژیم شاه و جلوگیری از اضمحلال و فروپاشی آنها(همان: ۷۶-۷۵)

این دکترین همان اهداف دکترین کندی را دنبال می کرد و البته آن را واکسینه نیز می نمود تا با بروز انقلاب در کشور ها مواجه نشود.از سوی دیگر چهره آمریکا را نزد افکار عمومی جهانیان ترمیم و اصلاح می کرد. کارتر در دی ماه ۱۳۵۶ به تهران سفر کرد و در سخنرانی خود جمله مشهورش و اثر ایران جزیره ثبات در یکی از آشوب ترین نقاط جهان است را بیان کرد پس از گذشت یک سال از این تاریخ ایران با وقوع انقلاب بعد روبه رو شد که با وجود حمایت های آمریکا به پیروزی رسید. روابط خارجی ایران و امریکا در آستانه پیروزی انقلاب اسلامی در سال های ۵۶ و ۵۷ فصل مهمی از تاریخ معاصر ایران را تشکیل می دهد که تأمل و تعمق در حوادث و مسایل آن روز کار، بسیار ضروری و عبرت آموز است. به طور مسلم روشن است که ویژگی بارز رژیم شاه همانا وابستگی همه جانبه اش به غرب و به ویژه امریکا بود. نکته دیگر آن که هم شاه و هم مقامات آمریکایی، آن چنان در عوالم به سوی تمدن بزرگ و فضای باز سیاسی و خوش باوری های خود سیر می-کردند که حتی امکان پدید آمدن چیزی به عنوان انقلاب اسلامی را تصور نمی کردند.(پارسونز،۱۳۶۳: ۹۴)

"استانسفیلد ترنر"رییس سابق سازمان سیا در خاطراتش اظهار داشته است که: "امریکاییها از دو مسأله مهم و اساسی غافل بودند. اول عدم تشخیص درجه نارضایتی مردم از شاه و دوم گرایش فزاینده انقلاب اسلامی (که او بنیادگرایی اسلامی می نامد). تحقق سیاست های امریکا در ایران صرفاً به وجود شخص شاه متکی بود و آن ها بر این باور بودند که شاه قادر خواهد بود نقش خود را به خوبی ایفا کند و هرگز به ذهن نمی رسید که او نتواند بر مخالفین خود غالب گردد و مسأله به گونه ای بود که حتی محققین دانشگاهی و کارشناسان مسایل خاورمیانه نیز نظری واقع بینانه تر از عوامل سیا نداشتند. در اواخر ماه نوامبر ۱۹۷۷م/ ۱۳۵۵ هـ‌ش، شاه به طور رسمی از واشنتگن دیدار می کند که هدف مهم این سفر برقراری روابط هرچه بیشتر دیپلماتیک بین ایران و امریکا بود. متعاقب سفر شاه به آمریکا در ۳۱ دسامبر ۱۹۷۷ کارتر دیدار یک شبه ای از ایران می کند که در جهت تحکیم روابط دوستانه و تجدید اعتماد متقابل بین ایران و آمریکا بود .کارتر در سخنانش از ایران به عنوان جزیره صلح و ثبات در یک منطقه آشوب زده نام برد و با لحنی پر آب و تاب از محبوبیت شاه و عشق مردم ایران به او سخن گفت که تردیدی نیست آن شب شاه از سخنان کارتر غرق در شادی و سرور شد.(همان: ۹۷-۹۵)

در خلال دوران حساسی که رژیم پهلوی در آستانه سقوط قرار داشت، شاه که به کلی مستأصل و وامانده بود، غالباً با مقامات امریکایی و حتی انگلیسی به مشورت و نظرخواهی می پرداخت از جمله پس از سقوط دولت آموزگار در 5 شهریور ۵۷ طبق عادت معمول خود مدتی راجع به مسأله جانشینی آموزگار با سفیر امریکا (سولیوان) تبادل نظرهای زیادی کرد. استیصال شاه به

حدی قابل لمس بود که "مایکل بلومنتال" وزیر خزانه داری آمریکا در بازگشت از سفر به ایران و ملاقات با شاه گفته بود: "او به کلی درمانده است".(هویدا،۱۳۶۵: ۴۷)

دولت امریکا در پیامی که اردشیر زاهدی (سفیر ایران در امریکا) روز ۱۲ سپتامبر ۱۹۷۸ شهریور ۵۷ به تهران آورده بود، چراغ سبزی را به شاه نشان داده بود که مضمون پیام چنین بود: "دولت ایالت متحده امریکا از رویه سابق خود که جلوگیری از اعمال قدرت توسط شاه بوده است دست برداشته و به شاه آزادی کامل در تصمیم گیری می دهد تا خود هر طور که بهتر می داند در صدد رفع مشکلات برآید."(همان: ۵۹)

در اواخر ماه اکتبر ۱۹۷۸ اوایل آبان ۵۷ موقعیت بگونه ای بود که شاه هنوز ارتش را به طور کامل تحت فرماندهی خود داشت، امریکایی ها برای هر اقدامی به او چراغ سبز داده بودند و شوروی صرفاً از دور نظاره گر اوضاع بود و همواره، متذکر می شد که هیچ کس حق دخالت در امور داخلی ایران را ندارد.(همان: ۱۶۶)

در روز چهارم نوامبر ۱۳/۱۹۷۸ آبان ۵۷، شاه، سولیوان و پارسونز را به کاخ فرا می خواند که این ملاقات یکی از طولانی ترین ملاقات ها با آن دو بود. در این دیدار شاه خطاب به آن ها می گوید که پیامی تلفنی از برژینسکی مشاور امنیت ملی کارتر دریافت کرده مبنی بر این که امریکا از هر تصمیمی که وی برای فائق شدن بر بحران اتخاذ کند، چه تشکیل دولتی ائتلافی و چه نظامی حمایت خواهد کرد.هم زمان با اوج گیری تظاهرات گسترده مردم و دانش جویان در ۱۶ آذر ۵۷/ دسامبر ۱۹۷۸ که منجر به شهادت جمعی از مردم و دانش جویان گردید، کارتر اعلام کرد: ترجیح می دهم که شاه هم چنان نقش مهمی را به عهده داشته باشد ولی این مسأله ای است که باید مردم ایران درباره اش تصمیم بگیرند." متعاقب آن مقامات امریکایی در ۱۵ دسامبر ۱۹۷۸/ ۲۴ آذر ۵۷ برای اولین بار رسماً اعلام کردند: "بدون آن که رغبتی به دخالت در امور ایران داشته باشند با اعزام نمایندگانی فعالیت خود را برای یاری رساندن به شاه در جهت تشکیل یک دولت غیرنظامی آغاز کرده اند که البته این اقدام یکی از موارد توصیه شده، "جرج بال" بود که به دنبال توصیه های وی (بال معاون وزارت خارجه در دوره کندی و جانسون بود که در همین ایام تحقیقاتی را درباره مسایل ایران انجام داد) مقامات واشنگتن دستور تخلیه اتباع امریکایی از ایران را صادر کردند. در ۵ ژانویه ۱۹۷۹/ ۱۵ دی ۵۷ سران چهار کشور بزرگ آمریکا، لمانف انگلیس و فرانسه در گودالوپ تشکیل جلسه دادند. (بیل، ۱۳۷۱: ۶۷)

-   **کنفرانس گوادلوپ و نتایج آن**

تماس تلفنی کارتر با محمدرضا، رزالین با فرح و برژینسکی با اردشیر زاهدی قطع نمی شد. سفرای انگلیس و امریکا نیز مدام به نخست وزیر و قره باغی (رییس ستاد ارتش) و امثالهم می گفتند که مقاومت کنید، ما با شما هستیم؛ این رویه تا اواخر دولت ازهاری ادامه داشت... تا این که در کنفرانس گوادلوپ سران غرب امید خود را به بختیار بستند. در ۵ ژانویه ۱۹۷۹/ ۱۵ دی ۵۷ سران چهار کشور بزرگ در گوادلوپ تشکیل جلسه دادند که عبارت بودند از :

۱- هلموت اشمیت، صدراعظم آلمان غربی

۲- جیمز کالاهان نخست وزیر انگلیس

۳- کارتر رییس جمهوری امریکا

۴- ژیسکاردستن رییس جمهور فرانسه

هدف عمده مذاکراتشان این بود که همه با هم برای انتخاب بهترین راه در جهت حفظ منافع شان در ایران به توافق برسند. اشمیت و کالاهان بر حمایت از شاه پافشاری داشتند ولی "کارتر" و "ژیسکار دستن" اعتقاد به عدم امکان حمایت از شاه داشتند. ولی سخن کارتر صحیح تر به نظر می رسد که در خاطراتش نوشته است" :در گوادلوپ هیچ کدام از مخاطبان من در دفاع از شاه حرارت به خرج نداد و هر سه آن ها عقیده داشتند که شاه باید جایش را به یک دولت غیرنظامی بدهد و ایران را ترک کند اما با من هم عقیده بودند که ارتش ایران باید متحد و یک پارچه باقی بماند. ژیسکاردستن محرمانه به من گفت که او تصمیم داشته آیت الله را از فرانسه اخراج کند ولی شاه از او خواستند که چنین کاری را نکند به این دلیل که خمینی در لیبی با سوریه یا یک کشور دیگر عرب دشمنِ ایران، خطرناک تر خواهد بود. .(هوشنگ مهدوی،۱۳۶۸: ۴۵۹)

متعاقب این کنفرانس "ژنرال هایزر" برای تثبیت وحدت ارتش و جلوگیری از هر گونه اغتشاش و از هم پاشیدگی صفوف آن در ۱۷ دی ۵۷ /ژانویه ۱۹۷۹ وارد تهران شد. هدف عمده مأموریت او این بود که ژنرال های ارتش ایران را از فکرِ یک اقدام نظامی یا کودتا باز دارد و آن ها را به پشتیبانی از حکومت بختیار پس از خروج شاه وادار سازد. و در حالی که آمدن هایزر به ایران از سوی مردم به عنوان یکی از دلایل آشکار حمایت امریکا از بختیار تلقی می شد، دیگر کار از کار گذشته بود و نهایتاً هایزر در انجام مأموریت خود توفیقی نیافت.

در نهایت با خروج شاه از ایران در ۲۶ دی ماه ۱۳۵۷،دوره ای مهم و تاثیرگزار در روابط ایران و ایالات متحده پایان یافت. (همان : ۴۵۹)

دوره ای که این ویژگیها را دارا بود..."بیگانگی شاه از گروه های اجتماعی و و تاکتیکهای ماکیاولیستی وی با روابط با ایالات متحده ترکیب گردیده بود. اولین دلیل، ایالات متحده به بازگشت وی به تاج و تخت کمک کرده بود و سپس او از ایالات متحده به منظور ساختن توان نظامی و قدرت سیاسی ایران در خلیج فارس استفاده کرد. اما آن چیزی که باعث درگیری و کشمکش مضاعف رژیم با نیروهای مذهبی گردید،روابط خوب ایران با اسرائیل بود.جاه طلبی های اقتصادی شاه نیز برای کشور ایجاد مشکل کرده بود.

به عبارت دیگر،شاه سیاست داخلی در جهت سیاست خارجی خود تنظیم کرده بود و به علت نداشتن مشروعیت داخلی از بعد از کودتای ۲۸ مرداد،با اتکای به ایلات متحده و قدرت نظامی-اقتصادی-سیاسی این کشور،در داخل و خارج اقتدار می جست.اما این اقتدار در ۵۷ و با رضایت ایالات متحده به سکوت در برابر انقلابیون،آب گردید. (همان، ۴۵)

۲-۴- روابط ایران و آمریکا بعد از انقلاب اسلامی

هنوز چندی از پیروزی انقلاب اسلامی نگذشته بود و داغ مبارزه با پهلوی بر تن ملت ایران باقی بود که ایالات متحده‌ی آمریکا با اطلاع از احساسِ عمومی مردم ایران نسبت به محمدرضاشاه پهلوی، با حضور وی در آمریکا در تاریخ ۲۸ مهرماه ۱۳۵۸، موافقت کرد. افزون بر این، ملاقات نخست‌وزیر و وزیر امور خارجه‌ی دولت موقت با برژینسکی، مشاور امنیت ملی کارتر، سوءظن انقلابیون ایرانی را به این کشور تشدید کرد. اگرچه شاه، با ۲ شرط عدم ادعا نسبت به تاج و تخت و فعالیت سیاسی، در آمریکا پذیرفته شد؛ اما گویی این امر خاطره‌ی کودتای ۲۸ مرداد ۱۳۳۲ را بار دیگر در اذهان ملت ایران زنده کرد. بدین ترتیب، زمینه‌ی اشغال سفارت آمریکا فراهم گردید. در واقع میراث تاریخی انباشته از خیانت‌های میهنی و دسایس بیگانه موجب شد تا گزینه‌ی رفتن شاه به آمریکا و ملاقات برخی سران دولت موقت با سیاست‌مداران آمریکایی، گمانه‌ی تکرار خیانت و دسیسه‌ی آمریکا برای مقابله با انقلاب نوپای اسلامی را تقویت کند(دهقانی فیروز آبادی ، ۱۳۸۹ :۳۱۵-۳۱۴)

پس از اشغال سفارت آمریکا، در تاریخ ۲۳ آبان ۱۳۵۸، رئیس‌جمهور وقت آمریکا، کارتر، طی دستور اجرایی ۱۲۱۷۰، تمام اموال، منابع و منافع دولت ایران و کلیه‌ی نهادها و سازمان‌های تابعه و تحت پوشش ایران و بانک مرکزی را، که در قلمرو صلاحیت این

کشور قرار داشت، مسدود اعلام کرد. همچنین به وزیر خزانه‌داری خود اختیار اجرای این دستور را با کلیه اقدامات لازم صادر کرد. علاوه بر این، با توسل به فصل هفتم منشور سازمان ملل، از شورای امنیت درخواست کرد تا تحریم‌هایی بین‌المللی علیه ایران تصویب کند. این شورا نیز برای تصویب مجازات علیه ایران تشکیل جلسه داد، ولی شوروی به دلیل رقابت با آمریکا قطعنامه‌ی پیشنهادی آمریکا مبتنی بر تحریم اقتصادی ایران را وتو کرد. این امر موجب شد تا آمریکا تحریم‌های یک‌جانبه‌ی خود را در مقابل ایران آغاز کند. این تحریم شامل موارد زیر بود:

قطع همه واردات آمریکا از ایران، قطع کلیه‌ی نقل و انتقالات ارزی جز در مورد خبرنگاران و خانواده‌ی گروگان‌ها، فروختن کلیه‌ی محموله‌های نظامی که پیش‌تر توسط ایران از آمریکا خریداری شده و پیش‌تر از این توقیف بودند به مشتری جدید یا واگذار کردن آن‌ها به ارتش آمریکا، قطع رابطه‌ی ارتباطی با ایران و درخواست از کنگره‌ی این کشور برای دادن اجازه‌ی برداشت از حساب‌های مسدود ایران. سران آمریکا گمان می‌کردند حربه‌ی تحریم یا حتی قطع رابطه با ایران، جمهوری اسلامی را به پذیرفتن تصمیم آمریکا و رهایی گروگان‌ها بر اساس شرایط این کشور، وادار می‌نماید. در این صورت، از سویی حقانیت و اعتبار انقلاب اسلامی ایران در سپهر جهانی و امواج افکار عمومی تخریب می‌شد و از سویی نیز آمریکا با هزینه‌ی کمی به هدف خود می‌رسید. اما گذر زمان شکست سیاست تحریم و فشار اقتصادی آمریکا را ثابت کرد. پس از این، آمریکا که در صدد مقابله با ایماژ شکست شیطان بزرگ در سطح افکار جهانی قرار داشت، به راهبرد نظامی روی آورد. بر این اساس، این کشور در تاریخ ۴ اردیبهشت ۱۳۵۹ اقدام به حمله‌ی نظامی برای آزادی گروگان‌ها کرد. اما حمله‌ی نظامی آمریکا، در اثر برخورد هلیکوپتر و هواپیمای ترابری در صحرای طبس با کشته شدن ۸ نظامی و زخمی شدن ۵ نفر دیگر، نافرجام ماند. این‌چنین بود که بار دیگر ایالات متحده‌ی آمریکا در برابر انقلابی نوپا خود را وامانده و سرگردان دید. (دهقانی فیروزآبادی، ۱۳۸۹: ۳۲۰-۳۱۹)

۲-۴-۱-جنگ تحمیلی تشدید جنایات آمریکا

با پیروزی انقلاب اسلامی و به خصوص بحران گروگان‌گیری، وجهه و اعتبار ایالات متحده‌ی آمریکا به چالش کشیده شد و این کشور تحقیر گردید؛ چرا که از سویی، با پیروزی انقلاب ایران، در جلوگیری از سقوط متحد استراتژیک خود در خلیج فارس ناتوان جلوه کرد و اعتماد سایر هم‌پیمانان خود را از دست داد و از سویی دیگر، عجز و ناتوانی آمریکا در آزادسازی گروگان‌هایش

در ایران، قدرتمندی و قابلیت‌های یک ابرقدرت را به پرسش کشید. شاید به همین دلیل، برخی معتقدند آمریکا برای بازسازی اعتبار و بازیابی شهرت و قدرتش در منطقه در ترغیب و تهییج عراق در راستای حمله به ایران اثرگذار بود. شواهدی نیز این ادعا را تأیید می‌کند. کمی پیش‌تر از حمله‌ی عراق به ایران، برژینسکی از مجموعه‌ی عملیات نظامی علیه ایران سخن رانده بود که با احتساب حمله‌ی نظامی طبس و شکست آن، تجاوز عراق می‌تواند یکی دیگر از این مجموعه عملیات نظامی باشد. همچنین روزنامه‌ی نیویورک تایمز در اردیبهشت ۱۳۵۹، ضمن تحلیل طرح‌های آمریکا پیرامون ایران، گمانه‌ی حمله‌ی عراق به ایران را مطرح کرده بود. افزون بر این، در حالی که روابط دیپلماتیک عراق و آمریکا قطع بود، برژینسکی چندین بار قبل از حمله‌ی عراق به ایران، به طور محرمانه، به بغداد سفر کرده و با صدام حسین دیدار کرده بود(همان: ۳۳۸).

این شواهد در مقابل موضع رسمی آمریکا، که خود را در جنگ ایران و عراق بی‌طرف می‌خواند، قرار داشت. با این حال، این موضع رسمی به تدریج و با سیر پیروزی‌های ایران در عملیات فتح‌المبین و بیت‌المقدس، به گونه‌ای علنی تغییر یافت. در واقع پیروزی‌های ایران در نبرد با عراق بر نگرانی آمریکا افزود. بدین ترتیب، آمریکا از این پس در صحنه‌ی عملی جنگ، نقش بیشتر و شاید روتری را بر عهده گرفت و به اقداماتی از جمله برقراری و عادی‌سازی رابطه و حتی حمایت تسلیحاتی از عراق روی آورد؛ به گونه‌ای که در سال‌های ۱۳۶۵ تا ۱۳۶۷ سیاست تهاجمی و برخورد مستقیم و غیرمستقیم با ایران از سوی این کشور مشخص و روشن بود. در این بازه‌ی زمانی، این کشور از ابزارهای سیاسی، اقتصادی، اطلاعاتی و نظامی خود بهره گرفت تا جمهوری اسلامی را در جنگ به شکست وادارد. برای نمونه، در سطح سیاسی، از طریق شورای امنیت و خارج از آن، تحریم‌هایی را علیه ایران اعمال نمود و در شبکه‌ی صادرات نفت ایران نیز اختلال ایجاد کرد. اما مهم‌ترین اقدام آمریکا حضور نیروهای نظامی این کشور در خلیج فارس بود؛ نیروهایی که در فروردین ۱۳۶۷، توانستند ۲ سکوی نفتی «رشادت» و «سلمان» متعلق به ایران را منهدم کنند. در درگیری با ناوهای آمریکایی نیز ۲ ناو «سهند» و «سبلان» غرق شدند. اوج این فشارها در حمله‌ی بی‌رحمانه‌ی ناو وینسنس به هواپیمای مسافربری ایران نمود یافت که به کشته شدن ۲۹۰ نفر مسافر انجامید. اقدامات آمریکا در این دوران حول مقابله با انتشار و صدور انقلاب تحلیل و ارزیابی می‌گردد. هر گاه روند پیروزی‌های ایران در جنگ تشدید می‌شد، فشارهای آمریکا علیه ایران قوت می‌گرفت. پیروزی ایران در جنگ به منزله‌ی پیروزی جریان اسلام‌گرایی محسوب می‌شد و موجب تقویت جایگاه گفتمان انقلاب اسلامی در سطح دولت‌ها و ملت‌ها می‌گردید. این موضوع در تقابل با منافع آمریکا قرار داشت و موجب

تضعیف جایگاه ابرقدرتی این کشور می‌گردید. بنابراین آمریکا نمی‌خواست بار دیگر ایران پیروز معادله باشد. (درودیان، ۱۳۷۸:

۷۸)

۲-۴-۲- پایان جنگ یا تداوم ستیزه

با پایان جنگ تحمیلی جو تشنج و خصومت بین ۲ کشور ایران و آمریکا در عرصه‌ی عملی به شدت قبل نبود؛ گویی جریان

ستیزه زیرپوستی و خزنده در حرکت بود. در این برهه، مسئله‌ی آزادسازی گروگان‌های آمریکایی در لبنان محور حاکم بر تقابل ۲

کشور گردید. ایران، به دلیل نیاز به بازسازی و دوری از فضای تشنج، از طریق سازمان ملل به آزادی گروگان‌های آمریکایی کمک

کرد و در مقابل، قرار شد آمریکا بخشی از دارای مسدود شده‌ی ایران را آزاد نماید، اما آمریکا وعده‌های خود را زیر غرور

ابرقدرتی خویش له کرد.(هاشمی رفسنجانی، ۱۳۸۰: ۲۴)

پس از پایان جنگ عراق و کویت، بی طرفی فعال ایران و مداخله‌ی نظامی آمریکا، ایران به عنوان یکی از قدرت‌های منطقه‌ای

انتظار داشت در ترتیبات امنیت نوین منطقه مشارکت نماید، در حالی که در طرح امنیتی «جرج واکر بوش»، رئیس‌جمهور وقت

آمریکا، در ۱۵ اسفند ۱۳۶۹، نشانی از حضور ایران نبود. اعلامیه‌ی دمشق، که در همان زمان توسط ۶ کشور عضو شورای همکاری

خلیج فارس و ۲ کشور سوریه و مصر صادر شد، طرح امنیتی ۶+۲ را پیشنهاد داد که معنای حذف ایران را در بر داشت. (رمضانی،

۱۳۸۰: ۹۴)

با آغاز ریاست‌جمهوری بیل کلینتون در اول بهمن ۱۳۷۰ و تحت تأثیر لابی یهودی در آمریکا و همچنین موضع حمایتی شدید از

اسرائیل و فرآیند صلح خاورمیانه از کنفرانس مادرید در پاییز سال ۱۳۷۰، سیاست تحریم و تهدید علیه ایران از سوی آمریکا

تشدید شد. از این پس، سیاست موازنه‌ی قوا بین ایران و عراق به مهار دوگانه ایران و عراق تغییر یافت. در همین راستا، تضعیف

این ۲ کشور در اولویت قرار گرفت. هرچند در میان ۲ کشور عراق و ایران، نشانه و نوک پیکان این سیاست ایران بود، چرا که

عراق در طی جنگ کویت تضعیف شده بود و نیازی به تعریف چنین سیاست‌هایی با این شدت نداشت. هدف این سیاست از

سوی آمریکا تغییر رفتار سیاست خارجی ایران در مواردی چون عدم حمایت ایران از تروریسم بین‌المللی، مخالفت با فرآیند صلح

اعراب و اسرائیل، دست برداشتن از تولید سلاح‌های کشتار جمعی و به ویژه هسته‌ای و رعایت حقوق بشر و اصول دمکراتیک

۳۹

خوانده شد. این سیاست در عمل با محدودیت‌هایی برای خریدهای نظامی ایران، ممنوعیت کمک و تخصیص اعتبار، کنترل صادرات و واردات، جلوگیری از اعطای وام از سوی بانک جهانی و صندوق بین‌المللی پول و ادامه‌ی توقیف دارایی‌ها و اموال ایران ظهور و بروز یافت. همچنین در ۲۴ اسفند ۱۳۷۳، با صدور فرمان اجرایی ۱۲۹۵۷، مبنی بر ممنوعیت برخی معاملات مربوط به توسعه‌ی منابع نفتی ایران، سیاست تحریم تداوم داشت. رئیس‌جمهور آمریکا بار دیگر، در اردیبهشت ۱۳۷۴، طی فرمان دیگری به شماره‌ی ۱۲۹۵۹، تحریم‌های جدیدی را علیه ایران تعریف و اعمال کرد. بر این اساس، شرکت‌های آمریکایی از خرید نفت ایران منع شدند.(هاشمی رفسنجانی، ۱۳۸۳: ۱۷۰)

این تحریم‌ها بار دیگر در جهت اعمال فشار بر ایران در راستای هم‌خوانی با سیاست حمایت از فرآیند صلح خاورمیانه و تغییر موضع ایران در قبال مسئله‌ی فلسطین رخ نمود. از آنجا که جمهوری اسلامی ایران بر مواضع انقلابی و اسلامی خویش در حمایت از فلسطین پافشاری کرد، در آبان ۱۳۷۴ کنگره‌ی آمریکا بودجه‌ی ۱۸ میلیون دلاری برای سرنگونی جمهوری اسلامی تخصیص داد. سپس کلینتون نیز، در تاریخ ۱۴ مرداد ۱۳۷۵، قانون مجازات علیه ایران و لیبی را، که به تصویب کنگره رسیده بود، امضا کرد. این قانون، که به «داماتو» معروف شد، شرکت‌های غیرآمریکایی را در بر می‌گرفت. بر اساس این قانون، هر شرکت غیرآمریکایی که در بخش نفت و گاز ایران و لیبی سرمایه‌گذاری می‌کرد مشمول مجازات می‌شد. بدین ترتیب، علاوه بر شرکت‌های آمریکایی، کلیه‌ی شرکت‌های خارجی از سرمایه‌گذاری بیش از ۲۰ میلیون دلار در صنایع نفت و گاز ایران منع شدند.(تائب، ۱۳۶۷: ۲۲۶)

به دنبال فجایع ۱۱ سپتامبر یکی از مقامات ارشد دولت آمریکا اعلام کرد ایران و آمریکا در برخی جهات دیدگاه مشترکی نسبت به شرایط موجود داشته و از این رو می توانند در جنگ علیه طالبان با هم همکاری کنند. این پیش بینی خیلی زود تحقق یافت . ایران در جنگ اتحاد شمال باطالبان ، کمک های نظامی و غذایی برای آنها ارسال نموده و برخی از مشاوران نظامی ایران همانند مشاوران نظامی آمریکا در مسیر جاده کابل در رفت و آمد بودند.این تحولات بی سابقه در ظاهر از تغییرات شگرفی در روابط ایران و آمریکا حکایت دارد که از زمان انتخاب محمد خاتمی در سال ۱۹۹۷ شروع شده بود. خاتمی روابط خود را با همسایگان شمالی و جنوبی ، کشورهای اروپای غربی و همچنین کشورهای جنوب آسیا بهبود بخشید.اصلاحات داخلی و عمل گرایی در صحنه خارجی این امید را به وجود آورد، که شاید ایران از سیاست‌های انقلابی خود دست بردارد. بیل کلینتون این احتمال را با کاهش محتاطانه تحریم‌های اقتصادی و افزایش تبادل بین دو ملت مورد بررسی قرار داد؛قراردادن ایران در محور شرارت توسط جورج بوش حاکی

از کاهش نفوذ طرفداران مصالحه با ایران در کاخ سفید است. این تحولات بیش از آنکه ناشی از توطئه لابی قدرتمند ضدایرانی در

واشنگتن باشد، ناشی از تحولات داخلی ایران است . محافظه کاران نه تنها با هرگونه امکان سازش با آمریکا مخالفت کردند، بلکه

از تهدید منافع اساسی آمریکا نیز حمایت می کنند. [به زعم دولت بوش] توسعه فن آوری هسته ای ایران و برنامه

موشک های دوربرد و مهمتر از همه حمایت مداوم از گروههای فلسطینی این دیدگاه را در واشنگتن تقویت کرده که به جای

برقراری رابطه باید ایران را کنترل کرد.علیرغم موضع گیری بوش ، دولت آمریکا سیاست منسجمی را پی ریزی نکرده است .

نوسان بین همکاری و تهدیدات سیاسی مبهم که از حمله نظامی تا براندازی را شامل می شود، برای آمریکا غیرعقلانی و حتی مضر

است . ایران هرچند توسط نخبگان مخالف منافع آمریکا اداره می شود... اما وجود ویژگی های منحصر بفردی در این کشور، چون

وجود اصلاح طلبان ما راوامی دارد که قبول کنیم ایران را باید با کره وعراق متفاوت دانست ،آمریکا آشکارا از اصلاح طلبان

حمایت نمی کند ولی با اتخاذ سیاست ستیزه جویانه به جای تعاملات سیاسی ، به آنها آسیب رسانده است . مساله اصلی تعیین

حوزه های چنین تعاملاتی است . این تعاملات اگرچه نگرانی آمریکا را درباره سیاست های ایران نسبت به تروریسم ، سلاح های

موشکی و هسته ای از بین نمی برد؛ اماهزینه هایی را که ایران در صورت همکاری نکردن باید بپردازد، مشخص می سازد. نکته

مهم اینکه افغانستان چنین حوزه تعاملاتی را فراهم می آورد.(دهقانی فیروزآبادی، ۱۳۸۹: ۳۲۵)

نتیجه گیری فصل دوم

با نگاهی به روابط ایران .و آمریکا در قبل از انقلاب اسلامی که به سه دوره در این پایان نامه تقسیم شده است در می یابیم که در

این برهه های زمانی نوع روابط در اوایل مذهبی و فرهنگی و در برهه های بعدی تاحدودی اقتصادی می باشد و نتیجه می

گیریم که ایران در قبل انقلاب در جهت نزدیکی بیشتر به امریکا در راستای حفظ منافع آن حرکت کرده در حالیکه بعد انقلاب در

جایگاهی مخالف و غیر همسو با آمریکا حرکت کرده است .

فصل سوم

تاثیر روابط ایران و امریکا بر تحولات منطقه ای

خاورمیانه

روابط ایران و امریکا پس از گذشت حدود سی سال از وقوع انقلاب اسلامی ایران، همواره در حالت چالشی و مخاصمه جویانه قرار داشته است. این روابط پس از خاتمۀ دوران جنگ سرد و مخصوصاً طی یک دهۀ گذشته، وارد مرحلۀ تازه‌ای شده است که مقارن با دوران یکجانبه گرایی امریکا شده است.با توجه به حذف رقیب اصلی از صحنه رقابت و برتری امریکا در صحنۀ جهانی، این احتمال، دور از ذهن نبود که اقدامات امریکا در منطقۀ حساسی مانند خاورمیانه، علاوه بر تثبیت هژمونی آن کشور بر منطقه، تمامی قدرت‌های منطقه‌ای از جمله ایران را در حاشیه قرار دهد، اما روند تحولات نشان می‌دهد که این رویکرد به خاورمیانه، نه تنها موجب کاهش و انزوای نقش ایران نشده است، بلکه یکی از پی‌آمدهای آن، توسعۀ نفوذ و افزایش شعاع تأثیر ایران بر منطقه بوده است. طی سالهای دهه ۱۹۸۰، ایران همواره از میان دو ابر قدرت، ایالات متحده را تهدید بزرگتری به شمار آورده است. اگر اتحاد شوروی منافع ایران در خلیج فارس را تهدید نکند، ایران به مخالفت با حضور ایالات متحده و اعمال قدرت این کشور در منطقه، و هر کشوری که از حضور ایالات متحده حمایت کند ادامه خواهد داد. گرچه رقات قدیمی شرق و غر مسئله ای است که عمدتا به گذشته تعلق دارد، از دیدگاه ایران تعهد جدید مسکو به بین الملل گرایی چند جانبه، منافع ایران را بسیار کمتر از گرایش آمریکا به یکجانبه گرائی تهدید می کند. ایران خواستار حذف قدرت ایالات متحده از ناحیه خلیج فارس در کوتاه ترین زمان ممکن است، و لذا توان سیاسی خود را وقف سرعت بخشیدن به بیرون رفتن کشتی ها، و برچیدن تاسیسات نیروی دریایی و تجهیزات دفاع هوائی آمریکا از این منطقه خواهد کرد. این کشور فعالانه می کوشد تا سایر کشورهای خلیج فارس را که از حضور ایالات متحده حمایت کرده اند (کویت، بحرین، عربستان سعودی و عمان) متقاعد کند که دیگر چنین نیازی وجود ندارد.(فولر، ۱۳۹۰: ۱۱۷-۱۱۶)

بنابراین، مناسبات ایران و ایالات متحده در دهه های آینده احتمالا صمیمانه نخواهد شد، و البته این دان معنی نیست که آنها نمی توانند رواط خود را تصحیح کنند و منافع متقابل یکدیگر را تامین نمایند. اما مناسبات دو کشور در حال حاضر بار منفی سنگین گذشته را حمل می کند. ایرانی ها همچنان به مقاصد ایالات متحده بدگمانندف و مایل اند این اعتقاد را حفظ کنند که ایالات متحده قادر است بر سیر رویدادها در ایران و منطقه تاثیر بگذارد. .(همان: ۲۹۵)

۳-۱-منازعات ایران و آمریکا در خاورمیانه :

خاورمیانه را در شرایط فعلی می‌توان به هارتلند (قلب زمین) نامگذاری کرد .خاورمیانه در طول سده‌های اخیر با اهمیت بوده است و با گذر زمان هر روز بر اهمیت آن افزوده شده است. خاورمیانه از نظر جغرافیایی سه قاره اروپا، آسیا، آفریقا را به هم متصل ساخته و مهم‌ترین آب راه‌های جهان شمال خلیج فارس، دریای عمان، دریای سرخ و مدیترانه، در این منطقه قرار دارد. چندین نقطه از نقاط استراتژیک دنیا شامل تنگه هرمز، و باب المندب در این نقطه قرار دارد .از نظر مذهبی خاورمیانه خاستگاه سه دین بزرگ آسمانی اسلام، مسیحیت و یهود می‌باشد و اکنون ۹۳ درصد جمعیت خاورمیانه را مسلمانان تشکیل می‌دهند. در این میان ایران قلب خاورمیانه است. همسایگی با شوروی سابق در دوران جنگ سرد و تنها مانع دستیابی روس‌ها به آب‌های گرم خلیج فارس بر اهمیت استراتژیک ایران افزوده است. دارا بودن ساحل طولانی و قابل استفاده در دریای عمان و خلیج فارس و وجود جزایر راهبردی در آن، موقعیت دروازۀ ورود به اقیانوس هند را به ایران داده است. تا قبل از پیروزی انقلاب اسلامی، آمریکا حاکم بلامنازع منطقه خاورمیانه بود و فعال‌ترین دولت خارجی در صحنه سیاسی ایران را به خود اختصاص داده بود و ایران به عنوان مهم‌ترین و قوی‌ترین متحد استراتژیک آمریکا در خاورمیانه و خلیج فارس محسوب می‌گردید. رژیم شاه نیز با هدف مقابله با بحران‌های داخلی و آسیب‌پذیری‌های خارجی، وجود حامی قدرتمندی چون آمریکا را ضروری می‌دانست. پیروزی انقلاب اسلامی در ایران ضربه سهمگینی بر تسلط آمریکا بر منطقه خاورمیانه و ایران وارد نمود و آمریکا یک متحد بزرگ و مصرف‌کننده مهم تسلیحات آمریکایی، یک منبع صدور نفت به اسرائیل و یک دشمن سر سخت کمونیسم را از دست داد و منافع حیاتی او در خلیج فارس در معرض خطر قرار گرفت.(علیزاده، ۱۳۸۸: ۹۸)

بنابراین با توجه به اهمیت خاورمیانه برای آمریکا و ایران، طرح خاورمیانۀ بزرگ از سوی آمریکا با توجه به این سه هدف راهبردی طراحی گردید و سه سطح در آن مورد توجه قرار گرفت:

۱. ملت سازی، به معنای تغییر بافت جمعیتی و الگوهای فرهنگی

۲. کشور سازی، به معنای تغییر در نقشه جغرافیایی منطقه

۳. دولت سازی، به معنای ایجاد دولت‌هایی طبق الگوی لیبرال دموکراسی امریکا (افراسیابی، ۱۳۹۰: ۲)

در واقع با دقت در شیوهٔ تحلیل مقامات کاخ سفید، این مسئله به خوبی روشن می‌شود که آنان، ریشهٔ پیدایش واقعهٔ ۱۱ سپتامبر را فقدان دموکراسی در خاورمیانه دانستند و ترویج دموکراسی را در این منطقه، پادزهری در مقابل تروریسم مطرح کردند (corthens, 2003:403)

به عبارت دیگر، سیاست خارجی امریکا در این مقطع، دو مشخصهٔ اصلی و موازی پیدا کرد: از یک طرف، ترویج دموکراسی و پیگیری اهداف یکجانبه‌گرایانه با هدف دست‌یابی به اهداف سه گانهٔ استراتژیک، و از طرف دیگر، مبارزه با تروریسم به عنوان یک نیروی چالش‌گر غیر متقارن که مانعی بر سر راه اهداف راهبردی امریکا تلقی می‌شود. این ایدئولوژی جدید امریکا که مشخصاً پس از ۱۱ سپتامبر در دستور کار علمیاتی قرار گرفته بود در ارتباط با ایران مشخصاً ۴ شاخص عمده دارد:

۱. منازعهٔ امریکا با ایران بر اساس تئوری جنگ عادلانه

بر اساس تئوری صلح دموکراتیک، ضرورت دارد که قدرت هژمونی با کشورهای چالش‌گر و رادیکالی و غیر دموکراتیک مقابله کند و رهبران اخیراً ایالات متحده مانند کلینتون و بوش جزء کسانی هستند که تابلوی این مبارزه را به دست گرفته‌اند. «مایکل دویل» در تبیین این تئوری می‌گوید هر گونه منازعهٔ سیاسی با عنوان تلاش برای توسعهٔ دموکراسی، تئوریزه می‌شود. (Mickael Doyle, 1986: 115)

۲. منازعهٔ ایدئولوژیک در چهارچوب تقابل با رادیکالیسم

اصول‌گرایی اسلامی که از سوی ایران، تقویت می‌شود به عنوان یکی از عوامل و نشانه‌های تهدید امنیتی در امریکا تفسیر می‌شود . «فرید زکریا» می‌گوید که رادیکالسیم ایران، ریشه در فرآیند سیاسی «نقد غرب» از دهه 1950 دارد، اما نقطهٔ اوج و عزیمت آن به دوران پیروزی انقلاب ایران برمی‌گردد.البته هر چند امریکایی‌ها معتقد به تعارض استراتژیک با ایران بوده و معتقدند که فقط ادراکات و هنجارهای دموکراتیک (با تعریف امریکایی) می‌تواند موجب کاهش منازعه شود. (متقی، ۱۰۹:۱۳۸۵)

اما همواره از فرآیندهای واکنشی ایران نیز نگران بوده‌اند. در این زمینه، «والرشتاین» می‌گوید:

انجام اقدامات منازعه آمیز و مداخلات امریکا به بهانهٔ مقابله با رادیکالسیم، نتایج غیر مطلوبی را ایجاد خواهد کرد. این نتایج، شخصیت ملی امریکا را تحقیر خواهد کرد.... ادامهٔ این وضعیت، منجر به تحقیر امریکا فراتر از زمانی می‌شود که دیپلمات‌های امریکایی در تهران به گروگان گرفته شدند. هر گونه رفتار منازعه آمیز، مخاطرات خاصی را برای امریکایی‌ها به وجود می‌آورد. منازعه با ایران نمی‌تواند بی‌پاسخ بماند.(Wallerestein ,1993: 154)

۳. انجام اقدامات پیشگیرانۀ سیاسی و تبلیغاتی

بهترین سند برای بیان این شاخص، سند امنیت ملی امریکا در سال ۲۰۰۶ است که در آن در خصوص مبارزه با ایران آمده است:

بهترین راه سد کردن قابلیت این دولت‌ها، جلوگیری آنان به مواد شکاف پذیر است... رسیدن به چرخۀ سوخت برای مقاصد کاملاً

صلح آمیز برای آنها غیر ضروری خواهد بود... با هیچ چالش بزرگ‌تر از چالش ایران مواجه نیستیم....اگر قرار است از اروپایی‌ها

اجتناب شود، تلاش دیپلماتیک باید (برای محدود سازی ایران) حتماً به نتیجه برسد. امریکا با هر گونه، رادیکالیسم سیاسی به

معنای عدم پذیرش سلطۀ آن کشور و مخالفت با برتری طلبی های آن در منطقه، مخالف است و به همین دلیل، ادبیات استراتژیکی

که اتخاذ کرده است باید منجر به انزوای رادیکالیسم بشود. در چنین فرآیندی، برخورد با عراق در دستور کار قرار گرفت.در واقع،

امریکا با بهره گیری از آموزۀ جنگ پیشدستانه به دنبال جلوگیری از شکل گیری هرگونه کانون مخالف با اهداف و سیاست های

خود است و منتظر اقدام مخالفین و سپس مداخله و تقابل با آن نمی ماند.(متقی، پیشین، ۱۱۷).

۴. منازعۀ سیاسی با ایران به بهانۀ جنگ با تروریسم

پس از فروپاشی اتحاد شوروی، ایدئولوژی امریکایی بر مبنای مقابله با گروه‌ها و نیروهای اسلام‌گرا شکل گرفت و بر اساس چنین

نگرشی، افغانستان، عراق، ایران، سوریه، سودان، لیبی و گروه‌هایی مانند حزب الله لبنان، جهاد اسلامی، اخوان المسلمین و القاعده

در فضای رفتار تروریستی قرار گرفتند. در این راستا نوع رفتار هر یک از کشورها و گروه‌ها با هم متفاوت است. لیبی از طریق

همکاری همه جانبه با امریکا، موجودیت سیاسی خود را حفظ کرد. گروه القاعده با ایدئولوژی خاص خودش به مبارزه با امریکا

در صحنه‌های مختلف روی آورده است. جهاد اسلامی و حماس در صحنۀ فلسطین از طریق راهکارهای سیاسی و نظامی توأماً در

جهت حفظ هویت و موجودیت خود تلاش می‌کنند. طالبان با جنگ افغانستان حذف شد و صدام نیز سرانجام با شکست در حملۀ

نظامی امریکا به عراق از قدرت حذف و نابود گشت. سودان در پروندۀ دارفور، تحت فشارهای سخت بین المللی قرار گرفته است

و تلاش زیادی صورت گرفته تا سوریه از صحنۀ لبنان، حذف و به پای میز مذاکره با اسرائیل کشانده شود و در کنار آن امریکا

تلاش‌های زیادی؛ چه مستقیم و چه غیر مستقیم تاکنون انجام داده است تا به شکلی، حزب الله لبنان را خلع سلاح کند که البته

تاکنون موفق نشده است. در این بین وضعیت ایران به گونه‌ای دیگر باید تحلیل شود. امریکایی‌ها بر این اعتقادند که هر گونه تولید قدرت در کشوری هم چون ایران منجر به افزایش تروریسم می‌شود. لذا تلاش می‌کنند که قابلیت‌های ساختاری و اجتماعی و استراتژیک ایران را به موازات یکدیگر کاهش دهند .(همان: ۱۲۹)

اقداماتی از قبیل تحریم‌های اقتصادی، فشار سیاسی– دیپلماتیک، تهدید به استفاده از زور، تلاش برای جلوگیری از رشد علمی، تکنولوژیکی و مخصوصاً دانش هسته‌ای و سایر اقدامات گسترده و متنوعی که برای جلوگیری از قدرت یابی ایران در دستور کار امریکا قرار داشته و دارد. اگر امریکا بتواند تمام این چالش‌های فرا روی خود را برای استقرار نظم مورد نظرش در خاورمیانه بردارد و محدودیت‌های مؤثری را بر ایران اعمال کند؛ به گونه‌ای که جایگاه ایران را در پازل خاورمیانه به نحوه دلخواهش تعیین کند می‌توان گفت که به سه هدف استراتژیکی که مطرح کردیم رسیده است. در غیر این صورت باید مدعی شد که یکجانبه‌گرایی امریکا با هدف تثبیت هژمونی‌اش در منطقه، شکست خورده و نیروی مقابل آن، یعنی ایران به یک قدرت منطقه‌ای تبدیل شده است

و مسئله مهم، این است که قدرت یابی منطقه‌ای ایران تا اندازهٔ زیادی ناشی از یکجانبه‌گرایی امریکاست و این موضوع، در تحلیل چهار پروندهٔ عمدهٔ مفتوح در منطقه روشن می‌شود.ذکر این نکته هم ضروری است که دو مؤلفهٔ اصلی سیاست خارجی امریکا در منطقه، یعنی مبارزه با تروریسم و ترویج دموکراسی در ذات خودشان دچار تناقض هم هستند؛ بدین صورت که اگر امریکا بخواهد در قالب طرح استراتژیک خاورمیانه بزرگ به ملت سازی و کشور سازی و دولت سازی تمرکز کند یکی از الزامات آن باز کردن فضای سیاسی در کشورهای اقتدارگرای منطقه است؛ در این حالت، این گروه‌های اسلام گرا هستند که پتانسیل رشد و قدرت یابی دارند. نمونهٔ آن حرکت اخوان المسلمین در مصر و کسب آرای بالا در انتخابات پارلمانی آن کشور است و یا قدرت یابی حماس در جریان انتخابات تشکیلات خودگردان که با استفاده از مکانیسم انتخابات، دولت تشکیل داد که این آثار و پی‌آمدها با مؤلفهٔ دیگر سیاست امریکا، یعنی مبارزه با تروریسم، هم‌آهنگی ندارد. از طرف دیگر، اگر امریکا بخواهد از رژیم‌های اقتدارگرا مانند مصر، اردن، عربستان، یا کشورهای عرب حوزهٔ خلیج فارس، حمایت کند و از آنها بخواهد که جلوی رشد گروه‌های اسلام گرا را بگیرند (که بر اساس تعریف امریکایی تروریسم هستند) در آن صورت، ترویج دموکراسی ادعایی، معنا ندارد. بسیاری از تحلیل گران غربی معتقدند که گروه‌های اسلام گرا از جاذبه‌های بیشتر و سازمان برتری در یک مبارزهٔ سیاسی با گروه‌های لائیک و طرفدار غرب برخوردارند، اما برنامه‌های آنها دموکراتیزه (با تعریف غربی) نیست.(windsor, 2005)

۴۶

۱- افغانستان

حمله امریکا به افغانستان و سرنگونی طالبان و دولت سازی در این کشور، جزء اقداماتی است که در قالب استراتژی‌های امریکا در خاورمیانه و آسیای مرکزی پس از جنگ سرد، قابل تبیین است. افغانستان در سایهٔ همسایگی با ایران و آسیای مرکزی، کشوری ژئواستراتژیک تلقی شده است. (رنجبر، ۱۳۸۳: ۲۲۵)

ثبات و بی‌ثباتی در افغانستان، تأثیر مستقیم بر جمهوری اسلامی ایران دارد و علت آن است که ایران و افغانستان با داشتن مرزهای طولانی و پیوند های عمیق همه جانبهٔ تاریخی در تمام زمینه ها دارای تأثیر متقابل هستند و تمایل ایران به حذف طالبان از همین واقعیت ریشه می‌گرفت. برای روشن کردن این واقعیت که چگونه، اقدام امریکا برای حمله به افغانستان و حذف طالبان، منافع ملی ایران را تأمین کرد و نقش این کشور را در منطقه توسعه داد ضروری است نگاهی به بازیگران اصلی افغانستان و منافع هر کدام داشته باشیم. به طور کلی، چهار بازیگر اصلی در صحنهٔ افغانستان وجود دارد که عبارتند از: امریکا، عربستان، پاکستان و ایران.(ملازهی، ۱۳۸۴: ۹۳_ ۶۹)

الف-امریکا

امریکا به طور عمده و برجسته در دو مقطع در امور افغانستان، دخالت مستقیم و حضور مؤثر داشته است. مرحله اول در دوران جنگ سرد و متعاقب آن، اشغال افغانستان توسط شوروی سابق است که امریکا با حمایت گسترده از جریان عرب‌های افغان و با ایجاد هم‌آهنگی بین مثلث کشورهای عربی (مخصوصاً عربستان و امارات) پاکستان با امریکا توانست نهایتاً باعث خروج شوروی سابق از افغانستان بشود، اما همین روند، کم کم زمینه‌ای شد که عرب‌های افغان در کنار مبارزان افغانی، دست به دست هم داده و جریانی به نام طالبان درست شود و کم کم با حمایت پاکستان و عربستان که در حقیقت هم پیمانان امریکا در منطقه بودند در افغانستات به قدرت برسند.مرحلهٔ دوم، پس از ۱۱ سپتامبر بود که امریکا به بهانه تحویل ندادن اسامه بن لادن (رهبر القاعده) توسط ملامحمد عمر، حاکم افغانستان به این کشور حمله کرد و نهایتاً موجب سرنگونی حکومت طالبان گردید. در حقیقت، حکومتی که پایه و اساس شکل‌گیری آن را خود امریکایی‌ها گذاشته بودند و پس از ۱۱ سپتامبر که سیاست خارجی امریکا رویکردی یکجانبه را به طور جدی و گسترده در پیش گرفت، روند تحولات به گونه‌ای شکل گرفت که حکومت خود ساختهٔ طالبان به دست

امریکایی‌ها حذف شد. به هر صورت، امریکا برای حضور در افغانستان، دلایل فراوانی دارد که به صورت فهرست وار می‌توان به بعضی از آنها چنین اشاره کرد:

۱. نظارت بر رفتار روسیه با توجه به چرخش روسیه در دوران پوتین برای بازسازی قدرت این کشور

۲.حضور و تسلط بر آسیای مرکزی

۳. کنترل چین با توجه به روند رو به رشد این کشور در آیندهٔ نزدیک و تبدیل شدن چین از شریک به رقیب برای امریکا (همان: ۸۵)

ب-عربستان سعودی

در خصوص عربستان سعودی می‌توان به دو هدف عمده در افغانستان برای آن کشور اشاره داشت:

۱. ترویج وهابیت در افغانستان و از این طریق، صدور آن به آسیای مرکزی

۲.رقابت ایدئولوژیک با انقلاب اسلامی ایران.

کالبد شکافی این دو هدف عمده نشان می‌دهد که در صورت تداوم حکومت طالبان در افغانستان، نسلی از مبلغان ایدئولوژی افراطی وهابیت و سلفی‌گری به عنوان موتور ترویج این عقاید در منطقه در اختیار عربستان قرار می‌گرفت و یک سد ایدئولوژیک بزرگ و مخربی در مقابل ایدئولوژی انقلاب اسلامی را ایجاد می‌کرد. از طرفی، افغانستان، یک دروازه‌ای برای ورود عربستان به حوزهٔ شوروی سابق و گسترش نفوذ آن کشور در بین مسلمانان آسیای مرکزی به حساب می‌آید.(همان:۹۲-۹۱)

ج- پاکستان

به صورت اجمالی می‌توان منافع پاکستان را در افغانستان چنین بیان کرد:

۱. منافع اقتصادی

- دسترسی به آسیای مرکزی و رقابت با ایران و رقابت در بازارهای منطقه

- استفاده ار مسیر ترانزیت خطوط نفت و گاز آسیای مرکزی از طریق افغانستان به پاکستان

- بهره‌برداری از بنادر کراچی و گوادر در رقابت با بنادر چابهار و بندرعباس ایران

در هر سه محور اقتصادی جهت رقابت پاکستان به ضرر ایران است و در واقع، هر اندازه، پاکستان در حوزهٔ اقتصادی موفق باشد، ایران به همان میزان ضرر کرده است.

۲. منافع سیاسی شامل:

– حل اختلافات ارضی با افغانستان

– رقابت با هند

۳. رقابت با ایران

در هر سه محور، پاکستان تنها وقتی به اهدافش می‌رسد که یک دولت هم پیمان در افغانستان حاکم باشد و این اهداف با حضور طالبان در قدرت، میسر بوده و با حذف طالبان، نقش پاکستان محدود و در مقابل، نقش رقیب منطقه‌ای آن، یعنی ایران، توسعه پیدا می‌کند.(همان:۹۲-۹۱)

د-ایران

در مورد اهداف ایران در افغانستان در ابعاد مختلف، موارد متعددی مطرح شده است، اما آن چه جوهرهٔ منافع ملی ما در افغانستان را می‌تواند تأمین کند؛ به نظر می‌رسد یک ساخت متوازنی از قدرت باشد که هم از جنبهٔ قومی و هم مذهبی در کابل شکل بگیرد. در چنین حالتی است که ثبات و امنیت در افغانستان، پایدار شده و نیروهای قومی – مذهبی، هم سو با ایران در افغانستان در ساختار سیاسی، مؤثر واقع می‌شوند. نتیجهٔ این فرآیند، تأمین کننده منافع و اهمیت ایران در افغانستان خواهد بود.با یک نگاه کلی به تحولات این حوزه، این سئوال را در پاسخ به فرضیهٔ مقاله می‌توان مطرح کرد که آیا اقدامات امریکا در افغانستان با توجه به رویکرد یک جانبه گرایانهٔ آن کشور در سیاست بین المللی، موجب تضعیف ایران گردیده است؟ یا بر عکس آن، موجب تقویت نقش ایران در افغانستان شده است؟ در پاسخ به سؤال فوق و با توجه به نوع روابط خصمانهٔ حاکم بر دو کشور و اشغال افغانستان و هم مرز شدن با ایران در سایهٔ اشغال آن کشور و تکمیل‌تر شدن حلقهٔ محاصره ایران، این پاسخ به ذهن، متبادر می‌شود که این اقدام امریکا، نقش ایران را در افغانستان کاهش داده است، اما بر خلاف این تصور، نقش ایران در افغانستان افزایش پیدا کرده است؛ زیرا:

۱. یک رقیب جدی ایدئولوژیک ایران در منطقه (طالبان) از صحنهٔ تحولات حذف شده است؛

۲. نقش حامیان منطقه‌ای این رقیب که با تسلط بر افغانستان، موجب آزار ایران می‌شدند (پاکستان و عربستان) تقلیل پیدا کرده است.

۳. با حذف طالبان از حاکمیت، توازن نسبی به جبههٔ شمال (طرف‌داران ایران) برقرار شد.

۴. امکان توسعهٔ ژئوپلتیک زبان فارسی و اندیشهٔ شیعه فراهم گردید.

۵. زمینه‌های فراوان و مستعدی برای بالفعل کردن فرصت‌های ایجاد شده، به وجود آمده است. از قبیل همکاری‌های آموزشی، توسعه، همکاری‌های اقتصادی و سیاسی– موضوعات ارتباطات و ترانزیت کالا

– صدور کالا و خدمات به افغانستان و سایر موارد. البته ذکر این نکته هم ضروری است که اگر چه بر اثر اقدام امریکا و حذف طالبان از قدرت، حذف یک منبع تهدید دائم امنیتی در مرزهای شرقی صورت گرفته است اما این تغییر امریکا را در همسایگی ما قرار داده است و ثبات برون‌زا، منافع کمتری برای ما دارد. اما به هر حال، ضرر حضور امریکا در کنار مرزهای شرقی ما کمتر است؛ زیرا این حضور نمی‌تواند دائمی باشد و برای آنها بسیار پرهزینه خواهد بود. ضمن آن که امکان اقدامات بازدارنده برای ایران علیه امریکا در افغانستان فراهم‌تر است (نسبت به بازدارندگی علیه طالبان). (پورسعید، ۱۳۹۰: ۷)

۲-عراق

ایران، عراق و مجموعهٔ کشورهای عربی حاشیهٔ جنوبی خلیج فارس، بازیگران بومی اصلی درگیر در معادلات قدرت بوده‌اند. از طرفی با تأکید بر این مسئله که عراق متمایل به شوروی سابق و ایران و کشورهای جنوبی خلیج فارس، متمایل به قطب مقابل، یعنی امریکا بوده‌اند، و با طرح دکترین سد نفوذ، سیاست دو ستونی (ایران – عربستان) برای یک مدت طولانی تا وقوع انقلاب اسلامی در سال ۱۳۵۷ ساختار قدرت را در منطقه شکل می‌داد. و سیاست‌های ایالات متحده بر اساس همین ساختار پیگیری می- شد. با وقوع انقلاب اسلامی در ایران، این ساختار به شکل سیستم توازن قدرت با هزینهٔ مهار ایران، تغییر یافت. با پایان جنگ عراق علیه ایران و شرایط مساعدی که برای بلند پروازی‌های صدام در منطقه وجود داشت و حمله این کشور به کویت، امریکا در منطقه، سیاست دیگری را دنبال کرد و در حقیقت، سیستم توازن ضعف با هدف مهار عراق پی‌ریزی شد. در تمامی این مراحل، کشورهای منطقه عربی به عنوان متحد و هم پیمانان امریکا در منطقه عمل کردند.

پس از ۱۱ سپتامبر و تغییر استراتژی امریکا و مهیا شدن زمینه برای اجرای طرح‌های آماده در پنتاگون و کاخ سفید و بر اساس راهبرد اقدام پیشدستانه، طرح خاورمیانهٔ بزرگ وارد مرحله اجرایی گردید. در فاز سخت افزاری این طرح، همان طوری که قبلاً اشاره شد افغانستان مورد تهاجم قرار گرفت. در واقع، این طرح با نگاه به تئوری دومینو، قابل تحلیل است. ریچارد پرل که از طراحان جنگ برق آسا در امریکاست می‌گوید:

اگر ما یک، دو عامل حکومتی تروریستی را از میان برداریم، سایرین، حساب کار خودشان را می‌کنند. (معاونت فرهنگی ستاد مشترک سپاه،۱۳۶۸: ۱۴)

بررسی مواضع مقامات کاخ سفید نشان می‌دهد که نگاه آنان به عراق با نگاه به افغانستان، کاملاً متفاوت است. امریکایی‌ها عراق را کلید خاورمیانه و راه رسیدن به سلطه بر این منطقه می‌دانند. رایس، وزیر خارجهٔ امریکا می‌گوید:یک عراق تحول یافته می‌تواند عنصری کلیدی در خاورمیانه باشد که آرمان ایدئولوژی‌های نفرت‌زا رشد نکنند. (آیتی،۱۳۹۰: ۲۱۸)

اهدافی که امریکا در عراق دنبال می‌کرد متنوع است، اما آن چه که به نقش ایران ارتباط دارد در چند مورد قابل ذکر است که می‌توان گفت:

۱. مهار قدرت ایدئولوژیک ایران

۲. تأسیس یک دولت میانه‌رو و هم سو با امریکا حتی با حضور شیعیان در قدرت ـ که می‌تواند چالشی برای ایران تلقی شود (هم به لحاظ مدل حکومت و هم به لحاظ دامن زدن به مسئله اقوام کرد و عرب در ایران و...)

۳. تغییر ساختار منطقه به ضرر ایران (امریکا- عراق – کشورهای عرب متحد با آن)

۴. تقویت رقیب سرسخت منطقه‌ای ایران (اسرائیل).

تحقق این چهار مؤلفه در کنار حضور مستقیم و نظامی گستردهٔ امریکا در منطقه می‌توانست هم به انزوای ایران منجر شده و هم به زمینه‌سازی جدی جهت اجرای طرح‌های بعدی امریکا در منطقهٔ خاورمیانه، منتهی شود. تحولاتی مانند حذف گروه‌های جهادی از حکومت در فلسطین و از بین بردن عمق استراتژیک ایران در لبنان از طریق از بین بردن و خلع سلاح حزب الله لبنان و فشار بر سوریه و به سازش کشاندن این متحد ایران در قبال اسرائیل از جمله تحولاتی بود که می‌توانست پس از موفقیت امریکا در عراق به وقوع بپیوندد ، اما امروز پس از گذشت حدوداً یازده سال از اشغال عراق، نتایج دیگری به دست آمده است که عبارتند از:

۱. دشمن سرسخت ایران ار حاکمیت در عراق حذف شده است؛ یعنی صدام و حزب بعث که توانایی بسیج بعضی از اعراب را علیه ایران داشتند جای خود را به حاکمیت گروه‌های شیعی و کرد عراقی داده‌اند که سال‌های طولانی در ایران بوده‌اند.

۲. بر خلاف تصور امریکا، شیعیان طرف‌دار ایران در انتخابات عراق، پیروزی قطعی به دست آوردند و خواهان روابط حسنه و استراتژیک با ایران بوده و هستند

۳. نقش گروه‌های سنی افراطی در قدرت سیاسی عراق، بسیار کم‌رنگ شده است و گروه‌های کردی حاضر در قدرت سیاسی نیز روابط خوبی با جمهوری اسلامی داشته و در دوران صدام نیز از حمایت‌های ایران بهره‌مند بودند.

۴. شیعیان عراق چه در سطح توده و چه در سطح نخبگان، نه تنها پذیرای نقش مؤثر ایران در صحنه عراق هستند، بلکه خواهان آن نیز می‌باشند.

۵. امریکا با لشکرکشی در عراق، زمین گیر شده و موج ترورها و ناامنی‌ها به صورت گسترده، تداوم یافته است و این در حالی است که امریکا قصد داشت با ساختن عراق جدید، رقیب جدی برای ایران در منطقه ایجادکند.

۶. ناتوانی امریکا در سازمان‌دهی عراق جدید، مطابق با مؤلفه‌های تدوین شده در طرح خاورمیانهٔ بزرگ، نقطهٔ پایانی بر این طرح گذاشته است و این در حالی است که کشورهای عرب منطقه نیز پایگاه خود را در عراق از دست داده‌اند و وزن ایران در منطقه، سنگین‌تر شده است؛ به عبارت دیگر، قدرت نرم امریکا که می‌بایست به دنبال اعمال قدرت سخت در منطقه، نقش خود را ایفا نماید با افول رو به رو گشته است.

۷. با زمین‌گیر شدن امریکا در عراق، مدیریت بحران در منطقهٔ خاورمیانه نیز از دست آنها خارج شده است. گزارش ۱۴۴ صفحهٔ بیکر – همیلتون به صراحت تصریح دارد که امریکا برای مدیریت بحران خاورمیانه باید به ایران و سوریه متوسل شود.

۸. با توجه به این که یکی از مؤلفه‌های اصلی حرکت در منطقه، مهار قدرت ایدئولوژیک ایران بوده است، اما به باور خود امریکایی‌ها، اشغال عراق، موجب گسترش حرکت اسلام سیاسی در منطقه شد .گراهام فولر در مقاله‌ای تحت عنوان آیندهٔ اسلام سیاسی گوید: اسلام، تنها آلترناتیو منطقه است و سیاست‌های غرب و امریکا مانع پیشرفت آن نخواهد شد، بلکه سیاست‌های خاورمیانه‌ای بوش، موجب تسریع و شتاب آن نیز گردید. (فولر، 1382: ۵۹)

شاید این دگرگونی در پی‌آمدهای یکجانبه‌گرایی امریکا در عراق که مورد انتظار آنان نبوده است ناشی از عدم توجه به این واقعیت باشد که باری بوزان، نظریه پرداز مکتب کپنهاک به آن اشاره کرده است و می‌گوید:

در این منطقه برای هر بازیگر بومی و جهانی، دشوار است که از بازیگر دیگری در برابر یک دشمن مشترک، پشتیبانی نماید، بدون

این که همزمان، یک دولت را هم در طرف سوم تهدید نکرده باشد. (بوزان، ۱۳۸۱: ۶۷۰)

۳- فلسطین و لبنان

یکی دیگر از حوزه‌هایی که به شدت تحت تأثیر تحولات خاورمیانه و جهان است موضوع کشمکش طولانی بین اعراب و اسرائیل

و در واقع مسئلهٔ فلسطین است. بازیگران عمدهٔ منطقه‌ای، مانند ایران، عربستان، اسرائیل و ترکیه و بازیگران بین المللی، مخصوصاً

امریکا، هر کدام نقش‌های متفاوتی در این پرونده دارند.یکی از محورهای اصلی سیاست خاورمیانه‌ای امریکا این بوده است که به

نحوی بتواند جلوی تأثیر نیروهای اسلامی که قدرت بسیج توده‌ای دارند را بگیرد .پس از شکل گیری رژیم صهیونیستی با حمایت

آمریکا و انگلیس در سال ۱۹۴۸ ، همواره بین اسرائیل و اعراب به خصوص فلسطین و لبنان ، کشمکش و نزاع وجود داشته است .

این رژیم ادعا می کند که لبنان ، فلسطین و سرزمین های اطراف آن از میراث قوم بنی اسرائیل بوده و متعلق به یهودیان می باشد ،

لذا برای تسلط بر این سرزمین ها ، چندین بار به لبنان و فلسطین تجاوز کرده و بخشی از سرزمین آن ها را اشغال کرده است .

آمریکا و غرب نیز همواره حملات رژیم صهیونیستی را مورد حمایت قرار داده اند .جنگ لبنان با رژیم صهیونیستی نیز ناشی از

همین خصومت دیرینه اسرائیل نسبت به اعراب است . همسایگی لبنان با رژیم صهیونیستی ، جنگ و بی ثباتی برای این کشور به

همراه داشته و باعث ویرانی فیزیکی ، سیاسی و اقتصادی آن شده است . یکی از عوامل بحران در لبنان ، همسایگی آن با فلسطین

و حضور آوارگان فلسطینی در این کشور است . اگر لبنان در همسایگی فلسطین قرار نداشت شاید خیلی از بحران های داخلی در

لبنان بین گرو ههای لبنانی بروز نمی نمود و نیز شاید جنگ هایی که رژیم صهیونیستی علیه آنها به راه انداخته است ، اتفاق نمی

افتاد و امنیت ملی و ثبات لبنان را با خطرات و تهدیداتی مواجه نمی کرد که امروز به آنها دچار است ، جنگ ۳۳ روزه نیز از تبعات

همسایگی لبنان با اسرائیل بود که ناامنی و بی ثباتی لبنان در منطقه را به همراه داشت . جنگ ۳۳ روزه نقشه آمریکایی – فرانسوی

بود که با اجرا نشدن بخش دوم قطعنامه ۱۵۵۹(خلع سلاح حزب الله) ، به کار گرفته شد . این جنگ در راستای نابود کردن حرب

الله و قطع نفوذ ایران تدارک دیده شده بود .(صادقی و عباسی ، ۱۳۹۱: ۱۷۱)

اسرائیل در این عملیات، اهدافی را نشانه گرفته بود که در همسوئی کامل با امریکاست. عمدهٔ این اهداف عبارت بودند از:

۱. ایجاد خاورمیانهٔ بزرگ و تضعیف و انزوای ایران در آن

۲. نابودی عقبهٔ استراتژیک جمهوری اسلامی ایران

۳. نابودی حزب الله لبنان به عنوان یک جریان شیعی هم‌گرا با اصول و مبانی انقلاب اسلامی ایران

۴. ترور رهبران حزب الله و به ویژه، رهبر آن، سید حسن نصرالله

۵. اخراج حزب الله از جنوب لبنان و ایجاد منطقهٔ امن مرزی برای اسرائیل

۶. انحراف افکار عمدهٔ جهان از جنایات اسرائیل (در غزه) و امریکا (در عراق و افغانستان

۷. به چالش کشاندن نقش ایران در معادلات مهم منطقه‌ای از جمله روند صلح خاورمیانه

۸. تضعیف ائتلاف ایرانی- سوری که با محوریت حزب الله لبنان صورت گرفته بود (حجازی، ۲۷:۱۳۸۵ ۱)

ژاک شیراک، رئیس جمهور وقت فرانسه نیز در جلسهٔ هئیت فرانسه، درباره بحران گفت که ایران، قدرت مهم منطقه به شمار می‌رود و ما باید با این کشور مشورت کنیم و در ارتباط باشیم. این امر، نشان می‌دهد که ایران تا چه حد می‌تواند با استفاده از نفوذ خود در عمق ثبات و بازگشت صلح به خاورمیانه تعیین کننده باشد.(صادقی و عباسی ، پیشین :۱۸۰)

مؤسسهٔ سلطنتی امور بین المللی انگلیس در میزگردی با حضور بیش از بیست نفر از کارشناسان روابط بین الملل به بررسی جایگاه منطقه‌ای ایران پس از جنگ ۳۳ روزهٔ لبنان پرداخت. در بخشی از این گزارش آمده است که خاورمیانه، درگیر بحران‌های زیادی است. جنگ با لبنان، جنگ با فلسطینی‌ها، بی‌ثباتی در عراق و بحران‌های دیگری که وجود دارد و ایران در تمام این بحران‌ها دخیل است و نقش منطقه‌ای آن رو به رشد است. امریکا برای جلوگیری از نفوذ ایران به همسایگانش متوسل شده است، ولی ایران از کشورهای عرب سنی مذهب هم که از نفوذ آن بیم دارند سود برده است و به موقعیت برتری رسیده است. ایران در منطقه، بسیار مهم شده است. در زمینه‌های سیاسی، اقتصادی، نظامی و فرهنگی، رشد چشمگیری داشته است. تداوم جنگ، توأم با ضعف در افغانستان، عراق، لبنان و فلسطین به تقویت بیشتر ایران انجامیده است .ایران در جنگ ۳۳ روزه بر همگان ثابت کرد که می‌تواند نقشی محوری در تحولات مهم و سرنوشت ساز منطقه ایفا نماید و هر زمان که اراده کند منطقه را دستخوش ثبات یا ناآرامی سازد. (قاسمی، ۱۳۸۰: ۸)

نتیجه گیری فصل سوم

با نگاهی به این فصل در می یابیم که روابط ایران و آمریکا همواره برتحولات منطقه خاورمیانه تاثیر دارد منازعات اصلی بین ایران و ایالات متحده مربوط به سیاست های ایران در خاورمیانه و سازش اعراب و اسرائیل و طرح خاورمیانه بزرگ است. به این ترتیب ایران در خاورمیانه از جهات گوناگون با ایالات متحده به عنوان اصلی ترین بازیگر دچار تعامل و تقابل است و تلاش ایران برای مخالفت با روند سازش خاورمیانه و نحوه نقش آفرینی غرب در کشورهای عربی که شاهد انقلاب بوده اند، ابزاری برای مبارزه با هژمونی گرایی و یکجانبه گرایی ایالات متحده در منطقه است. این درحالی است که غرب درصدد نادیده گرفتن نقش ایران در تحولات منطقه ای است.

فصل چهارم

تحولات خاورمیانه در قرن ۲۱

۴-۱-تعریف خاورمیانه

درباره گستره و مرزهای جغرافیایی منطقه‌ای که از حدود یک سده پیش با عنوان خاورمیانه از آن یاد می‌شود تعریف یگانه وفراگیری وجود ندارد اما از سوی دیگر تاریخ نگاران، روزنامه نگاران و اصحاب رسانه‌های همگانی، بر خلیج فارس و کشورهای پیرامون آن به عنوان مرکز خاورمیانه اتفاق نظر دارند. بنابراین تعریف‌هایی که از خاورمیانه بیان شده است از نظر گستره قلمرو تفاوت‌های زیادی دارند.فرهنگ جغرافیایی جدید و بستر(Webster)، خاورمیانه را این گونه تعریف کرده است:«منطقه گسترده که در برگیرنده کشورهای جنوب آسیا و شمال آفریقا است که در گذشته شامل افغانستان، پاکستان، هندوستان و برمه نیز می شده است». (louise,2005:187)

دایرةالمعارف جدید بریتانیکا، خاورمیانه را با تفصیل بیشتری تعریف می‌کند:«خاورمیانه سرزمینی است که در اطراف سواحل جنوبی و شرقی دریای مدیترانه کشیده شده و از مراکش تا شبه جزیره عربستان و ایران و گاهی نیز تا فراتر از آن امتداد یافته است. بخش مرکزی این ناحیه کلی، پیش از این خاور نزدیک خوانده می‌شده است. نامی که پاره‌ای از جغرافیدانان و تاریخ نگاران جدید غربی به این منطقه داده اند که بیشتر تمایل داشتند شرق را به سه منطقه «خاور نزدیک» به نزدیک ترین منطقه به اروپا که از دریای مدیترانه تا خلیج فارس، «خاورمیانه» که از خلیج فارس تا جنوب شرق آسیا امتداد می‌یافت و «خاور دور» که به مناطق ساحلی اقیانوس آرام اطلاق می‌شد، تقسیم کنند.»(Beritanica : 2010)

دکتر احمد نقیب زاده استاد دانشگاه تهران، برای خاورمیانه این تعریف را برگزیده است:«خاورمیانه تقریبا تمام کشورهای شرق حوزه مدیترانه مانند ترکیه، سوریه، لبنان، فلسطین، اسراییل، مصر و کشورهای شبه جزیره عربستان(عربستان، کویت، امارات متحده و عمان) به اضافه کشورهای ایران، افغانستان و حتی پاکستان و در قاره آفریقا کشورهای سودان و بخشی از لیبی را شامل می‌شود»(نقیب زاده، 1373: 156)

با توجه به تعریف‌های یاد شده اصطلاح خاورمیانه، مفهومی نیست که ریشه در جغرافیای طبیعی داشته باشد به گونه‌ای که مرزهای طبیعی، این منطقه را از همسایگانش در آسیا و آفریقا جدا کند، بلکه خاورمیانه مفهومی تاریخی، انسانی، جغرافیایی، فرهنگی، سیاسی و اقتصادی است. برخی از نظریه پردازان از مفاهیمی چون دنیای عرب، جهان اسلام و حوزه مدیترانه، برای این منطقه

استفاده کرده‌اند اما اصطلاح خاورمیانه، از آغاز نیمه دوم سده گذشته میلادی تا کنون، سودمندترین و پایدارترین چهار چوب گفتمان‌های علمی و عمومی هم در غرب و هم در خود منطقه بوده است.اصطلاح خاورمیانه که در اصل یک مفهوم ژئواستراتژیک است نخستین بار در سال ۱۹۰۲ میلادی توسط ماهان تاریخ نگار و دریا سالار نیروی دریایی آمریکا، در بخش مربوط به راهبرد نیروی دریایی بریتانیا در ارتباط با فعالیت روسیه در ایران و طرح راه اندازی راه آهن برلین بغداد، توسط دولت آلمان در نشریه نشنال ریوریولندن به کار برده شد. منظور ماهان از خاورمیانه منطقه‌ای میان عربستان و هندوستان بود که مرکز آن خلیج فارس واقع می‌شد و برای اشاره به آن، اصطلاحات خاور نزدیک و دور رسانایی نداشت.(بابایی،۱۳۷۹: ۱)

اصطلاح خاورمیانه- چنانکه بیان شد- مفهوم راهبردی داشته و مانند اصطلاحات شرق، خاور دور و نزدیک، مبتنی بر محوریت و مرکزیت اروپا به رهبری ابر قدرت آن زمان یعنی انگلستان ساخته شده است.در جنگ جهانی نخست، واژه خاورمیانه به کار برده شد. نیروی اعزامی به عراق که از مسیر هندوستان هدایت می‌شد، به نام نیروهای خاورمیانه، مشهور شد و با همین عنوان از نیروهای خاور نزدیک مستقر در قاهره مصر متمایز و جدا می‌شد. اگر چه لرد کرزن، اصطلاح خاورمیانه را درباره سرزمین‌های فراتر از محدوده خلیج فارس به کار برده بود، اما کاربرد آن، در این مفهوم گسترده، تنها از راه یک رشته رویدادها در سازمان نظامی ادامه یافت. در سال ۱۹۳۲م. فرماندهی نیروی هوایی سلطنتی خاور میانه، در عراق با فرماندهی نیروی هوایی در خاور نزدیک در مصر ادغام شد اما فرماندهی جدید، عنوان خاورمیانه را همچنان برای خود حفظ کرد. در آغاز جنگ دوم جهانی، هنگامی که کانال سوئز از سوی نیروهای ایتالیایی به خطر افتاد به دنبال آن، یک ستاد فرماندهی نظامی در قاهره تشکیل شد. ارتش از نیروی هوایی بریتانیا پیروی کرد و آن را «ستاد فرماندهی خاورمیانه» نامید. (بیومونت، ۱۳۶۹: ۱)

در سالهای ۴۳-۱۹۴۰م. ستاد فرماندهی قاهره بر عملیات نظامی بریتانیا و نیروهای متفقین در یک منطقه پهناور، که از مصر تا ایران و از سوریه و عراق تا سودان را در بر می‌گرفت، نظارت داشت. کاربرد پیاپی اصطلاح خاورمیانه در بیانیه‌ها و اعلامیه‌های نظامی برای توضیح وضع منطقه، آن را در میان مردم فراگیر کرد. تداوم تنش‌های سیاسی و اهمیت راهبردی خاورمیانه، سبب شد که این اصطلاح همچنان کاربرد داشته باشد.پس از جنگ جهانی دوم، کاربرد واژه خاورمیانه به خاطر رونق و گسترش روابط متقابل کشورهای خاورمیانه که روز به روز رو به افزایش بود، رواج چشمگیری یافت. به نظر می‌رسد منطقه‌ای که خاورمیانه نامیده شده است از نظر انقباض و انبساط قلمرو، سه مرحله را پشت سر گذاشته باشد:

۱- واژه خاورمیانه تنها بر حوزه خلیج فارس و کشورهای پیرامون آن اطلاق می‌شده است. چنانکه آلفرد ماهان نیز از منطقه خاورمیانه همین مفهوم را اراده کرده بود.

۲- هنگامی که مفهوم خاورمیانه وارد ادبیات سیاسی انگلستان می‌شود و لرد کرزن، وزیر امور خارجه از آن استفاده می‌کند، گستره خاورمیانه به سوی مشرق یعنی سرزمین‌های تحت استعمار بریتانیا، در شبه قاره هند و افغانستان که به شدت متأثر از سیاست انگلستان بوده است پیشروی می‌کند.

۳- پس از جنگ جهانی نخست ودر طول جنگ جهانی دوم، تحت تأثیر فضای نظامی ناشی از جنگ، با نامیده شدن ستاد فرماندهی جنگ قاهره به «ستاد فرماندهی خاورمیانه» علاوه بر غرب آسیا، شمال آفریقا نیز وارد گستره خاورمیانه شد.

اصطلاح شمال آفریقا نیز، در جنگ جهانی دوم به کار رفت. منظور از آن، منطقه‌ای بود که جنگ میان نیروهای متفقین و کشورهای محور، در آن جا اتفاق افتاده بود. به ویژه صحرای مصر و لیبی. پس از آن، دامنه این اصطلاح چنان گسترده شد که مناطق بین دریای مدیترانه و استیپ‌های سودان را در بر گرفت. (همان: ۳)

۴-۲-جایگاه ژئوپولیتیک و ژئو استراتژیک خاورمیانه

۱-ژئوپولیتیک(Geo politic)

ژئوپولیتیک یا سیاست جغرافیایی، نوعی روش تحلیل سیاسی است که به نقش عوامل جغرافیایی، در شکل گیری سیاست ملت ها توجه دارد. در مطالعات ژئوپولیتیک که اهمیت فراوانی دارد، میان عوامل جغرافیایی طبیعی و انسانی مانند موقعیت، گستره جمعیت و منابع یک کشور و منطقه از یک سو، و سیاست آن ها از سوی دیگر رابطه و پیوند برقرار می شود. در پرتو همین پیوند و رابطه، رویدادهای تاریخی، تفسیر و تحلیل، رویدادهای آینده پیش بینی و خط مشی سیاست داخلی و خارجی تعیین می شود.(سنجابی، ۱۳۷۵: ۱۸۷-۱۸۶)

۲- ژئواستراتژی(Geo Strategy)

ژئواستراتژی یا راهبرد جغرافیایی، دانش جدیدی است که نظامیان پس از جنگ جهانی دوم آن را مطرح کردند و می توان آن را از زیر مجموعه های ژئوپولیتیک به شمار آورد زیرا، در ژئوپولیتیک، سیاست تحت تأثیر علل و عوامل جغرافیایی واقع و سیاست کشور بر پایه مقتضیات عوامل جغرافیایی طراحی می شود. در ژئواستراتژی نیز علل و عوامل جغرافیایی، در شکل گیری سیاست، حرف اول را می زند اما با این تفاوت که نقش ابزارها و فشارهای نظامی برجسته تر و پر رنگ تر است. از این رو در تعریف ژئواستراتژی گفته اند:

ژئواستراتژی، دانش کشف و یافتن روابط میان عوامل جغرافیایی و استراتژی به ویژه استراتژی نظامی است. به عبارت دیگر ژئواستراتژی دانش مطالعه زیر بناهای جغرافیایی شکل گیری واجرای استراتژی است. (حافظ نیا، ۱۳۷۸: ۸۳)

۳- منطقه(Region)

منطقه به عرصه پهناور جغرافیایی با هم پیوندی های جغرافیایی اطلاق میشود که از نظر فرهنگی یا فیزیکی متجانس باشد.درباره این که آیا تعریف منطقه بر ناحیه خاورمیانه که بسیار پهناور و انباشته از گوناگونی ها و ناهمگونی های فراوان است صدق می کند یا نه، دو دیدگاه وجود دارد:

۱-عبارت و اصطلاح خاورمیانه برای توصیف و معرفی مجموعه ای از گروه بندی های سرزمینی از شمال آفریقا تا شبه قارۀ هند و از قفقاز تا ماورای دریای سرخ به کار رفته است. چنین ناحیه گسترده ای که گوناگونی های فراوانی دارد اما یگانگی و همگونی زیست محیطی ندارد، هیچ کدام از معیارهای جغرافیایی، تاریخی، اقتصادی، سیاسی، فرهنگی و ... را که پدید آورندۀ ساختار مکانی درخور واژۀ منطقه باشد به همراه ندارد.(مجتهد زاده، ۱۳۸۰: ۱۴)

به هیچ عامل وحدت بخشی جزء دین اسلام با فرقه های گوناگون آن، اجزای پراکندۀ منطقۀ فراخ و پهناور خاورمیانه را به هم پیوند نمی دهد. اگر چه بسیاری از کشورهای منطقه عرب زبان هستند اما کشورهای غیر عرب مانند ایران، ترکیه، پاکستان و افغانستان نیز وجود دارند. برخی از کشورهای منطقه با مناطق دیگر بیشتر پیوستگی دارند تا با کشورهای خاورمیانه. مانند لیبی که

خود را متعلق به مغرب عربی و در این اواخر خود را متعلق به قاره آفریقا می داند. سودان به حوزۀ شاخ آفریقا ابراز تعلق می کند. پاکستان به آسیا، افغانستان به آسیای مرکزی و ترکیه تمایل شدیدی به اروپایی بودن یا دست کم به حوزۀ مدیترانه علاقه نشان می دهد. تعارضات ملی گرایی آشکار و پنهان، ایران و کشورهای عربی را از همدیگر جدا می کند. بنابراین، نمی توان خاورمیانه را به عنوان منطقه ژئوپولیتیک به شمار آورد.(نقیب زاده: ۱۳۷۳)

منطقه به مثابه یک نظام اجتماعی، روابط فرامحلی گروه های انسانی را در بر می گیرد و بستر مناسبی برای پیدایش مجموعه های امنیتی پیچیده فراهم می آورد که در آن درهم تنیدگی و به هم پیوستگی امنیت واحدهای تشکیل دهنده، قابل توجه است. در این محیط امنیتی واحد های تشکیل دهنده بر اساس نگرانی ها، درک و برداشت مشترک از تهدیدها و برای پاسداری از امنیت خود به ساز و کارهای معینی تن می دهند. ویژگی های یک منطقه می تواند بر پایه های باورهای مذهبی مشترک(اسلام)، منابع و ذخایر طبیعی و انسانی، مانند فناوری های ارتباطی یکسان و قدرت سیاسی و اقتصادی همسطح استوار باشد. علاوه بر این ها در منطقه خاور میانه، همواره مسایل و رویدادهایی وجود داشته است که همه کشورهای منطقه، نسبت به آن حساسیت نشان می دهند مانند مسأله اعراب و اسرائیل، نفت، امنیت خلیج فارس با وجود نیروهای نظامی فرامنطقه ای و ... این ویژگی ها می تواند مؤلفه های منطقه را برای خاورمیانه فراهم آورد.(دهشیری، ۱۳۸۶:۳۱)

۴-۳- اهمیت خاورمیانه

الف- اهمیت ژئوپلیتیک خاورمیانه:

۱- ژئوپولیتیک تنگه هرمز:

تنگه هرمز که کلید دریای نیمه بسته خلیج فارس به شمار می‌آید، حداقل ۲۱ مایل پهنا، ۱۰۰ مایل درازا و ۶۷ تا ۹۱ متر ژرفا دارد. و حتی ۲۱۳ متر ژرفا نیز گفته اند. از طرف شمال به ایران و از طرف جنوب به جزیره مسندم عمان محدود می‌شود. باریک ترین بخش آن، میان جزیره ایرانی لارک و جزیره عمانی قویین بزرگ ۲۱ مایل پهنا دارد. و روزانه حدود هشتاد کشتی از این آبراه بین المللی رفت و آمد می‌کنند. تنگه هرمز در نظریه‌های ژئوپولیتیکی، جایگاه ویژه‌ای دارد. بر پایه نظریه اسپایکمن، تنگه هرمز

ریملند است و بخش‌های شمالی، جنوبی، شرقی و غربی ریملند را به همدیگر پیوند می‌دهد. طبق نظریه ریملند کنترل تنگه هرمز به معنای کنترل چهار بخش ریملند خواهد بود.نیاز اروپا به نفت خلیج فارس و بازارهای ثروتمند مصرفی خاورمیانه، باعث شده است که تنگه هرمز، بخش مهم و حساسی از شبکه حمل و نقل دریایی اروپا را تشکیل می‌دهد و به همین دلیل خلیج فارس در فضای ژئواستراتژیک اروپای غربی قرار دارد. آمریکا، ژاپن و استرالیا نیز به نفت خلیج فارس و آبراه تنگه هرمز نیاز دارند. بنابراین، این منطقه، فضای ژئواستراتژیک برای آنان نیز به شمار می‌آید.تنگه‌های هرمز، باب المندب و کانال سوئز، سه نقطه دفاعی شبه جزیره عربستان است. در این میان تنگه هرمز هم برای نیروی دریایی، در برابر نیروی زمینی و هم برای نیروی زمینی در برابر نیروی دریایی نقش دفاعی مناسبی دارد. برای همین بعد از جنگ ۱۹۹۱م. خلیج فارس، نیروی دریایی آمریکا، پیرامون این سه نقطه جابه جا شدند و شبه جزیره را در حصار خود گرفتند.نزدیکترین راه ارتباطی اقیانوس هند، به داخل فلات ایران، از بندرعباس و شمال تنگه هرمز می‌گذرد. بندرعباس پایگاه و تکیه گاه دریایی ایران است. حذف تنگه هرمز از نقشه ایران، یا کنترل آن به واسطه نیروهای بیگانه، ایران را به یک نیروی محروم از دریا بدل می‌کند.نیروهای دریایی و زمینی، در خلیج فارس و کشورهای منطقه نیاز به تدارکات بادوام دارند. معمولا تأمین نیرو و تدارکات مانند مهمات، اسلحه، غذا و... با ناوگان دریایی به سرانجام می‌رسد. بنابراین تنگه هرمز در پشتیبانی عملیات نظامی، به عنوان یکی از ارکان استراتژی نظامی نقش مهمی دارد.(سنجابی، ۱۴:۱۳۷۵)

۲- ژئوپولیتیک تنگه باب المندب

برای درک و فهم اهمیت ژئوپولیتیک تنگه باب المندب و کانال سوئز سزاوار است، نخست با ژئوپولیتیک دریای سرخ آشنا شویم. دریای سرخ یا دریای افسانه‌ای قلزم۴، میان کشورهای عربستان سعودی، یمن و قاره آفریقا، واقع شده است. دریای سرخ، دریای باریک جدا شده از اقیانوس هند است که دو هزار و چهار صد کیلومتر درازا دارد. در شمال آن شبه جزیره سینا، در شمال شرق آن، خلیج عقبه و در شمال غرب آن، کانال سوئز واقع شده است و از جنوب به واسطه تنگه باب المندب و خلیج عدن، به اقیانوس هند، می‌پیوندد. کشورهای مصر، سودان، ارتیره، جیبوتی، اسراییل، اردن، عربستان و یمن بر کرانه آن، واقع شده اند.تنگه باب المندب، در ورودی دریای سرخ با پهنای حداقل ۷۵/۱۰، درازای ۳۵ مایل و ژرفای ۱۰ تا ۱۸۳ متر واقع شده است. بسیاری از کشتی‌هایی که از کانال سوئز رفت و آمد می‌کنند، باید از این تنگه عبور کنند. اهمیت حمل و نقل تنگه باب المندب اگر چه به اهمیت دهه ۱۹۶۰ میلادی نمی‌رسد، زیرا خط لوله نفت سراسری عربستان سعودی که در سال ۱۹۸۱م. راه اندازی شد، انحصار

انتقال نفت را از این تنگه گرفت اما باب المندب برای کشورهای ساحلی مانند یمن، اتیوپی، اردن و سودان که هیچ راه دیگری به دریا ندارند، همچنین برای اروپا، که کشتی‌های نفتکش آن پس از خروج از خلیج فارس، باید وارد این تنگه شوند، تا از کانال سوئز عبور کنند، همچنان از اهمیت استراتژیک، برخوردار است. کنش‌ها و واکنش‌های ابر قدرت‌ها در دوره جنگ سرد، که پیرامون باب المندب را به یکی از آشوب زده ترین مناطق جهان تبدیل کرده بود حکایت از اهمیت این تنگه دارد. ابر قدرت‌ها برای تحکیم نفوذ خود در شاخ آفریقا و شبه جزیره عربستان در رقابت بودند. آشوب‌های دیر پای محلی، فرصت‌های مناسبی برای گسترش طرح‌های ژئواستراتژیک ابرقدرت‌ها فراهم کرده بود. کودتای نظامی ۱۹۸۷م. در اتیوپی برای اتحاد جماهیر شوروی پیشین فرصتی پدید آورد تا در آن کشور، تسهیلات و پایگاه نظامی به دست آورد و از نزدیک تنگه باب المندب را زیر ذره بین قرار دهد. در واکنش به این عمل، واگذاری پایگاه شوروی در موگادیشو پایتخت سومالی، از سوی دولت آن کشور به نیروی دریایی آمریکا و درگیری گاه و بیگاه یمن‌های جنوبی و شمالی پیشین به نیابت از ابر قدرت‌ها، باعث شده بود که دریای سرخ و کرانه‌های آن، در ناآرامی پایدار به سر ببرد.(اطاعت،۱۳۷۵:101)

۳- ژئوپولیتیک کانال سوئز

دریای سرخ، قبل از کندن کانال سوئز اهمیت بازرگانی زیادی نداشت، اما بعد از آن بر اهمیت این دریا افزوده شد. عملیات کندن کانال توسط فردیناند دولسپس فرانسوی، در سال ۱۸۵۹م. آغاز و در سال ۱۸۶۹ به پایان رسید و کانال به طور رسمی افتتاح شد. کانال سوئز حدودا ۱۷۲ کیلومتر درازا دارد. در آغاز بین ۸۰ تا ۱۵۰ متر پهنا داشت، اما با فراخ کردن کانال؛ پهنای آن به ۱۵۰ تا ۲۰۰ متر افزایش یافت. آب نشین کانال در آغاز۳۸ پا بود و می‌توانست کشتی‌هایی را با حداکثر ۶۰۰۰۰ تن بار از خود عبور دهد اما با توسعه کانال، آب نشین آن به ۵۳ پا و در مراحل بعدی به ۶۷ پا رسید. رفت و آمد کشتی‌ها از کانال سوئز، موجب صرفه جویی در وقت و هزینه سوخت شده است. مسافت سفر از کانال سوئز در مقایسه با عبور از دماغه امیدنیک، در جنوب آفریقا ۴۰ تا ٪۵۰ کاهش یافته است. اهمیت استراتژیک کانال سوئز، برای یگان‌های دریایی اهمیت دارد. طول سفر یگان‌های دریایی از مدیترانه، به اقیانوس هند، ۱۷ تا ۱۸ روز کوتاه تر از دماغه امیدنیک، شده است.(همان: ۱۰۲)

۴- ژئوپولیتیک تنگه‌های دار دانل و بسفر

تنگه‌های دار دانیل و بسفر، به ترتیب با پهنای حداقل ۷۵٪ و ۳۳ مایل درازای ۳۶ و ۱۷ و ژرفای ۴۶-۹۱ و ۴۹ متر، در دریای مرمره ترکیه واقع شده اند. شناورهایی که بین دریای اژه و سیاه در رفت و آمدند، ناچارند بیش از ۳۲۰ کیلومتر راه را در آب‌های ترکیه به سر ببرند. در زمان جنگ سرد و رقابت پیمان‌های نظامی ناتو و ورشو، به طور میانگین هر ۳۶ ساعت یک ناوجنگی و هر۲۰ روز کشتی‌های تجاری شوروی، از این تنگه ها، عبور می‌کردند و این تنگه‌ها تنها راه خروجی کشتی‌های ناوگان دریای سیاه اتحاد جماهیر شوروی پیشین بود. این موقعیت، امتیاز بزرگ و ویژه‌ای را نصیب پیمان ناتو کرده بود که تحرکات ناوگان‌های رقیب را در طول ۳۲۰ کیلومتر، زیر نظر کشور ترکیه به عنوان یکی از اعضای ناتو قرار بدهد. بعید نیست که همین موقعیت استراتژیک، یکی از دلایل و عوامل عضویت ترکیه در پیمان ناتو بوده باشد. پس از فروپاشی اتحاد جماهیر شوروی و پایان جنگ سرد، دار دانل و بسفر همچنان از جایگاه راهبردی، برای روسیه و پیمان ناتو برخوردار است. روسیه به عنوان میراثدار اتحاد جماهیر شوروی، همچنان از راه‌های سریع الوصول به اقیانوس هند، محروم است. زیرا ناوگان شمالی آن کشور، باید از کرانه کشور نروژ و از گذرگاه آیسلند فارو عبور کند تا به اقیانوس اطلس شمالی برسد. ناوگان بالستیک باید از تنگه باریک دانمارک عبور کند تا به دریای شمال برسد. ناوگان خاور دور برای رسیدن به اقیانوس‌های آرام و هند، در محاصره جزایر ژاپن قرار دارد. بنابراین تنگه‌های ترکیه برای جمهوری فدراتیو روسیه در تحولات منطقه خاورمیانه از اهمیت فراوانی برخوردار است. قطع نظر از جایگاه ژئوپولیتیک خاورمیانه که این منطقه را به عنوان یک نظام تبعی(sub system) ممتاز در روابط بین الملل شناسانده است. خاورمیانه از جنبه‌های گوناگون دیگر نیز برای مردم سراسر جهان دارای ارزش و اهمیت است. بیشتر مردم جهان به دلایل فرهنگی، اقتصادی و سیاسی به این منطقه تعلّق خاطر و احساس وابستگی دارند.(همان:۱۰۳)

ب-اهمیت فرهنگی و تاریخی

خاورمیانه از نظر فرهنگی- تاریخی خاستگاه و زادگاه ادیان بزرگ توحیدی والاهی است. پیامبران اولوالعزم خداوند، در این منطقه، رسالت جهانی خود را اعلام کرده اند. از حدود بیست و اندی تمدن شناخته شده، بیش از نیم آن در منطقه خاورمیانه شناسایی شده اند. بسیاری از تمدن‌های معروف دیگر نیز در همسایگی خاورمیانه بازشناسی شده اند مانند تمدن‌های چین و هند. از نظر مذهبی شهر بیت المقدس، برای پیروان ادیان الاهی یهود، مسیحیت و اسلام، بسیار مقدس و ارزشمند است. از نظر فرجام شناسی نیز خاورمیانه اهمیت دارد، زیرا جنگ سرنوشت ساز و افسانه‌ای آرماگدون(منطقه‌ای میان فلسطین و اردن) در خاورمیانه

روی می‌دهد. حضرت مسیح(ع) و حضرت مهدی(عج) در این منطقه ظهور می‌کنند و زندگی انسان را سر و سامان می‌دهد. علاوه بر این ها، خاورمیانه گهواره قانونگذاری و دانش‌های فلسفه وادبیات و ... به شمار می‌آید. هنر دنیای قدیم ریشه در این منطقه دارد و ازاین جا به سراسر جهان گسترش یافته است. (همان: ۱۱۰)

ج- اهمیت سیاسی و امنیتی

خاورمیانه، با توجه به بافت اجتماعی، تنوع قومی و نژادی، منابع و امکانات مادی از اهمیت ویژه‌ای برخوردار است. زیرا توزیع منابع و امکانات طبیعی بر پایه خواست و رضایت مردم منطقه نبوده است. پس از فروپاشی امپراتوری عثمانی در جنگ جهانی نخست، ایجاد مرزهای تحمیلی برای کشورهای جدیدالتأسیس، بر اساس مصالح و مطامع قدرت‌های استعماری اروپا که در خاورمیانه حضور داشتند بدون توجه به مسایل قومی، نژادی و مذهبی مردم شکل گرفت. برای همین، امروزه در خاورمیانه و حتی شمال آفریقا، کشوری را نمی‌توان یافت که به گونه‌ای با یکی از همسایگانش، بر سر منابع آب، نفت، زمین و ... اختلاف نداشته باشد. همین مشکل هر از چندگاهی به رقابت تسلیحاتی دامن می‌زند و در مواردی باعث درگیری و جنگ کوتاه مدت و دراز مدت در خاورمیانه شده است. بنابراین، خاورمیانه از نظر سیاسی- امنیتی هم برای مردم منطقه و هم برای کشورهای دیگر از اهمیت ویژه‌ای برخوردار است. زبیگنیو برژینسکی تئوریسین برجسته سیاست خارجی آمریکا و مشاور امنیت ملی کارتر رئیس جمهور سابق آمریکا پیرامون خاورمیانه و خلیج فارس می گوید: این منطقه شبیه "زه کمانی" است که تا انتها کشیده شده و آماده است تیری کشنده به سوی جهان پرتاب کند. از شاخ آفریقا تا افغانستان و از ایران تا خاورنزدیک زه این کمان است. این "زه" کانون رقابت سنگین ابرقدرت ها است و کانون پیرامونی آن نیز هر لحظه ممکن است مشتعل شود و جهان را به هیجان درآورد.(لنور، ۱۳۸۳: ۲۸۲)

د) اهمیت اقتصادی

منطقه خاورمیانه به‌عنوان کانون انرژی جهان در سراسر قرن بیستم، و به‌گونه‌ای مضاعف در آغاز قرن جدید، نقطه خیزش و ظهور تحولات و بحران‌های متعددی بوده که تأثیرات آنها اغلب از سطوح منطقه‌ای فراتر می‌رفته است. منطقه خاورمیانه به‌ویژه از زمان پایان جنگ جهانی دوم به این سو، به‌دلیل اهمیتی که در اقتصاد جهانی پیدا کرد، بیش از پیش مورد توجه قدرت‌های بزرگ قرار

گرفت و آنها را وادار ساخت تا برای حضور و نفوذ در تحولات این منطقه از ابزارهای مختلفی استفاده کنند.در قرن بیستم، این منطقه از یک‌سو تأمین‌کنندهٔ بخش عمده‌ای از انرژی جهان به شمار می‌رفت و از سوی دیگر کانون برخی از بحران‌ها و تنش‌هایی بوده است که عمدتاً ناشی از حضور اسرائیل و مطامع برخی از قدرت‌های بزرگ به‌ویژه ایالات متحده امریکا می‌باشد. به همین دلیل، تحولات منطقه خاورمیانه با امنیت جهانی و نیز اقتصاد سیاسی بین‌الملل گره خورده است.از همین رو است که خاورمیانه از دیر باز مورد توجه قدرتهای بزرگ بوده است که باعث شده این قدرتها به فراخور منافع گسترده و نیازهای خود تعاریف مختلفی را از خاورمیانه ارائه دهند(Colbert, 2000:7)

۴-۴- خاورمیانه اسلامی

در دین اسلام و مکتب تشیّع، معارف و آموزه هایی وجود دارد که می تواند پایه ها و پیش فرض های ترسیم طرحی برای خاورمیانه، در راستای رشدو گسترش اسلام خواهی و خداپرستی به حساب آید. این پایه ها را می توان متناظر با مبانی طرح «خاورمیانه بزرگ» آمریکا، و در سه بخش «فلسفه تاریخ شیعی»، «تکامل الهی» و «جهانی سازی اسلام» عنوان کرد.(میرباقری، ۱۳۸۲: ۴)

۱.فلسفه تاریخ شیعی

فلسفه تاریخ شیعه تحلیل و تبیین خاصی را از خدا، جهان و تاریخ، و رابطه میان آنها ارائه می دهد:اول اینکه انسان، جهان و تاریخ، همگی مخلوق خداوند هستند و سپس از سوی او مورد سرپرستی و هدایت قرار می گیرند. (رَبُّنَا الَّذِی أَعْطَی کُلَّ شَیء خَلْقَهُ ثُمَّ هَدَی.) (طه: ۵۰) بر اساس این دیدگاه، خلق عالم، ناشی از اراده خداوند متعال ـ عزّ و جل ـ است و آغاز و انجام جهان و تکامل تاریخ هم بر پایه ربوبیّت مطلقه او شکل می پذیرد و هیچ گونه امر لغوی در این میان وجود ندارد.

دوم اینکه انسان ها همه دارای اختیار و اراده هستند و در گزینش راه ضلالت و راه سعادت، از آزادی برخوردارند و در این راه، مورد امداد خداوند قرار می گیرند; (کُلّاً نُّمِدُّ هَـؤُلاء وَهَـؤُلاء مِنْ عَطَاء رَبِّکَ.) (اسراء: ۲۰) در نتیجه، دو جبهه حق و باطل در تاریخ پدید می آید. بر این مبنا، از آنجا که هستی و تاریخ دارای نظام روابط می باشد، ارتباط و مواجهه اراده های انسانی با یکدیگر

محتوم تلقّی می گردد، و با توجه به جغرافیای مشترک این دو جبهه در فعالیت های خود، گسترش کفر، به مفهوم تنگ شدن دامنه ایمان، و وسعت یافتن دایره ایمان، به منزله محدود گشتن ساحت کفر خواهد بود.

سوم اینکه تاریخ تحت سرپرستی اولیای الهی قرار دارد و علی رغم طغیان ها و معصیت هایی که در درون آن انجام می پذیرد، رو به سوی حضرت حق و عبودیت او دارد. در واقع، حکمت الهی اختیارات انسان ها را به گونه ای سرپرستی می نماید تا برایند حرکت کل عالم، همان پرستش و عبودیت ـ که هدف خلقت بوده است ـ باشد: (هُوَ الَّذِی أَرْسَلَ رَسُولَهُ بِالْهُدَی وَ دِینِ الْحَقِّ لِیُظْهِرَهُ عَلَی الدِّینِ کُلِّهِ وَ کَفَی بِاللَّهِ شَهِیداً.) (فتح: ۲۸) در این آیه شریفه به برتری فرهنگ اسلامی اشاره شده است . (معرفت ، ۱۳۸۲: ۳۷)

در واقع، از نگاه فلسفه تاریخ شیعی، سرانجام تاریخ با شکل گیری امت واحده الهی و جامعه آرمانی اسلامی همراه خواهد بود. در آن جامعه، فرد فقط در اندیشه منافع و مصالح شخصی خود نیست و سایر افراد را ابزار تأمین و تحصیل خواسته ها و نیازهای خود نمی انگارد، بلکه در دیگران به چشم بندگان خدای متعال می نگرد و تلاش و کوشش می کند تا هدف آفرینش، که تعالی و استکمال حقیقی همه انسان هاست، به بهترین وجه تحقق یابد. (مصباح، ۱۳۷۸: ۴۱۴)

بر اساس آنچه گفته شد، حرکت تاریخ رو به سوی خداپرستی و ولایت پذیری دارد، نه رو به سمت دموکراسی لیبرال و اومانیسم. عبودیت و خدامحوری، به دلیل آنکه با فطرت انسانی هماهنگی دارد و ایثار و کرامت را در روابط آدمیان گسترش می دهد و از فساد و ناعدالتی در عملکرد عینی پرهیز می دهد، ماندگاری تاریخی خواهد داشت و خواهد توانست انسان و جامعه ای متعبد بسازد که راضی به رضای خدا باشد و بندگی او را بزرگ ترین سرمایه خود و ضامن سعادت بی پایان خویش تلقّی نماید. به همین دلیل، اسلام طلبی و معنویت خواهی که اکنون در منطقه خاورمیانه و در بسیاری از مناطق جهان جاری است، روندی توسعه پذیر و رو به افزایش دارد که غایت آن، پیشگیری از جهانی شدن تمدّن مادی و غرب و بلکه انحلال تدریجی آن در جبهه حق و بر ساختن تمدّن الهی می باشد.(داوری اردکانی ، ۱۳۸۸: ۵۴-۵۳)

تکامل الهی

از نگاه اسلامی، توسعه یا به تعبیر بهتر «تکامل»، به مفهوم جریان سرپرستی الهی بر همه ابعاد سیاسی، فرهنگی و اقتصادی بشر است تا اینکه توحید و عبودیت به همه ارادهورزی های فردی و اجتماعی تسری یابد. هدف چنین تکاملی فراهم آوردن بستری برای تعالی بشر و تقرّب او به خداوند متعال می باشد. نظریه «تکامل دینی» که از ولایت دین بر حوزه های فردی و اجتماعی سخن می گوید از چند اصل مهم برمی خیزد:۱. هیچ یک از افعال انسان، اعم از فعالیت روحی، کنش های عقلی و رفتارهای عینی او بریده و منفصل از پرستش و توحید نمی باشد; زیرا انسان ها از آن جهت که دارای اختیار هستند می توانند معبود الهی و یا غیرالهی را برگزینند و همه موضع گیری های خویش را در پیرامون آن معبود محوری سامان دهند. این امر علاوه بر زندگی فردی، در معیشت جمعی و در همه لایه های هستی انسان ها نیز صادق است; از این رو، نمی توان و نباید ساحت جامعه و سیاست را از ارزش و جهت برید و هر رنگی به آن داد، بلکه جهت حاکم بر تنظیمات اجتماعی، متناسب با نوع پرستش تکوین می یابد.

۲. عبودیت و توحید در هر عرصه ای از عرصه های زندگی، به معنای قبول سرپرستی الهی در همان عرصه است; یعنی در نیل به قرب عبودیت، باید تحت ولایت و سرپرستی اولیای الهی قرار گرفت و همه حرکات و سکنات خویش را با آنها سنجید. تحقق یکتاپرستی و توحید در فرد و جامعه، به میزان تبعیت آنها از ولایت اولیای نور و تبری از ولایت اولیای نار برمی گردد، و نفی ولایت الهی در هر عرصه ای به منزله نفی جهت گیری صحیح در آن عرصه، و افتادن در دام اولیای نار و در نتیجه، ناکامی در تأمین سعادت ابدی است.

۳. چون پرستش خدا و تبعیت از اولیای او، حداکثری و همه جانبه است، قواعد دینی که ساز و کار عبودیت خداوند متعال و پذیرش ولایت او می باشد نیز حداکثری و تقییدناپذیر است; یعنی این گونه نیست که دین، حداقلی بوده و پرستش خداوند متعال و تبعیت از پیامبران و اولیای او قید و مرز بپذیرد، بلکه برای رهایی از کفر و شرک باید همه شئون فردی و اجتماعی را در همه لایه های سیاسی، فرهنگی و اقتصادی به دست وحی سپرد و تمام چهره های ظاهری و باطنی بشر را مشحون از عبودیت و دینورزی گردانید: «حتی تَکونُ اعمالی و اورادی کُلّها ورداً واحداً و حالی فی خِدمَتِکَ سَرمداً.» (عباس قمی ، ۱۳۸۵)

بر پایه آنچه گفته شد، تکامل دینی یعنی «تقرّب همه جانبه نسبت به خداوند و دوری همه جانبه از شیطان و دنیا.» این جریان به تدریج نرم افزارها و سخت افزارهای متناسب با خود را نیز پدید آورده و آرمان های الهی را در قالب یک نظام اجتماعی تجسّم می

بخشد.حضرت امام خمینی۱، معماربزرگ انقلاب اسلامی می فرماید: «آن چیزی که انبیا می خواستند این بود که همه امور را الهی کنند، تمام ابعاد عالم را و تمام ابعاد انسان را که خلاصه... و عصاره عالم است الهی بشود. آنها که تابع دستورات الهی هستند همین مادیاتی که همه از آن استفاده می کنند، همین مادیات را با یک صورت معنویت به آن می دهند، با جنبه معنویت به اینها نگاه می کنند، همه عالم را جنبه الهیت نگاه می کنند.» (امام خمینی، ۱۳۵۸: ۱۵)

پس همه امور زندگی بشر باید با الهی شدن شکوفا گردد. نگاه تک بعدی به بشر و چند پاره کردن وی و انحصار سعادت و کمال او به یکی از ابعاد وجود آدمی، مانع تکامل همه جانبه و تکامل دینی و تقرّب او به درگاه الهی خواهد بود. از نگاه ما تقرّب به درگاه الهی، حق بشر است و کسی نمی تواند و نباید انسان ها را از این حق خدادادی محروم نماید. اگر دین الهی بشر را به نماز، روزه، حج، زکات، تکالیف اجتماعی و سایر موارد مکلّف کرد، همه اینها به حقوق بشر برمی گردد. انسان حق تکامل دارد، حق دارد با فرشتگان همسایه بشود، حق دارد که از طبیعت جمادی برتر برگردد و حق دارد از غریزه گیاهی والاتر شود و از خوی حیوانیت بالا بیاید... اینها همه حقوق اوست و تنها راه به دست آوردن آنها، احکام و تکالیف دینی است.به عبارت دیگر، بشر حق تعالی و تکامل دارد که برنامه تکامل او و راه استیفای این حق، در دین نهفته است.در این زمینه، آنچه برای خاورمیانه و سایر نقاط جهان لازم است، طرحی است که بتواند همه اضلاع و شعبه های وجود فردی و جمعی انسان ها را به عبودیت و ولایت الهی پیوند بزند و زمینه ای فراهم آورد تا «حق تکامل» یا «حق قرب» آنها به صورت همه جانبه استیفا گردد. (جوادی آملی، ۱۳۸۴: ۱۱۷)

جهانی سازی اسلام

اسلام دارای ویژگی‌ها و مختصاتی است که با هیچ‌یک از نظام‌های موجود قابل مقایسه نیست. جهانی شدن اسلام نیز در واقع، به معنای جهانی شدن این اصول و ویژگی‌هاست.برخی از مهم‌ترین ویژگی‌های جهانی شدن اسلام را می‌توان این‌گونه برشمرد:

۱. جامعیت و کامل بودن: اسلام به مثابه یک دین جامع و کامل، ناظر به همه ابعاد حیات بشری است و دارای عمیق‌ترین و عالی‌ترین معارف عقلی و تعالیم معنوی، عرفانی و اخلاقی و دارای قوانین متقن و دستورات عملی برای حیات فردی و اجتماعی است.

۲. ذاتی بودن جهانشمولی اسلام: یکی از ویژگیهای دین اسلام، جهانی بودن آن است. جهانی بودن دین اسلام ویژگی ذاتی آن و هدف و نوع رسالت و ماهیت آموزههای این دین است. جهانی شدن اسلام اولاً، جنبه اعتقادی دارد و ثانیا، مبتنی بر عقل و فطرت انسانی است. اسلام خود را به مثابه دین حق، متعلّق به کل بشریت و همه انسانها میداند و طبق وعده الهی، سرانجام بر همه فرهنگها و ادیان پیروز و جهانی خواهد شد.

۳. الهی و فطری بودن اسلام: دین اسلام چون موافق با عقل و فطرت انسان است، هر انسان طالب حق و کمال در هر جا و هر زمان که باشد، چارهای جز پذیرش حقایق فطری و عقلانی اسلام ندارد؛ چون اسلام همان طریق حق و صراط مستقیم است.

۴. ارادی و درونی بودن تحوّل فردی و اجتماعی در اسلام: فرایند جهانی شدن اسلام بر اساس اراده و انتخاب آگاهانه و گرایش قلبی افراد شکل میگیرد و از درون به بیرون است، ولی «جهانی شدن» کنونی به نوعی، تغییر از بیرون به درون و به صورت جبری و تحمیلی است؛ یعنی انسانها باید از روی آگاهی و باور درونی، تصمیم به تغییر و اصلاح بگیرند، نه با اجبار شرایط بیرونی، یا به وسیله تلقین و القای رسانهها، وادار به تغییر سبک زندگی و نوع ارتباطات شوند. بر این اساس، از این نظر نیز «جهانی بودن اسلام» با پدیده «جهانی شدن» کنونی، هم در اهداف و هم در روشها، کاملاً از یکدیگر متمایزند.

۵. دعوت به علم و عقلانیت: یکی از مهمترین زمینههای جهانی شدن و مقبولیت عام یک فرهنگ، عقلانی بودن آن و توانایی پاسخ گفتن به نیازهای اساسی بشر است. از جمله دیگر ویژگیها و قابلیتهای ذاتی اسلام برای جهانی شدن و بسط در بین سایر ملتها و فرهنگها، اصل «عقلانی بودن آموزههای آن» است و جهانی شدن اسلام به معنای جهانی شدن علم و عقلانیت و معنویت و عدالت و امنیت و رشد و تعالی انسانها در سراسر جهان است.(نکوئی سامانی،۱۳۸۷)

۶. رسالت آینده اندیشمندان مؤمن

جامعه اسلامی و اندیشمندان مؤمن و متعهد با امتحانات و ابتلائات سنگین و گسترده ای مواجه هستند. اثبات و تبیین کارآمدی دین و وحی در اداره همه شئون حیات بشری در وسعت جهانی، و انتظار آماده گر فرج حضرت ولی عصر (عج) شاید از مهم ترین امتحانات است. به بیان امام خمینی، «ما می خواهیم یک الگویی از اسلام در عالم ولو یک الگوی ناقصی باشد نشان بدهیم که

همه عقلای عالم غیر از آنهایی که جنایتکاران بالذات هستند، همه ملت های مظلوم بفهمند اسلام چی آورده و می خواهد چه بکند در دنیا. اسلام با این محرومین، با این مظلومین، با این گرفتاری ها می خواهد چه کند که اینها را نجات بدهد.» (امام خمینی، ۱۳۶۲، ۱۵۷)

شکل گیری حکومت اسلامی در ایران و تبدیل شدن آن به قدرت بزرگ خاورمیانه، فضای مساعدی برای تشکیل جبهه بزرگ فکری و فرهنگی در برابر غرب و به چالش کشیدن مبانی و زیربناهای آن را فراهم کرده و نوید آن می دهد که تولید نرم افزارهای طراحی تمدّن بزرگ اسلامی نیز دور از دسترس نباشد. به نظر می رسد اکنون دو رسالت مهم، بیش از رسالت های دیگر در عرصه منطقه ای و جهانی متوجه محافل فکری و اندیشه ای جوامع اسلامی است:

تعمیق مطالعات دینی

اگر در اسناد و قراردادهای بین المللی همچون «منشور ملل متحد»، «اعلامیه جهانی حقوق بشر»، «اعلامیه اصول ایجاد و ساخت جامعه اطلاعاتی»،«موافقت نامه عمومی تعرفه و تجارت» و «بیانیه حق توسعه» و نیز در آنچه در گفتار و نوشتار سردمداران غرب و فلاسفه پشتیبان آنهاست نگاهی بیندازیم با مفاهیمی همچون «صلح و امنیت»، «حق توسعه»، «آزادی و برابری» و «اخلاق فنّاوری اطلاعات» روبه رو می شویم که در عین سادگی و گذرا بودن، جهانی از گرایش و بینش را در بطن خود جای داده اند و مبنای لیبرالیسم و سکولاریسم کنونی گشته اند. آنچه در این قبیل اسناد و اعلامیه ها آورده شده، محصول ترکیب تلاش های نظری متفکران غربی است که در قالب الزامیات بین المللی سر برآورده و جهانیان را به پذیرش آنها مکلّف نموده است. غایت واحد این قراردادها همان جهانی شدن در راستای یک شکل و هم ریخت نمودن جهان بر محور «لیبرال دموکراسی» است. (اعلامیه اصول ایجاد و ساخت جامعه اطلاعاتی، ۱۳۸۳: ۶۰)

نخبگان کشور های غربی می پندارند رو ندهای دگرگونی تاریخ انجام گرفته است ، جهان سیاست و اقتصاد در شرایط تغییر قرار گرفته اند . تکامل ابزاری ، نهادی و تاریخی مراحل پایانی خود را گذارنده است . به همین دلیل می توان نشانه هایی از مطلوبیت نهایی غرب را ملاحظه کرد پیروزی کشور های غربی در جنگ سرد را باید به عنوان نمادی از قابلیت و تفوق اقتصادی ، سیاسی و فلسفی آنان دانست .(متقی ، ۱۳۸۷ : ۱۳۵)

۷۱

در این میان، آنچه حایز اهمیت است نقش و جایگاه انقلاب اسلامی ایران به عنوان پایگاه اصلی معنویت خواهی در جهان، در برابر مفاهیم اساسی «لیبرال دموکراسی»، و کوشش های فکری و اندیشه ای جبهه انقلاب اسلامی برای پاسخ گویی، و یا غلبه فرهنگی بر جبهه دشمن است. انقلاب اسلامی ایران اکنون عهده دار هدایت بشرِ خسته از مادیت و تشنه معنویت، به مناسبات حیاتی جدید و بازتعریف هویت، امنیت، سعادت و آرامش واقعی انسان ها در سیر رو به پیش این مرحله از تاریخ است. از سوی دیگر، با توجه به اینکه علوم و فنّاوری های غربی با مرکزیت اندیشه های انسان محورانه سامان یافته اند و در همان طریق، کارآمدی و کارآیی دارند ضرورت اقتضا می کند نهضت اسلامی برای تولید تعاریف، نرم افزارها و ساختارهای متناسب با رویکردهای اسلامی در اداره امور بشر، امتداد و انسداد یابد. بی تردید به کارگیری چارچوب های نظری و اجرایی غیردینی در دراز مدت میسّر نبوده و بن بست و تشتت در زندگی جامعه اسلامی را باعث خواهد شد. از این رو، بازنگری بنیادین شناخت شناسانه در کارشناسی کنونی و ارائه الگوهای کارآمد و بالنده اسلامی، اجتناب ناپذیر و قطعی به نظر می رسد. در واقع، پویندگی مسلمانان در دنیای امروز و تحقق جامعه پیشرو اسلامی، نیازمند تعمیق مطالعات دینی و استنباط های ناب و خالصانه از دین و وحی است.مقام معظّم رهبری (مدظله العالی) می فرمایند: «وظیفه عمومی حوزه ها و وظیفه یکایک افراد و فضلا در حوزه های علمیه و روحانیون آگاه و روشن فکر و فاضل که در سراسر کشور هستند، وظیفه شان امروز این است که فکر اساسی و نظریه بنیادی مربوط به جمهوری اسلامی را که همان نظریه حاکمیت اسلام در همه امور زندگی و حیات بشری است با استدلال و منطق، با ملاحظه جوانب گوناگون این مسئله را تبیین کنند.» بنابراین، لازم است همه محافل دینی اعم از حوزوی و دانشگاهی در راه پایه ریزی طرح های دقیق تر و گسترده تر که بتواند مفاهیم بنیادین رایج در تمدّن کنونی را بهتر از قبل، پاسخ گفته و عینیت را به نحوی دیگر شکل دهد، سعی کنند و اهتمام ورزند. چنین کاری، باید جوامع اسلامی را در برابر طرح های دشمن، چون طرح «خاورمیانه بزرگ»، فعال و حادثه ساز نشان دهد. (نوروزی ، ۱۳۹۱)

نسبت «یهود» و «تجدّد»

از نگاه کتاب آسمانی ما، قرآن کریم، «یهود» از دشمنان اصلی مؤمنان است: (لَتَجِدَنَّ أَشَدَّالنَّاسِ عَدَاوَةً لِّلَّذِينَ آمَنُواْ الْيَهُودَ وَالَّذِينَ أَشْرَكُواْ.) (مائده: ۸۲) بنابراین، در دشمن شناسی های خود باید نقش برجسته «یهود» را همواره مدّنظر داشت و رابطه تمدّن کنونی غرب و ایسم های الحادی آن را با «یهود» تمام کرد; با توجه به این نکته که اکنون بخش عمده ای از «یهود» در خاورمیانه و در

فلسطین لانه کرده و سرزمین های اسلامی را به بحران کشانده است، و تبری از آن و مبارزه و مقابله با آن، از وظایف اصلی مؤمنان و شیعیان به شمار می رود.«یهود» و «تجدّد» هر دو در نفی شیعی گری و حضور اسلام در پهنه جهانی وحدت دارند، اما ابهامی که در این رابطه وجود دارد و تعمق و تدبّر اندیشمندان را می طلبد، هماهنگی یهود «شریعت گرا» با تجدّد «گریزان از شریعت» و مناسک دینی است. در شریعت یهود، امر مقدس، آسمانی و ورای «قرارداد» وجود دارد که می تواند یهودی را به سعادت برساند، اما در تجدد، این «توسعه»، و هماهنگی سیاست، فرهنگ و اقتصاد در جهت رفاه مادی است که غایت بشر بوده و سعادت آنها را تأمین می کند. در مکتب «یهود»، فرجام تاریخ با حاکمیت «قوم برگزیده» همراه است و اقوام نابرگزیده در خدمت آن ها قرار می گیرند، اما در اندیشه تجدّد قرار است که «انسان بما هو انسان» محترم باشد و کرامت یابد و به جهت فکر و فرهنگ همه آحاد بشر، جهانی یکپارچه و هم ریخت پدید آید.هماهنگی «یهود» و «تجدّد» در دوران گذار به عصر غلبه بر جهان، نیازمند تحلیل و بررسی از سوی مؤمنان و یافتن راه حل های مناسب برای رمزگشایی از این دشمنی پیچیده است. اهمیت این امر زمانی آشکار می شود که بخواهیم دست پنهان یهود را در طرح هایی چون «خاورمیانه بزرگ» بیابیم. روشن است که در این طرح، وقعی به مذهب و شریعت نهاده نشده و انهدام قدسیت گروی و ایمان گرایی در صحنه تدبیر عمومی جامعه و حتی در شعبه فردی آنها موردنظر بوده است. البته پرسش های مزبور در جوامع اسلامی بی پاسخ نمانده و تلاش های نظری فراوانی برای تبیین این امر به عمل آمده است. (نصیر،۱۳۸۲: ۳۲)

۴-۵- ماهیت طرح «خاورمیانه بزرگ»

اصطلاح «خاورمیانه» در مقابل «خاور نزدیک» و «خاور دور» به کار رفته است. یونانیان باستان، سواحل شرقی و جنوبی دریای مدیترانه را که در خاور، و در نزدیکی آنها قرار داشت «خاور نزدیک» می نامیدند، اما برخی دیگر، به دلیل اینکه این منطقه حدّ فاصل و میان راه به خاور دور، یعنی ژاپن و چین تلقّی می شد، آن را «خاورمیانه» می شناختند.این منطقه، محدوده ای از شمال آفریقا تا جنوب آسیا و حاشیه خلیج فارس را می پوشاند که به دلایل گوناگونی همچون اسلامی بودن ملت های منطقه، مسئله نفت، و تأسیس رژیم نامشروع اسرائیل از اهمیتی حیاتی و فوق العاده در نقشه سیاسی جهان برخوردار گشته است؛ مسئله ای که می تواند ریشه بسیاری از مشاجرات و منازعات منطقه ای و بین المللی در گذشته و حال باشد.(حسینی،۱۳۸۳، ۶۰-۴۰)

طرح خاورمیانه بزرگ در آمریکا طراحی و به دنبال آن در ماه ژوئن ۲۰۰۴ با عنوان « مشارکت برای پیشرفت » توسط هشت کشور صنعتی جهان در سی آیلند ایالت جورجیا مورد پذیرش واقع شد که هدف آن بررسی ریشه های عقب ماندگی اجتماعی ، سیاسی و اقتصادی در منطقه است و این منطقه در بر دارنده جهان عرب ، ایران ، ترکیه ، اسرائیل و احتمالا پاکستان و افغانستان می باشد . در برنامه «مشارکت برای پیشرفت »، اصلاحات اقتصادی و اشاعه الگوی سرمایه داری در کشورهای منطقه، اصلاحات آموزشی، اصلاحات سیاسی و برنامه هایی برای بانوان موردنظر قرار گرفته بود.(افراسیابی ، ۱۳۸۴: ۳۲۸-۳۲۷)

طرح «خاورمیانه بزرگ» با تکیه بر اطلاعات و مستندات «گزارشی در زمینه توسعه انسانی اعراب طی سال های ۲۰۰۲ و ۲۰۰۳ میلادی»، تهیه و تدوین شده است. گزارش توسعه انسانی اعراب، که به محوریت نادر فرقانی مصری برای سازمان ملل فراهم شده بود کاستی های سه گانه «خلأ آزادی»، «سطح نازل دانش» و «جایگاه نامناسب بانوان» در میان اعراب را متذکر گشته و آمار و ارقام متعددی درباره وضعیت وحشتناک جمع کل درآمدهای داخلی کشورهای عربی، رقم بالای بیسوادی، تعداد فاجعه بار بیکاران، آمار پایین استفاده از اینترنت و روزنامه و نشریه، و وضعیت اسف بار ترجمه کتاب های غربی در این کشورها ارائه می دهد. برای مثال، جمع کل درآمد ناخالص ملی همه کشورهای عربی، کمتر از درآمد ناخالص ملی اسپانیاست، ۴۰ درصد افراد بالای ۱۸ سال بیسوادند، یک سوم افراد منطقه با درآمد روزانه ای کمتر از دو دلار زندگی می کنند، تنها ۶ درصد مردم منطقه از اینترنت استفاده می کنند، زنان تنها ۵/۳ درصد کرسی های پارلمان را در اختیار دارند و... .از نظر آمریکا، کاستی ها و نیز آمارهای گزارش مزبور، سر منشأ رشد افراطی گری و تروریسم و تهدیدی مستقیم برای ثبات «خاورمیانه بزرگ» و منافع کشورهای هشت گانه صنعتی بوده و بهانه قانع کننده ای برای انجام اصلاحات همه جانبه غربی در این مرز و بوم به شمار می رود.از این نگاه، همان گونه که جریان دموکراسی در اروپا موجب خاتمه جنگ ها و درگیری ها و نیز رشد کشورهای اروپایی گردید، در منطقه خاورمیانه نیز چنین تدبیری باید اندیشیده شود; چرا که با پیاده شدن دموکراسی در این منطقه، رژیم های استبدادی و غیردموکراتیک از میان می روند و شهروندان آنها می توانند با آزادی به تمایلات سیاسی خود دست یابند; از این رو، جایی برای پیدایش سازمان ها و گروه های تروریستی باقی نمی ماند و تهدیدات فرامرزی نیز زدوده می شود. آمریکا با مخاطب قرار دادن «گروه هشت»، آنها را به توافق بر سه اولویت مشترک و حیاتی فرا می خواند، به گونه ای که کاستی های مطرح شده در گزارش سازمان ملل درباره توسعه انسانی

اعراب را مرتفع و منطقه را از این وضعیت اسف بار خارج سازد. این اولویت ها عبارتند از: الف. تأسیس دموکراسی غربی؛ ب. ساخت جوامع فرهیخته؛ ج. توسعه اقتصادی سرمایه داری. (افراسیابی ،۱۳۸۴: ۳۲۹-۳۲۸)

از نظر آمریکا، این اولویت ها، راهی به سوی توسعه غربی منطقه خاورمیانه است؛ زیرا دموکراسی، چارچوبی است که توسعه اقتصادی غربی در درون آن تحقق پیدا می کند؛ افرادی که از آموزش های خوبی برخوردار باشند ابزارهای توسعه هستند و طرح توسعه فرصت های اقتصادی بانک جهانی، به مثابه ماشین توسعه می باشد.از نگاه استراتژیست های آمریکایی، نظام ها و چارچوب های سیاسی حاکم بر منطقه خاورمیانه بسیار عقب افتاده است و نمی تواند درخواست های دموکراتیک ملت های منطقه را پاسخ گوید. آزادی و دموکراسی، لازمه شکوفایی انسان هاست، اما این امر در منطقه خاورمیانه بسیار کمیاب است. در صورت تداوم این حالت و تجمیع تمایلات مردم در برابر آن ساختارهای مسدود و محدود، فضا برای به قدرت رسیدن رژیم های اقتدارگرا فراهم می شود و منافع آمریکا و غرب نیز به خطر می افتد. برای پیش گیری از چنین فجایعی، طرح «خاورمیانه بزرگ» به ضرورت طرح انتخابات آزاد، استقرار و گسترش نهادهای مدنی، حمایت از رسانه های مستقل، و آموزش دموکراسی به نخبگان و نامزدهای انتخاباتی اشاره می کند تا اصلاحات مناسبی در ساختارهای سیاسی منطقه پدید آید. اصلاح ساختار فرهنگی خاورمیانه و پی ریزی جوامع فرهیخته، بعد دیگری از طرح «خاورمیانه بزرگ» است. در این بخش، محو کامل بیسوادی و گسترش علم جدید به جای آن، ترجمه کتاب های فلسفی و جامعه شناختی در کشورهای منطقه، اصلاحات آموزشی، طراحی آموزش از طریق اینترنت، تدریس مدیریت، و اعطای بورس های تحصیلی برای دانشجویان کشورهای منطقه مورد تأکید قرار گرفته تا نسل های جدید در «خاورمیانه بزرگ»، متناسب با سلیقه آمریکا و هم پیمانانش تربیت شوند. اما در بخش بعدی، که توسعه اقتصاد سرمایه داری است، این طرح در صدد پر کردن شکاف اقتصادی بین کشورهای منطقه و غرب می باشد. آمریکا کلید این تحول را در آزادسازی توان بخش خصوصی می داند که اصلی ترین موتور رشد اقتصادی و ایجاد فرصت های شغلی به شمار می رود. از این منظر، رشد و پیدایش یک طبقه با تجربه در کارها، مهم ترین عنصر برای رشد دموکراسی و آزادی در منطقه به حساب می آید. به همین دلیل، طرح «خاورمیانه بزرگ» کشورهای «گروه هشت» را به سرمایه گذاری برای رشد این کشورها، کمک های مالی و فنّی به بخش خصوصی، ایجاد یک منطقه آزاد تجاری، تأسیس صندوق جبران کمبودهای اقتصادی در خاورمیانه، و حمایت از پیوستن کشورهای منطقه به سازمان تجارت جهانی تشویق کرده است. (شیرودی، ۱۳۸۴: ۸۶)

۴-۶-مختصات و ویژگی های اساسی محیط امنیتی خاورمیانه

مختصات خاورمیانه بیشتر با الگوی امنیت دولتی تطابق دارد تا امنیت انسانی. علت این امر ویژگی های این منطقه است که تا کنون نیز تغییر محسوس یا تحولی در آ نها به گونه ای که مشکل زا نباشد، پدید نیامده است. بوزان به خاطر این ویژگی ها ، خاورمیانه را « شکل بندی همواره کشمکش زا » می خواند. (بوزان، 1381: ۵۲)

به واقع ، خاورمیانه هیچ گاه آرام نبوده است تا بتواند به فراتر از مفهوم ثبات و آرامش بیاندیشد . در چنین شرایطی ، اندیشیدن به مفاهیم انسانی خودبه خود در حاشیه قرار می گیرد و یا تأکید جدی بر آن صورت نمی گیرد .این ویژگی ها را می توان در چند محور مورد بحث قرار داد. ابتدا اینکه، یکی از وجوه اهمیت خاورمیانه، ویژگی جغرافیایی آن در ایجاد ارتباط بین شرق و غرب است. از گذشته ارتباط بین آسیا، آفریقا و اروپا، بستگی تامی به مسیر ارتباطی خاورمیانه د اشته است . وجود هفت آبراه بین المللی جبل الطارق، بسفر و داردانل ، باب المندب، هرمز، کانال سوئز و تیران ، مفصل های ارتباطی – تجاری مهمی را شکل داده اند در گذشته، تجارت پرسود ابریشم و ادویه و پس از آن حمل برده، عاج ، طلا و ذغال سنگ به اروپا اهمیت داشته و امروزه نفت و گاز به عنوان پایه های انرژی غرب و جهان به شدت به این نقش ترانزیتی خاورمیانه وابسته است . افتتاح کانال سوئز در سال 1866 م باعث اتصال اقیانوس های اطلس و هند از طریق مدیترانه و دریای سرخ شد و هزینه مسا فرت و سوخت را تا ۴۰-۵۰ درصد کاهش داد.در مجاورت اقیانوس اطلس و هند، 6 دریای عمان، مدیترانه، سیاه، احمر، خزر و خلیج فارس قرار دارد که مورد استفاده تجاری بوده و زمینه ساز کشمکش های فراوانی شده اند. . (آلاسدایر دوایسدل ، 1370 : ۳۵۷ -۲۹۸).

در عین حال ، این منطقه، همواره به عنوان منطقه مور د اختلاف قدر ت های جهانی وقت مطرح و به عبارتی ، همیشه منطقه جهانی بوده و بیش از هر چیز در کانون درگیری ها و کشمکش های جهانی قرار داشت که موضوع مورد علاقه امنیت ملی و بین المللی به شکل واقع گرایانه است. این مسأله باعث شده نوعی فرهنگ « چهارراه حوادثی» در منطقه شکل گیرد. منظور این است که منطقه همیشه برای گذر یا غارت ثروت های طبیعی توسط قدرت های وقت اهمیت داشته و هیچ گاه کشورهای بزرگ برای خود منطقه مؤثر نبوده اند. چهارراه حوادث بودن، نوعی در حالت تعلیق بودن و ناامنی را به همراه دارد و بخش مهمی از تحرکات منطقه تابعی از روال و ملاحظات جهانی است. (غرایاق زندی ، ۱۳۸۷: ۲۸-۲۰)

دومین ویژگی خاورمیانه که باعث شده این منطقه در چارچوبه های امنیت ملی و دولتی قرار گیرد و این روال تحکیم گردد، کشف ذخایر نفت است که اول بار در سال 1908 ، در منطقه مسجد سلیمان در خوزستان ایران صورت گرفت و سبب تحول شگرفی در سبک زندگی مردم منطقه از سنت های قبیله ای به زندگی مدرن و جدید شد. در گذشته، قاطبه مردم منطقه با حمل ونقل بیابانی، امکان بارگیری مرزی و کشف مروارید در اعماق دریاها گذران زندگی می کردند، اما به یک باره با گذر از یک سده وارد زندگی مدرن جهانی با تمام ملزومات آن شدند. این مساله باعث تأخیر در توجه رهبران منطقه به اولویت های انسانی است و آنها معتقدند این مسایل برای منطقه بسیار زود است. در عین حال ، درآمد سرشار نفت باعث شکل گیری دولت رانتی در منطقه شده است . دولت دارای درآمد نفت که وابستگی چندانی به درآمدهای درون کشور خود ندارد و یا حتی به آن درآمدها احتیاجی ندارد، الگوهای خاص گرایانه خود را به مردم و جامعه تحمیل نموده و بیشتر از مردم خود علاقه مند به روابط نفتی با قدرت های بزرگ خریدار نفت می باشد. این گونه دولت ها که از حمایت بین المللی سود می برند، از مردمانشان دور می شوند و به واسطه مزیت هایی که عرضه ثابت انرژی برای غرب دارد ، حفظ این کشورها به شکل کنونی ، باعث افزایش گرایشات امپریالیستی می شود .در کنار تمام این مسایل ، چون بخش عمده کشورهای منطقه فروشنده نفت هستند، نیازی به همکاری اقتصادی با یکدیگر ندارند و به عبارتی ، اقتصاد این کشورها مکمل هم نیستند تا ارتباطاتی بین آنها شکل بگیرد. این همریختی اقتصادی ، هر دو زمینه همکاری و رقابت را همانند شوک نفتی 1973 و جنگ های خلیج فارس در سال های ۱۹۷۹ و ۱۹۹۱، ۱۹۹۲ و ۲۰۰۳ نیز خود به همراه دارد. سومین عامل ، به شکل گیری نقشه جدید خاورمیانه باز می گردد که عمدتاً توسط استعمارگران به ویژه انگلیس و فرانسه انجام پذیرفته و همین امر ، نه تنها لایه های نگاه امپریالیستی را در بین مردم منطقه بسیار تقویت کرده، بلکه زمینه ساز درگیری های مهم بین کشورهای منطقه شده است . هجوم عراق به ایران و کویت و وجود حدود 16 اختلاف مرزی بین کشورهای عضو شورای همکاری خلیج فارس از آن جمله اند. در عین حال ، مساله گنجاندن تحمیلی اسراییل در نقشه منطقه نیز از جمله مسایلی است که احساسات ضد غربی و امپریالیستی را در منطقه دامن می زند. این عوامل نه فقط به تقویت مسایل انسانی کمک نمی کند، بلکه بیشتر به آن صدمه می زند. (همان: ۲۸-۲۰).

عامل چهارم به ویژگی جغرافیایی و چگونگی اسکان جمعیت انسانی در منطقه مربوط می شود .خاورمیانه مناطق کویری بسیاری دارد و از این رو، جمعیت منطقه به شکل پراکنده و دور از هم قرار داشته و با دست ه بندی استعماری منطقه و وجود مزیت نفت در آن، چند شکل حکومت خاص پدید آمده که بیش از آنکه مکمل هم باشند ، نسبت به هم دافعه دارند و حتی سعی می

کنند مشروعیت خود را با نفی دیگری به اثبات برسانند .نظام های سیاسی در خاورمیانه عبارتند از پادشاهی (اردن، عربستان و کشورهای حاشیه خلیج فارس)، تک حزبی سلطه گر (عراق زمان صدام و سوریه)، جمهوری (یمن، عراق پس از صدام، جمهوری ترکیه و جمهوری اسلامی ایران) و چند حزبی .هریک از این دولت ها، ساخت متفاوتی یافته اند که تا حد زیادی به واسطه ویژگی های جغرافیایی و شیوه زیست آن ناحیه است .کشورهای جمهوری عمدتاً پرجمعیت و قابل کشت و کارند و در مواقعی نیز از منابع انرژی بهره می برند. در مقابل ، کشورهای پادشاهی جمعیت چندانی ندار ند و در عین حال ، از نظر منابع انرژی غنی هستند .این دو سیستم ، همانند زمان جمال عبدالناصر و صدام حسین ، در کشمکش مشروعیتی با هم قرار داشتند ؛ هرچند امروزه مباحث هویتی و حاکمیتی بر الگو های پان عربیستی غالب شده است. در عین حال ، کشورهای محافظه کار عمدتاً ثروتمند و دارای نیروی انسانی غیربومی و مهاجر فراوانی هستند که مسایل انسانی خاص خود را در پی دارد.(همان :۵۲) پنجمین ویژگی خاورمیانه ، فرهنگ آن با شقوق مختلف است . خاورمیانه منطقه ای چندفرهنگی، چندقومی و چندزبانی اس ت . فرهنگ های متنوع اسلامی، یهودی، عربی، ایرانی و مسیحی، موجب شکل گیری جنبش های متعددی در منطقه شده است. زبان های عربی، فارسی و ترکی ، شایع ترین زبان های متعارف در منطقه است .از نظر داخلی ، تنوع فرهنگی ، زبانی و قومی، از دو جهت باعث اختلاف و درگیری در کشورهای منطقه شده است .درگیری های قومی همانند کردها و فلسطینی ها عمده ترین این کشمکش هاست و در عین حال، جنبش های اسلامی به واسطه تحرکات ضعیف حاکمانشان در قبال قدرت های بزرگ ، به شدت در مظان اتهام هستند . در منطقه ، جنبش های شیعی و سنی، عرب و عجم، کرد و عرب، کرد و ترک و ترک و عرب، هماوردی هایی با یکدیگر دارند. باورهای فرهنگی و به ویژه اسلام در منطقه با نمادهای ملی و دولتی در هم تنیده شده است. در سطح فرامنطقه ای، مسأله اسلام گرایی و مخالفت با قدرت های بزرگ مورد توجه است که به شکل تقابل اسلام و دموکراسی پدیدار شده و بیش از آنکه تقابلی محتوایی باشد، به خاستگاه دموکراسی بازمی گردد در مجموع ، ملی گرایی عربی، اسلام گرایی، مخالفت با صهیونیسم و غرب ستیزی بر پیچیدگی های خاورمیانه افزوده است.(بوزان، پیشین: ۶۴۷-۶۴۴)

۴-۷- چالشهای اساسی و ایدئولوژیهای مهم در خاورمیانه

خاورمیانه، در یک قرن گذشته، عرصه چالش، تقابل، هم سویی و هماهنگی هویتها و قدرت های گوناگون منطق های و فرامنطقه ای بوده است. انواع گرایش ها و مکاتب سیاسی و اجتماعی، در این منطقه بروز و ظهور یافته است .مشکل اساسی آنها،

چگونگی اداره جامعه، حفظ ارزش ها و پیشرفت است .مسلمانان در برخورد با جوامع اروپایی، به شکل های گوناگون متوجه

پیشرفت آنها و عقب ماندگی جهان اسلام شدند . (عنایت، ۱۳۶۳ : ۳۲)

نجیب عیسی با اشاره به بحران روشنفکری در جهان عرب می نویسد: « بحران فرهنگ و روشنفکری در جهان عرب، بخشی از

بحران فراگیر و کهن است. من این بحران را بحران راه توسعه می دانم ». (رجایی، ۱۳۸۱، ۱۶۸)

۱. چالش ها

جهان عرب برای رسیدن به جامعه ای آباد و پیشرفته، با مسایل و چالشهای بنیادی متعددی روبروست و هریک از جریانات

فکری و سیاسی، ناگزیر به تأمل و تفکر در مورد آنها و ارائه راه های مناسب در این زمینه هستند .قدرت و هویت در جهان

عرب، در تعامل کنشگران با این مسایل و چالش ها شکل گرفته، متحول شده و قوام می یابند .این مسایل و چالشها را می توان

به شش دسته تقسیم کرد.

۱-۱- عقب ماندگی و بحران توسعه

چالش بنیادی جوامع عربی، مقابله با عقب ماندگی جامعه است .اغلب این جوامع، از نظر شاخصهای توسعه انسانی، اقتصادی و

سیاسی، در وضعیت مناسبی قرار ندارند. گزارش برنامه توسعه سازمان ملل، نشان می دهد شاخصهای توسعه در میان کشورهای

عربی بسیار متفاوت است .در طی چهار دهه گذشته، برخی کشورها راه توسعه را در پیش گرفته و در این راه موفق بوده اند و

برخی دیگر، به رغم بهبودی نسبی، جزو کشورهای توسعه نیافته به شمار می آیند . (UNDP, 2011)

در همین حال، پیشرفت در برخی کشورهای جهان عرب، موجب تشدید بحران توسعه در جوامع عقب مانده نیز شده است .اگر

مردمان این کشورها تا دیروز خود را با اروپا مقایسه می کردند، اکنون وضعیت خود را با همسایگان عرب خویش مقایسه کرده و

بر عقب ماندگی خود بیشتر تأسف می خورند. زما مداران و جریانات فکری و سیاسی این کشورها، در ترسیم راه برون رفت از

عقب ماندگی، ناکام بوده و در طراحی نظام اقتصادی، بین نظام های مبتنی بر بازار آزاد، توسعه از بالا و نظام های اقتصادی

تمرکزگرا، در نوسان بوده اند. هر کدام از اقتصادهای آزاد و دولتی، طرفداران خود را در جهان عرب دارند. با وجود این، بین

دولت های عربی صاحب منابع بزرگ نفت که عمدتاً در حاشیه خلیج فارس قرار دارند با دولت های غیرنفتی عربی، تفاوت

اساسی وجود دارد .درآمدهای کلان نفتی برخی از کشورهای منطقه و روی کار بودن دولتهای رانتیر، بر پیچیدگی عرصه اقتصادی

جهان عرب افزوده است. در دهه های گذشته، اقتصاد این منطقه، طیفی از نظامهای معطوف به مدرنیزاسیون دولت سالار تا رانتیریسم نفتی و اتکا به کمک خارجی را در برمی گرفت و با روی کار آمدن هر کدام از جریانات سیاسی، نظام اقتصادی نیز دچار تغییرات اساسی می شد. موفقیت هر کدام از گفتمانها در عرصه اقتصادی می تواند به تقویت موقعیت آنها در عرصه سیاسی منجر شود و شکستشان، راه را برای بهبود جایگاه گفتمان های رقیب فراهم می سازد. (هینبوش، 48:1390)

۱-۲- نظام سیاسی و بحران دولت سازی

دولت های ملی در اروپا، زاده اجماع نیروهای اجتماعی برای تأمین امنیت و اداره امور جامعه بوده است .در جهان عرب، دولت ملی بر خلاف الگوی رایج شکل گیری دولت های ملی به وجود آمده است. این دولت ها نتوانسته اند میان ارز شهای سنتی ومدرن پیوند برقرار سازند و در عمل بین دولت های پیشامدرن و مدرن در نوسان هستند. برخی از آنها به سوی مدرن شدن گام برداشته و با مشکلات دوره گذار روبرو هستند و برخی، در دوره پیشامدرن مانده و ناگزیر به تحمل فشار نیروهای مدرن می باشند. در این فرایند، دولت ها کارگزارانی جدا از متن جامعه نیستند. آنها خود به موضوع و میدان تعارض گرو هها، اقوام، اندیشه ها و روشنفکران تبدیل شده اند. (همان : ۴۹)

۱-۳- مداخله خارجی و بحران حاکمیت

شکل گیری دولت ملی در جهان عرب، محصول مداخله خارجی است. قبل از جنگ جهانی اول، این منطقه بخشی از امپراتوری عثمانی بود که با شکست در جنگ، جریان استقلال طلبی در منطقه شکل گرفت و با شکست قدرت های اروپایی در جنگ دوم جهانی، شتاب یافت و به تدریج، دولت های کنونی جهان عرب ظهور یافتند. مداخله قدرت های منطقه ای و فرامنطقه ای در جهان عرب، همچنان و به شیوه های مختلف ادامه دارد و یکی از مسایل و چالشهای اساسی این جوامع است. شکل گیری دولت ملی در این منطقه، با نفی سلطه عثمانیها شروع و با استعمارزدایی تکامل یافته است. همچنین، تولد ناقص دولت و حاکمیت ملی، موجب تداوم بحران های دامنه دار و بروز جنگ های بین دولتی و در نتیجه، تداوم حضور مستقیم و غیرمستقیم قدر تهای بزرگ فرامنطقه ای در جهان عرب شده است. (Sheehi, ۲۰۰۴).

۱-۴- منازعه اعراب و اسرائیل

یکی از پیامدهای مداخلات قدرتهای بزرگ در این منطقه، شکل گیری رژیم صهیونیستی است. اسرائیل، صرفاً تهدید امنیتی اعراب نیست و صرفاً مسئله فلسطینی ها به شمار نمی آید. شکل گیری این رژیم با تحقیر هویت عربی و اسلامی ملل منطقه همراه بوده و به سه جنگ در این منطقه منجر شده است .در ادبیات سیاسی، از این بحران با عنوان منازعه اسرائیل و اعراب یاد می شود .این موضوع نوعی مسئله جمعی برای اعراب و مسلمانان به حساب می آید که به موضوعی مسئله ساز تبدیل شده است. در طی چند دهه گذشته، تلاش برای یافتن راه حلی برای این بحران، عنصر شکل دهنده و قوا م بخش به جریانات سیاسی و اجتماعی جهان عرب بوده و هر کدام از آنها، ناگزیر به اتخاذ موضع و یافتن راه حلی برای آن هستند.(۲۰۰۴ .(Sheehi,

۲. ایدئولوژیها

در خاورمیانه و به صورت خاص، در جهان عرب، در پاسخ به مسایل و معضلات سیاسی – اجتماعی فوق، ایدئولوژ یها و مکاتب مختلفی شکل گرفته است .جریانا نهای سیاسی و فکری تلاش می کنند پاسخی مناسب و مفید به این مسایل ارائه کنند. آنها را می توان در قالب چهار ایدئولوژی سیاسی مهم یک قرن اخیر، یعنی ناسیونالیسم، سوسیالیسم، لیبرالیسم و اسلام سیاسی قرار داد .در طی بیش از 5 دهه گذشته، آنها در صدد ارائه راه حل هایی برای برون رفت از این مسایل و معضلات بوده و هر کدام، در دوره ای و کشوری، جایگاه برتر یافته و به قدرت یا گفتمان مسلط جامعه تبدیل شده و تلاش کرده اند نشان دهند در برخورد با مسایل و معضلات سیاسی - اجتماعی جامعه، راه حل های مفیدتر و مؤثرتری ارائه می دهند .این مکاتب، در برخورد با مسایل و مشکلات جوامع عرب، رویکردهای متفاوتی در پیش گرفته و بر موضوعات و مبانی متفاوتی تأکید می کنند .سنت گرایی در برابر نوگرایی، اسلام گرایی در برابر عرفی گرایی، بومی گرایی در برابر بین الملل گرایی، ملی گرایی در برابر عرب گرایی و اقتدارگرایی در برابر دموکراسی خواهی، دوگانه هایی هستند که تا کنون، در نشان دادن تفاوت ها و تمایزات جریانات سیاسی و فکری جهان عرب، نقش بسیار برجسته ای داشتند. (MEQ, 1996: 93)

۲-۱- سوسیالیسم و بعثی گرایی

سوسیالیسم و بعثی گرایی، یکی از مهمترین مکاتب سیاسی جهان عرب در دوره پس از جنگ جهانی دوم به شمار می رود که در برخی کشورها به ایدئولوژی حکومتی تبدیل شده و در تحولات منطقه، در دهه های گذشته، نقش مهمی ایفا کرده است .

ناصر در مصر، معمر قذافی در لیبی، حافظ اسد در سوریه، صدام حسین در عراق و حیدر ابوبکر العطاس در یمن جنوبی،

زمامدارانی بودند که به سوسیالیسم گرایش داشته و در دوره زما مداری خود، روابط نزدیکی با بلوک شرق برقرار کردند .

سوسیالیسم در این کشورها با سوسیالیسم در بلوک شرق تفاوت داشت و با ملی گرایی و عرب گرایی ترکیب شده بود. آنها در

عرصه داخلی، به دنبال راه کارهای سوسیالیستی برای حل مسایل و مشکلات اجتماعی – اقتصادی و در روابط خارجی، در پی

برقراری روابط نزدیک با کشورهای سوسیالیستی بودند .در جهان عرب نیز این کشورها در صدد تشکیل دولتی واحد برآمدند که

به نتیجه نرسید. شکست مصر در جنگ 1973 و عدم پشتیبانی بلوک شرق از دولتهای چپ گرای عربی، نقطه عطفی در کاهش

نفوذ این تفکر در جهان عرب به شمار می آید. با رشد اسلام سیاسی، نفوذ آن نیز در خاورمیانه رو به ضعف نهاد و در نهایت، با

فروپاشی شوروی، سرنگونی رژیم های صدام حسین و معمر قذافی، این مکتب موقعیت خود را به طور کامل از دست داد و در

حال حاضر، دولت بشار اسد تنها بازمانده این نوع گرایش سیاسی در جهان عرب است. (Ibid:۹۳-۹۴)

۲-۲- ملی گرایی و پان عربیسم

ملی گرایی و عرب گرایی، دو ایدئولوژی قدیمی و قدرتمند در خاورمیانه بودند که در ابتدا، دست به دست هم داده و با عثمانی

گری مبارزه می کردند و از سوی قدر تهای اروپایی نیز تبلیغ و ترویج می شدند .بعد از جنگ جهانی دوم، آنها به نیرویی برای

مقابله با مداخله قدرت های مداخله گر غربی تبدیل شدند .(eppel,1998:227)

در عین حال، با خروج تدریجی دولتهای غربی از منطقه و تشکیل دولتهای ملی در درون سرزمینهای عربی و اسلامی، ملی

گرایی در تعارض با عرب گرایی قرار گرفت .جهان عرب، در نتیجه تحولات قرن بیستم، به کشورهای مختلفی تقسیم شد و هر

کدام از دولتهای ملی، به عنوان مهم ترین کارگزاران ملت سازی، عناصر تشکیل دهنده دولت ملی را تقویت نموده و به تقویت

مبانی ملی گرایی در داخل کشور اقدام کردند .به این ترتیب، در دوره جدید، ملی گرایی با عرب گرایی در تعارض قرارگرفت و

عملاً به نیروی معارض در جامعه عرب تبدیل شد. (Haeri, 2003: ۴۷)

۲-۳-اسلام گرایی

اسلام، دین غالب مردم منطقه خاورمیانه است و در ابعاد و سطوح گوناگون حیات آنها جاری و ساری است. با وجود این، تا سه

دهه پیش، اسلام حضور چشمگیری در عرصه سیاسی و حکومت داری نداشت. با پیروزی انقلاب اسلامی در ایران، اسلام

سیاسی وارد مرحله جدیدی شد .حکومتهای سلطنتی منطقه و گفتمان سوسیالیسم در قالبهای ناصریسم و بعثیسم، با رقیبی جدی

۸۲

و ریشه دار روبرو شده و به چالش کشیده شدند. اسلام منبع هویتی بومی و مردمی است که با افکار و عقاید مردم این منطقه پیوند عمیق، تاریخی و همه جانبه دارد اسلام سیاسی به شکل برجسته تری دارای لایه ها و خرده گفتمان های متعددی در درون خود است که در صورت ناکامی یکی، می تواند در شکل دیگری، ایدئولوژی خود را بازتعریف و بازسازی کند. (بلامی، ۱۳۸۶: ۵)

۲-۴-لیبرالیسم

آخرین ایدئولوژی هویت ساز در جهان عرب، لیبرالیسم است که برخلاف اسلام گرایی، ریشه در سنت های قدیمی این منطقه ندارد، اما حاملان بیرونی آن، نقش اساسی در شناخت هویتی جهان عرب بازی کرده و در فعال سازی آن نقش کلیدی داشتند .به صورت تاریخی، عمده هویتهای عربی در غیریت با غرب شکل گرفته و بازتعریف شده و به مرور در فرایند این غیریت سازی، باورهای لیبرالی وارد جوامع عربی شده است .توسعه سریع برخی از کشورهای عربی، ناتوانی ایدئولوژیهای رقیب در کشورهای عربی خارج از حوزه خلیج فارس، تسلط گفتمان لیبرالی در بلوک غرب و رشد طبقه متوسط تاجرپیشه و تحصیل کرده در جهان عرب، عوامل مؤثر در افزایش نفوذ این ایدئولوژی در جهان عرب هستند .در این منطقه، باورهای لیبرالی با حکومتهای سلطنتی و جمهوریهای مادام العمر از یک سو و ایدئولوژ ی های اسلا مگرایی و سوسیالیسم، از سوی دیگر، در تعارض قرار گرفته و آنها را به چالش می کشد .(یزدان فام، ۱۳۹۰: ۶۱)

۸۳

نتیجه گیری فصل چهارم

در این فصل بیشتر به جایگاه ژئو پلیتیک و ژئو استراتژیک ، ایدئولوژی های مهم و محیط امنیتی منطقه خاورمیانه پرداخته شده است و همچنین ماهیت طرح خاورمیانه بزرگ به صورت اجمالی مورد بحث بوده است . با توجه به تلاش ایالات متحده در اشاعه آموزه‌های لیبرالی در جهان و ضدیت ایالات متحده با ارزش‌های اسلامی و بومی منطقه،می‌توان نتیجه گرفت که جدی‌ترین اهداف ایالات متحده در خاورمیانه عبارتند از:

۱ـ حضور مداوم در خاورمیانه به دلیل اهمیت استراتژیک منطقه.

۲ـ شکل دادن به تحولات خاورمیانه آنگونه که منافع ایالات متحده در آن تأمین شود.

برای دستیابی به این اهداف، ایالات متحده به ویژه از دهه اول قرن بیست و یکم، سیاست‌های خاصی را در منطقه خاورمیانه به اجرا گذاشت که از آن جمله می‌توان به اشغال عراق و افغانستان، موضع‌گیری‌های این کشور در برابر مسائل سوریه، لیبی، مصر و تونس و طرح خاورمیانه بزرگ اشاره کرد. و نتیجه می گیریم که تحولا ت خاورمیانه در قرن بیست و یکم با سرعت فزاینده ای ادامه دارد و در اینده شاهد تحولات عظیمی در این منطقه خواهیم بود .

فصل پنجم

تحولات سیاسی در خاورمیانه و بهار عربی

از آغاز سال 2011 ، خاورمیانه شاهد تحولات اساسی و آبستن تغییرات جدی بوده است. در طی دو سال گذشته، دولت های جهان عرب که عموماً از دولتهای سنتی و نسبتاً باثبات به شمار می آمدند، با اعتراضات گسترده مردمی روبرو شدند. در دهه های گذشته، نگرش ها، اهداف و ارزش های سیاسی - اجتماعی گوناگونی در خاورمیانه جریان داشت و موجب شکل گیری برخی پیوندها، ائتلاف ها، مرزبندیها و اختلافات شده بود .این ارزش ها و نگرش ها، مناسبات سیاسی، اقتصادی و اجتماعی خاصی را میان کنشگران منطقه شکل داده بود .در سال 2011 ، تحولات سیاسی در خاورمیانه، به ویژه در جهان عرب چشم گیر بود .در برخی از این کشورها، اعتراضات سیاسی به نتیجه رسیده و موجب سرنگونی دولت ها شده است، در برخی از کشورها همچنان ادامه دارد و احتمال می رود به برخی کشورهای دیگر هم سرایت کند. کنشگران ملی، منطقه ای و بین المللی، هر کدام به نوعی از این تحولات متأثر شده و می کوشند با اتخاذ سیاستها و انجام اقداماتی، بر روند تحولات تأثیر بگذارند و آنها را به سمت و سویی سوق دهند که آسیب کمتری ببینند و دستاورد فزون تری داشته باشند. جهان عرب برای رسیدن به جامعه ای آباد و پیشرفته، با مسایل و چالشهای بنیادی متعددی روبروست و هریک از جریانات فکری و سیاسی، ناگزیر به تأمل و تفکر در مورد آنها و ارائه راه های مناسب در این زمینه هستند .قدرت و هویت در جهان عرب، در تعامل کنشگران با این مسایل و چالش ها شکل گرفته، متحول شده و قوام می یابند. در این بخش به بررسی تحولات سیاسی در خاورمیانه و بهار عربی می پردازیم. (یزدان فام، ۱۳۹۰، ۴۸)

۵-۱-تونس

تونس کشوری است که از هنگام استقلال در سال ۱۹۵۶ تا اعتراضات اخیر، تنها دو رئیس جمهور را دیده بود؛ نخست، بورقیبه که مبارزه برای استقلال را رهبری کرد و دیگری بن علی که در سال1987 با کودتایی بدون خونریزی قدرت را از بورقیبه گرفت .البته این کودتا تغییری بنیادی در ساختارهای اساسی قدرت و حکومت درتونس پدید نیاورد .(نیاکوئی ، ۱۳۹۱: ۲)

به طور کلی، ویژگی های اساسی نظام سیاسی تونس در دوران بن علی که عمدتاً تداومی از دوران بورقیبه بوده عبارتند از:

دیکتاتوری حزبی: بلیدس در تحقیق جالبی که پیرامون نظام های حزبی جوامع خاورمیانه انجام داده است، رژیم بن علی را در زمره نظام های سیاسی تک حزبی با رقابت محدود طبقه بندی کرده است. در رژیم بن علی، قدرت شخصی مانند دوران بورقیبه از کانال حزب قدرتمند حاکم اعمال می شد، حزبی که تقریباً نمی شد آن را از ارگان های دولت تمایز داد و با نهاد دولت کاملا

در هم آمیخته بود. این حزب از مزایا و امتیازات بالایی بهره مند بود، به گونه ای که برای در قدرت ماندن نیازی نبود که تنها حزب قانونی کشور باشد .در واقع ، در تونس احزاب دیگری نیز به صورت قانونی وجود داشتند، اما قواعد بازی سیاسی در این کشور به گونه ای بوده که احزاب دیگر، به تنهایی یا حتی در ائتلاف با هم نمی توانستند جایگزین حزب حاکم شوند. همچنین موانع جدی برای مشارکت احزاب واقعی در این کشور به چشم می خورد.(همان: ۲۹)

- **اقتدارگرایی و شخصی بودن قدرت:** سرکوب ناراضیان سیاسی، فقدان آزادی بیان و مطبوعات، شکنجه مخالفان، کنترل گسترده دولت بر رسانه های ارتباطی، مانند اینترنت، تعرض به حقوق فردی و اجتماعی مردم و خشونت پلیس از مهم ترین ویژگی های سیاست در دوران بن علی بود. (همان: ۲۹)

- **فساد گسترده:** فساد گسترده بدون شک بارزترین ویژگی حکومت بن علی محسوب می شود .سفیر آمریکا در تونس در سال ۲۰۰۶ گزارش داد که بیش از نصف نخبگان تجاری تونس از طریق فرزندان، برادران و سایر بستگان بن علی با او در ارتباطند و از رانت این ارتباط بهره می گیرند، روابط فامیلی با خانواده بن علی و فساد گسترده در میان آنها به گونه ای بوده که از آن تحت عنوان نهاد فساد در هزار فامیل تونس نام برده شده است. براساس یکی از گزارش های سفارت آمریکا ، نهاد فساد در تونس به صورت جغرافیایی میان خانواده های بن علی و همسرش تقسیم شده بود .بر اساس این سند، خانواده بن علی به منطقه میانه ساحلی تونس دست انداخته بودند، اما خانواده طرابلسی، همسر بن علی، در کناره های تونس بزرگ فعالیت می کردند. (قزوینی، ۱۳۹۰ :۳۷)

در خصوص مدل انقلاب تونس و همچنین نیروهای اجتماعی دخیل در انقلاب توجه به نکات زیر ضروری است:

۱. اعتراضات در تونس از نواحی روستایی و پیرامونی فراموش شده آغاز، و به سمت پایتخت گسترش یافت. در جنبش اعتراضی تونس، هم شهرهای بزرگ و هم شهرهای کوچک حضور داشتند. همچنین جنبش کارگری قدرتمند ولی سرکوب شده تونس نیز نقش برجسته ای در اعتراضات ایفا کرد. (نیاکوئی ، پیشین:۳۳)

۲. با توجه به اینکه تونس آغازگر موج ناآرامی ها در جهان عرب بود، می توان گفت که اعتراضات این کشور در مقایسه با سایر کشورها خودانگیخته تر و کمتر سازماندهی شده بود. همچنین با گسترش اعتراضات عملاً هیچ نیروی اجتماعی قدرتمندی که توان تغییر موازنه اجتماعی را داشته باشد از حکومت بن علی حمایت نکرد.(همان :۳۳)

۳. از نظر جامعه شناسی سیاسی، جوانانی که از مشکلاتی چون بیکاری، فساد و استبداد رنج می بردند و از فناوری های جدیدی ارتباطی استفاده می کردند، نقش مهمی در مدیریت و رهبری این انقلاب ایفا کردند و عملا آغازگر موج اعتراضی تونس بودند. پیوستن احزاب سیاسی معارض که با تأخیر صورت گرفت نیز عملا تابعی از جنبش جوانان و تلاشی برای سوار شدن بر موج اعتراضات و مصادره آن بود. همچنین در تونس ورود نیروهای کارگری و سندیکاها نقش تعیین کننده ای در موازنه قوا به نفع انقلابیون ایفا کرد. گذشته از عوامل فوق، باید توجه داشت که تونس در مقایسه با مناطقی چون سوریه، مصر و بحرین، اهمیت استراتژیک چندانی برای غرب نداشته و از هسته مرکزی علایق آمریکا و بریتانیا در جهان عرب دور بوده است. بر این اساس، هیچ کشور قدرتمندی در منطقه و جهان به حمایت قاطع و تلاش برای بقای حکومت بن علی اقدام نکرد و با گسترش موج اعتراضات، کشورهای غربی، از جمله ایالات متحده نیز از حمایت بن علی دست کشیدند و پذیرای تحولات این کشور شدند . به طورکلی می توان گفت که حکومت بن علی از یک سو به دلیل بحران های سیاسی و اجتماعی مختلف، فاقد مشروعیت سیاسی برای تداوم حکمرانی بود؛ همچنین طبقات و نیروهای اجتماعی مختافی از جمله کارگران، دانشجویان، روستاییان و طبقات پایین و متوسط شهرهای بزرگ که عملا قاطبه ملت تونس را شکل می دهند، در مقابل حکومت قرار گرفته و هیچ نیروی اجتماعی قابل توجهی از بن علی حمایت نکرد. در این میان، کشورهای خارجی نیز منافعی در حمایت از حکومت بن علی احساس نکرده و پذیرای تحولات کشور شدند و در نهایت ، عدم حمایت نیروهای مسلح از بن علی، سقوط زودهنگام حکومت او را رقم زد. در واقع می توان گفت که مجموعه عوامل فوق، سقوط سریع حکومت بن علی را تبیین می کند. (شحاته و وحید، ۱۳۹۰ :۱۴۶)

۵-۲-مصر

فساد گسترده اقتصادی در دستگاه حاکمیت مبارک، دیکتاتوری دولتی ، شکنجه سازمان یافته منتقدین سیاسی و ایدئولوژیک رهبری و دولت و محدود ساختن سیستماتیک و سانسور مطبوعات و ناشران در مصر ، برگزاری انتخابات فرمایشی و مهندسی شده ، چنان که همواره اسامی حامیان رژیم از صندوق‌های رای بیرون آمده ، تقلب گسترده در آخرین انتخابات ، عدم پاسخ گویی مبارک به جامعه ، عدم چرخش قدرت ، مادام العمر شدن رهبری مبارک فقر گسترده وَ عدم توسعه اقتصادی علیرغم تعهدات دولت اسباب ایجاد جنبش سیاسی - اجتماعی جامعه مصر و اعتراض به رهبری مادام العمر غیر پاسخگوی او گردید. اقتصاد و

۸۸

وضع زندگی مردم بسیار پایین و مشکلات معیشتی مردم بسیار بد است.قاهره با ۱۷ میلیون جمعیت ، قریب سه تا چهار میلیون مقبره نشین دارد و فقر آشکارا در شهر قاهره قابل رویت است.اقتصاد وابسته و ضعیف، درآمد سرانه بسیار پایین(۲۰۷۰ دلار در سال ۲۰۰۹)، بیکاری و .. از مهمترین چالشهای اقتصادی مردم است.جدای از همه معضلات و چالشهای اقتصادی، سیستم و ساختار نظامی و غیردمکراتیک مصر باعث شده تا فساد گسترده ای در سطح حکومت و در دستگاههای مرتبط با قدرت شکل گیرد. اینها از جمله ویژگی های مشابه تونس و مصر بوده است . از طرفی باید اختلافات داخلی در حاکمیت ، نیازهای جدید غرب به سرکردگی آمریکا ، را باید به این عوامل اضافه نمود .مبارک قصد داشت بعد از خود قدرت را به فرندش واگذار کند . این امر موجبات نارضایتی نخبگان نظامی را نیز فراهم آورده بود چنان که ارتش مصر نیز در این وقایع سعی کرد با مردم درگیر نشود. بزرگترین مخالفین واگذاری رهبری آینده مصر و مدعیان ریاست جمهوری آینده از حلقه نخبگان نظامی؛ "ژنرال عمرسلیمان" رئیس سرویس اطلاعات مصر، "ژنرال حسین طنطاوی" وزیر دفاع و "ژنرال سامی عنان" رئیس ستاد ارتش هستند. در این بین ژنرال عمر سلیمان، نقش اصلی ابراز مخالفت و لابی کردن با آمریکا و اپوزیسون داخلی برای سرنگونی مبارک را برعهده گرفت ".از طرفی با توجه به بی اعتبار شدن گسترده چهره غرب بالاخص آمریکا در منطقه به خاطر حمایت از رژیم‌های فاسد و دیکتاتور، کشورهای غرب به این پرسش رسیده اند که چرا آسیب ناشی از فساد گسترده حکومت‌های فاسد منطقه گریبانگیر آنها شود؟ از این رو تصمیم گرفته اند بین دیکتاتوری و فساد حکومت‌ها وَ اتحاد با آمریکا تفکیک ایجاد کنند. در سیاست جدید این کشورها، این دو موضوع لازم و ملزوم یکدیگر نیستند . از سوی دیگر غرب برای جلوگیری از رشد فزاینده رادیکالیسم اسلامی تصمیم گرفته از جریانات سیاسی و نیروهای اپوزیسیونِ حامی اسلام معتدل یا به اصطلاح آنها "اسلام لیبرالیستی "حمایت کند. از منظر غرب؛ با روی کار آمدن نیروهای معتدل اسلامی و برچیده شدن فساد حکومتی، می‌توان ضمن جلوگیری از رشد تروریسم و افراطی گرایی، بخشی از نارضایتی‌های گسترده مسلمانان نسبت به غرب را کاهش داد. البته در این میان نارضایتی مردم از ناتوانی حکومت در حفظ امنیت کشور که به ویژه در شب نخست سال نو میلادی با انفجار اسکندریه به رخ کشیده شد را می توان از دیگر عوامل شکسته شدن سکوت مردم مصر دانست.

(http://www.tebyan.net/newindex.aspx?pid=160001)

از سال ۱۹۵۲به بعد فصل جدیدی در تاریخ سیاسی مصر آغاز شد که شاید مهمترین ویژگی آن تفوق نظامیان می باشد در مصر ابتدا سرلشکر نجیب به قدرت رسید اما کمی بعد جنال عبدالناصر که نظامی رادیکالتری بود او را کنار زد ، دوران ناصر مرحله اوج ایدئولوژی پان عربستی در مصر و جهان عرب محسوب می شود. از جمله مهم ترین وقایع دوران ناصر، شکست اعراب ازرژیم صهیونیستی در جنگ ۱۹۶۷ بود. با مرگ ناصر در سال ۱۹۷۰ ، انور سادات نظامی دیگر مصری به ریاست جمهوری رسید، مهمترین ویژگی دوران سادات ، نزدیکی با غرب و انعقاد پیمان صلح با رژیم صهیونیستی بود که به رسمیت شناخته شدن رژیم صهیونیستی را به دنبال داشت ؛ این اقدام خشم جریانات اسلام گرا را برانگیخت و ترور سادات توسط افسری اسلام گرا به نام خالد اسلامبولی در سال ۱۹۸۱ را در پی داشت . با مرگ سادات ، حسنی مبارک فرمانده نیروی هوایی وقت به ریاست جمهوری رسید و سیاست های غرب گرایانه و سازشکارانه سادات را ادامه داد تا این که با موج اعتراضاتی که در فوریه ۲۰۱۱ مصر را فرا گرفت مبارک نیز سقوط کرد و فصل جدیدی در تاریخ سیاسی این کشور آغاز گردید، در این بخش تلاش می شود که مهمترین ویژگی های حکومت این کشور اغاز گردید ، در این بخش تباش می شود که مهمترین ویژگی های حکومت مبارک که زمینه های اعتراضات ۲۰۱۱ را فراهم آورد مورد بررسی قرار گیرد .(فلاح زاده، ۱۳۸۳: ۵-۴).

۱.فرسودگی حکومت و عدم گردش نخبگان

یکی از مهم ترین ویژگی های حکومت مصر که موجب نارضایتی مردم شد، فرسودگی حکومت و عدم گردش نخبگان بود. سه دهه حکومت بلامنازع مبارک بر این کشور باعث شده بود که اکثر مردم او را مسئول رنجها و مشکلات خود تلقی کنند . بسیاری از نویسندگان اعم از نویسندگان معروف روزنامه های اپوزیسون یا نویسندگانی ناشناس مجلات دانشگاهی کشور ، او را علت عقب ماندگی و فساد کشور تلقی می کردند . مبارک ۸۲ ساله که بسیاری از اوقات خود را در شرم الشیخ به دور از آلودگی ، جمعیت و احتمالاً مخاطرات قاهره سر می کرد نمادی از فرسودگی و کهنسالی حکومت مصر بود که از نظر بسیاری از مردم برای حل مشکلات جامعه ناکارآمد و بی انرژی به نظر می رسد گذشته از این ورود جمال مبارک به عرصه سیاسی و احتمال توارث در حکومت با توجه به فساد فراگیر جمال مبارک نیز بر نارضایتی مردم دامن می زد . (نیاکوئی،پیشین: ۴۷)

۲. شخصی بودن قدرت

ویژگی مهم دیگر حکومت مبارک که با گذشت زمان چشمگیرتر نیز به نظر می رسید ، شخصی بودن قدرت بود به گونه ای که تمام قدرت در شخص متمرکز شده بود و نهادهای سیاسی از جمله نهاد ریاست جمهوری کارکرد خود را از دست داده بودند . تارک عثمان در این باره می گوید :

نه تنها ضربات عظیمی بر رابطه رژیم و مردم وارد شده بود بلکه ابزارهایی که رژیم به طور سنتی از آنها برای اعمال اقتدار استفاده می کرد نیز در طی دهه های گذشته به طور پیوسته آسیب دیدند که از جمله به نهاد ریاست جمهوری می توان اشاره کرد که بر اساس قانون وضعیت فوق العاده تاثیرگذارترین بازیگر سیاسی کشور محسوب می شد و هیچ نظارتی بر اعمال آن متصور نبود. در دهه اول قرن بیست و یکم ، دیگر نهاد ریاست جمهوری به مانند دوران سادات و ناصر یک مرکز عصبی پرقدرت حکومتی مملو از مشاوران برجسته روشنفکران که با اکثر مراکز فکری جامعه ارتباط دارند، نبود، بلکه نهاد ریاست جمهوری تنها به یک ساختار اجرایی پیرامون شخص رئیس جمهور تقلیل یافته بود. البته اگر این رقیق شدگی نهاد ریاست جمهوری با تقویت نهادهای دموکراتیکی مانند پارلمان و همچنین شکل گیری یک تعادل جدید بین ریاست جمهوری و دولت همراه می شد، می توانست خوشایند باشد. اما چیزی که در مصر اتفاق افتاد دقیقاً برعکس بود یعنی پارلمان (البته غیردموکراتیک) ، دولت و نهاد ریاست جمهوری همگی به مظاهر گوناگونی از اراده رئیس جمهور تقلیل یافتند؛ نه این که ستون های یک نظام سیاسی متعادل باشند.میزانی که رژیم سیاسی در مصر حول شخص رئیس جمهور استوار بود پس از تلاشی که در سال ۱۹۹۵ برای ترور مبارک در آدیس آبابای اتیوپی انجام گرفت، نمایان تر شد. وحشت تمام کشور را فراگرفت و حتی برخی از مخالفان پرشور مبارک نیز اضطراب و نگرانی خود را از پیامدهای موفقیت چنین تروری ابزار نمودند .(همان:۴۹-۴۸)

۳. دموکراسی ظاهری و سرکوب سیاسی

وجود نوعی انتخابات رقابتی ، محیط سیاسی چند حزبی ، وجود دو مجلس سلفی و علیا، آزادی بیان نسبی در جامعه مصر این امکان را برای رژیم مبارک فراهم می کرد که ادعای پیشرفت و توسعه سیاسی نماید و میزانی از خشم توده ها را تسکین بخشد . با این حال دموکراسی ظاهری فوق هیچ تهدیدی برای رژیم مبارک نبود. بلکه زمینه تداوم رژیم را فراهم می آورد. لیسابلیدس در این باره می گوید: ماهیت رقابتی انتخابات در مصر پیش از آنکه محصول فرآیند دموکراتیک سازی باشد یک استراتژی برای حفظ رژیم حسنی مبارک بود.. (blayde, 2011:238)

در واقع نظام سیاسی مصر در دوران مبارک را می توان نوعی دموکراسی ظاهری و کنترل شده تلقی نمود و اقتدارگرایی در این دوران کاملاً تداوم یافت به گونه ای که حکومت مبارک هر گونه چالش بالقوه را به شدت سرکوب می کرد. سرکوب شدید ناآرامی های عمومی ، کنترل شدید دولت بر سازمان های مدنی و دانشگاهی، برخورد خشن و سرکوب گرایانه دولت با جنبش کفایت و همچنین بازداشت گسترده اخوان المسلمین، و شکنجه و نقض حقوق بشر تنها بخشی از اقدامات سرکوب گراانه حکومت مبارک بوده است . سازمان مصری حقوق بشر تخمین زد که بین سالهای ۲۰۰۷-۲۰۰۳ بدرفتاری شدید باعث مرگ بیش از ۱۴۷ نفر از زندانیان مصری شده است. این سازمان همچنین ادعا نمود که شکنجه در خیابان های مصر در روز روشن انجام می گرفت. گذشته از این ها، جریاناتی که از موج سرکوب حکومت گذشته و امکان فعالیت در انتخابات را پیدا می کردند نیز با مشکلات زیادی مواجه بودند و عملاً حزب دموکراتیک ملی وابسته به مبارک پیروزی مطلق در انتخابات را به دست می آورد. محمود عباز رهبر حزب الوفد ، در سال ۲۰۰۹ نقش حزب خود را در سیاست مصر برانگیختن گفتگو و مباحثه مطرح می کند و نه مشارکت در تصمیم گیری یا حکومت بر کشور ، نادر فرگانی ، دانشمند مشهور مصری و نویسنده برجسته گزارش توسعه انسانی سازمان ملل در خصوص جهان عرب نیز کلیه نیروهای اپوزیسون در مصر دوران مبارک را جنازه تشبیه کرد (osman , 2010:۱۹۰).

گذشته از سرکوب و ممانعت از مشارکت برخی جریانات، حکومت مبارک در مواقعی به دست اندازی در انتخابات برای پیروزی حزب حمومتی NDP – حزب دموکراتیک ملی نیز اقدام می نمود از جمله در مواقعی نیروهای امنیتی جلوی ورود رای دهندگان اپوزیسون به محل اخذ رای را گرفتند و در موارد دیگر تغییر در شمارش آرا و همچنین پرکردن صندوق ها از رای اتفاق افتاد ((Blaydes, op-cit:239)

روی هم رفته نظام سیاسی مصر در دوران مبارک را می توان نوعی اقتدار گرایی همواره با سرکوب نسبی برخی جریانات مانند اخوان المسلمین و تحمل جریانات سیاسی دیگر هم با تقلب در انتخابات برای پیروزی حزب حاکم تعریف نمود. گذشته از این ها ، رژیم مبارک تلاش می کرد تا از طریق ایجاد گروههای وابسته در بخشهای مختلف جامعه که نقش تیابتی از طرف حکومت را به عهده داشتند، به کنترل ، آرام ساختن و مطیع کردن جامعه اقدام نماید. این پدیده به طور مشخص در اتحادیه های حرفه ای ، حلقه های رسانه ای و بخش اداری و دانشگاهها اعمال می شد. وفاداری به رژیم، عقاید سیاسی شخصی پیشینه فعالیت سیاسی و تمایل به همکاری ، پر اهمیت تر از صلاحیت علمی یا توانایی های مدیریتی بود. رژیم بجای تلاش در جهت

گسترده تر کردن حمایت مردمی ، وابستگانی را تحمیل می کرد که تنها منبع مشروغیت آنها حمایت از بالا بود . اقدامات باعث جدایی بیشتر جامعه از حکومت مبارک شد . (osman,op-cit:۱۹۲).

۴ .اقتدار گرایی مبتنی بر هژمونی حزب حاکم

حکومت مبارک همان طور که بیان شد یکی از رژیم های اقتدارگرا محسوب می شود که برخی از اشکال انتخابات رقابتی را تحمل می کرد . لیسا بلدیس در پژوهش دقیقی که پیرامون انواع نظامهای اقتدارگرا در جهان عرب انجام داده است به چهارگونه مختلف نظام های انتخاباتی اشاره می کند:

۱- نظامهای سیاسی مبتنی بر هژمونی حزب حاکم همراه با انتخابات رقابتی مانند مصر و یمن در دوران مبارک و عبدالله صالح

۲- نظامهای پادشاهی با درجه بالایی از زقابت انتخاباتی مانند مراکش، کویت و بحرین

۳- نظام های سیاسی تک حزبی با رقابت محدود مانند عراق ، تونس و سوریه در دوران صدام ، بن علی و اسد

۴- نظامهای پادشاهی با رقابت انتخاباتی محدود مانند عربستان سعودی و عمان همانطور که گفته شد نظام سیاسی مصر در زمره نظام های سیاسی مبتنی بر هژمونی حزب حاکم همراه با برخی اشکال انتخابات رقابتی قرار می گیرند، در این نظامهای سیاسی اگر چه در مقایسه با نظام های سیاسی تک حزبی با رقابت محدود ، درجه ای از رقابت انتخاباتی تحمل می شود ، و احزاب و گروههای سیاسی مخالفی مشغول فعالیت می باشند و میزانی از آزادی بیان به چشم می خورد ، اما عملا یک حزب موقعیت هژمونی را به دست می گیرد . (Blayed ,op-cit:210-243)

۵. فساد گسترده در طبقه حاکم

بدون شک بارزترین ویژگی دولت مبارک که نقش موثری در شکل گیری اعتراضات ۲۰۱۱ داشته ، فساد خانواده مبارک همین کافی است که گفته شود آنها بین ۴۰ تا ۷۰ میلیون دلار دارایی داشته و ۳۹ مسئول بلند پایه یا تجار نزدیک به جمال پسر مبارک هرکدام بیش از یک میلیا دلار ثروت اندوختند.(نیاکوئی، پیشین: ۵۱).

بر اساس گزارش سی بی اس نیوز ، یکی از منابع کسب درآمد خانواده مبارک آن بود که هر نوع تجارتی که در مصر قرار بود انجام شود باید بخشی از سهم خود را به این خانواده اختصاص می داد و شرکت های خارجی نیز باید ۲۰ درصد از سهام خود را به نام خانواده مبارک می کردند. در همین رابططه کریسیتوفر دیودسن پروفسور دانشگاه دورهام انگلیس و از کارشناسان مسایل خاورمیانه می گوید: شرکت های خارجی که خوتهان ورود به بازار مصر بودند باید سهمی را به خانواده مبارک می دادند . این کار موجب می شد که آنها متحدین نزدیکی در حکومت و ارتش داشته باشند و نسبت به امنیت تجارت خود در مصر نیز مطمئن شوند. براساس گزارش روزنامه گاردین انگلیس، ثروت حسن مبارک و خانواده اش بیش از۷۰ میلیارد دلار است. سوزان مبارک همسر حسنی مبارک نیز در باشگاه میلیاردرهای سال ۲۰۰۰ ثبت شده است. سوزان پولهایش را بیشتر در بانک های آمریکا قرار داد، اما در پایتخت برخی کشورهای اروپایی مانند لندن ، فرانکفورت ، مادرید ، پاریس و دبی نیز به ساخت و ساز مشغول بود . گاردین در ادامه نوشته که خانواده مبارک با سرقت اموال مردم مصر در زمینه های مسکن و هتل سازی نیزسرمایه گذاری گسترده ای انجام دادند . بر اساس گزارش های محرمانه ف ثروت جمال مبارک پسر حسنی مبارک به ۱۷ میلیارد دلار می رسد که در بانک های سوئیس ، آلمان آمریکا و انگلیس واریزش شده است. علا مبارک نیز در داخل و خارج از مصر ۸ میلیارد دلار سرمایه دارد و مالک دو فرزند هواپیمای شخصی و یک قایق لوکس است که بیش از ۶۰ میلیون یورو و ارزش دارد. فساد عظیم علاوه بر خانواده مبارک به صورتی گسترده در میان نخبگان تجاری این کشور نیز وجود داشته و ارتباط نخبگان فساد با خانواده مبارک و بهره گیری از رانت قدرت سیاسی از وجوه بارز سیاست مصر در دوران مبارک بوده است. (قزوینی حائری , پیشین:60 -۵۹)

۶. اوضاع اقتصادی اجتماعی مصر

بدون شک رشد سریع جمعیت در سال های اخیر که وجود ۴۵ میلیون نفر جوان زیر ۳۵سال را در این کشور موجب شده از بارترین ویژگی های جمعیتی این کشور محسوب می شود که چالش های مهمی چون بیکاری و فقر را در این کور گسترده تر کرده است . ناظرانی که بررسی اوضاع اجتماعی مصر در سال های اخیر پرداخته اند بر نهادینه شدن فساد ، رشد هولناک میزان جرایم ، بی اعتنایی عمیق به کرامت انسانی ، افول رفتارها و ارزشهای جامعه ، و تغییر در نظام ارزشی جامعه که به ویژه در جرایم خشنونت آمیزی که توسط معلمان ، دانش آموزان ، تجار و سایر اعضای طبقه متوسط منعکس می شود. تاکید کرده اند . در این کشور آزار اذیت جنسی نیز با رشد چشمگیری مواجه بوده است که پیچدگی مشکلات اجتماعی در مصر را

نمایان تر می کند ؛ گذشته از این ها وجود هزاران کودک ۵ یا ۶ ساله که در کوچه های کثیف و گوشه کنارهای در زیر پل زندگی می کنند و در پیاده رو ها و پار ک های عمومی شب را سپری می کنند و در طول روز به دست فروشی در پشت چراغ قرمزها و تقاطع ها مشغول اند، همگی فقر ، استثمار، بی عدالتی و بدرفتاری را در جامعه مصر نمایان تر می کند . علاوه بر این ترافیک شدید ، آلودگی صوتی ، رانندگی زیگزاکی، درگیرهای اجتماعی و گسترش ناسزاگویی در خیابان های مصر ، افول فرهنگ تساهل ، تلاش طاقت فرسای مردم برای امرا معاش و گذران زندگی ، همگی احساس مشترکی را در میان مردم ایجاد کرده بود مبنی بر این که مصر مکان بسیار دشوار و خشنی برای زندگی است. گذشته از این ها رشد جمعیت ، بیکاری عظیمی را در میان جوانان و به ویژه تحصیل کردگان دانشگاهی که به دلیل ناقص ساختار دانشگاهی ، تخصص و دانش لازم را برای جذب در بخش های خصوصی به دست نیاورده بودند، ایجاد کرده است. تارک عثمان در این باره می گوید: نرخ بیکاری در میان جمعیت زیر ۳۰ سال که بنا به آمارهای رسمی در حدود ۲۱ درصد است. شرایط وخیمی را در کشور ایجاد کرده است . بی کاری تا حدودی نتیجه تغییرات اقتصادی عمده در دهه ۱۹۹۰ و ۲۰۰۰ و آموزش ناکافی است به عنوان مثال اکثر فارع التحصیلان دانشگاه های دولتی در رشته های تجارت و بازرگانی تسلطی بر کامپیوتر ندارند لذا نمی توانند در بخش خصوصی کار به دست اوردند . برخی از مشکل نیز از ذهنیت های کهنه ناشی می شود ؛ بسیاری از فارغ التحصیلان دانشگاهی ترجیح می دهند تا بیکار بمانند تا این که در مشاغل کارگری مغول شوند (osman ,op-cit:۱۹۹)

۵-۳-لیبی

کودتای قذافی در چهل سال پیش با نام ناسیونالیسم ، خوداتکایی و حاکمیت مردمی بود. گروه های اپوزیسیونی نیز که علیه قذافی مشغول مبارزه بودند اصول فوق را ذکر کرده و خواهان پایان حکومت اقتدارگرای قذافی بودند. به طور کلی مهم ترین ویژگی های حکومت قذافی عبارت بودند از:

- **اتکا به شبکه های قبیلگی و خویشاوندی و فقدان نهادهای مدرن:** در لیبی، فرهنگ و ارزش های قبیلگی و روح جمعی بر ویژگی ها و خصلت های سنتی سایه افکنده است. (دفتر مطالعات سیاسی و بین المللی، ۱۳۸۹: ۱۵)

و مناسبات و وفاداری های قبیلگی و قومی بسیار پررنگ است. حکومت قذافی نیز بر پایه این مناسبات پیچیده استوار بود. برخلاف تونس و مصر ، لیبی نظامی از اتحادها و پیوندهای ملی، شبکه انجمن های اقتصادی یا سازمان های ملی ندارد.

بنابراین چیزی که به نظر می رسید مانند مصر و تونس در قالب اعتراض های غیر خشونت آمیز آغاز شود، به سرعت به یک انفصال و تجزیه گرایی کامل یا روندهای جدایی گرایانه چندبعدی از یک دولت فرومانده سوق یافت. (نیاکوئی، پیشین:۱۷۶)

- **اقتدارگرایی و سرکوب سیاسی:** اگرچه قذافی تمام نظام های سیاسی جهان را دیکتاتوری و غیردموکراتیک می نامید و تنها الگوی مبتنی بر مجامع عمومی در لیبی را دموکراسی حقیقی می دانست ، اما واقعیت سیاسی لیبی تداوم حکومت شخصی قذافی به مدت بیش از چهار دهه بود، به گونه ای که پس از شکل گیری ظاهری مجامع عمومی و کمیته های مردمی نیز همواره قذافی به عنوان دبیر کل اجرایی خلق انتخاب می شد. (بخشی، ۱۳۹۰: ۱۰۰)

در این نظام سیاسی هرگونه مخالفت با سرکوب مواجه شده و بسیاری از معارضان حکومت، ازجمله اسلام گرایان در طی دهه های 1990 و ۲۰۰۰ سرکوب و قتل عام شدند. گذشته از ویژگی های فوق، فساد گسترده یکی دیگر از ویژگی های بارز حکومت قذافی بود؛ طوری که براساس آمارهای شفافیت بین المللی لیبی در سال 2010، فساد در لیبی از تمام کشورهای مورد بررسی در جهان عرب بیشتر بود .البته جمعیت کم لیبی و درآمدهای هنگفت نفتی آن باعث شده بود تا این کشور از نظر رفاه اقتصادی به مراتب بهتر از کشورهایی چون مصر، یمن و سوریه باشد. در واقع لیبی در زمره ثروتمند ترین کشورهای جهان عرب و افریقا بوده است. این کشور یکی از بالاترین درآمدهای سرانه را در قاره افریقا داشته و طی دهه ۱۹۸۰ سرمایه گذاری قابل توجهی در عرصه اجتماعی داشت. (تافت، ویول و هنسن، ۱۳۹۰: ۱۳۵)

با این حال این به معنای فقدان چالش های اقتصادی در این کشور نیست، بلکه بیکاری و عدم توزیع عادلانه ثروت در لیبی نیز وجود داشت، طوری که نرخ بیکاری در حدود ۳۰ درصد بود. در مجموع می توان گفت که در لیبی ساختار دیکتاتوری رژیم قذافی و عدم توزیع عادلانه قدرت و ثروت در کنار فساد گسترده و شکاف های قبیلگی و محلی پتانسیل اعتراضی بالایی را علیه قذافی، به ویژه در مناطق شرقی کشور ایجاد کرده بود. در این میان فقدان جامعه مدنی و نهادهای مدرن باعث تأثیر بیشتر نیروهای محلی و قبیلگی در این کشور شده است. (نیاکوئی ، پیشین :۱۸۰)

به طور کل، در خصوص ویژگی های تحولات لیبی توجه به نکات زیر ضروری است:

۱. اعتراضات از نواحی شرقی کشور که شکاف دیرپایی با منطقه طرابلس داشته، آغاز و این مناطق به سرعت از دست طرفداران قذافی خارج شد .با این حال در نواحی غربی کشور مقاومت های قابل توجهی از سوی قذافی و طرفدارانش

انجام گرفت و به نظر می رسد که اگر حمایت و پشتیبانی ناتو وجود نداشت، احتمالاً انقلابیون هرگز موفق به فتح تمام مناطق کشور نمی شدند. این امر، شکاف های محلی قبیلگی را در لیبی نمایان تر می کند.

۲. مدل اعتراضات در لیبی به سرعت به جنگ داخلی تغییر شکل داد، طوری که تحولات این کشور را نمی توان در قالب یک انقلاب مدرن طبقه بندی کرد. در واقع در میان انقلاب های اخیر جهان عرب، تحولات لیبی غیرمدرن ترین انقلاب محسوب می شود. بهره گیری طرفین منازعه از سلاح های سنگین و فتح شهرها پس از بمباران های شدید ناتو و منازعات خونین ، این امر را نمایان تر می کند.

۳. در لیبی، شکه های قوم و خویشی و شکاف های محلی و قبیلگی نقش مؤثری داشته است، جامعه لیبی هنگامی که اعتراضات آغاز شد و رژیم نتوانست سیاست تفرقه بینداز و حکومت کن را دنبال کند، بر اساس خطوط فوق دچار گسست و چندپارگی شد؛ نیروهای مسلح نیز بر اساس همین شکاف تجزیه شدند، طوری که برخی به مخالفان پیوستند و برخی د ر کنار قذافی باقی ماندند.

۴. تحولات لیبی نه یک انقلاب لیبرال دمکراتیک است و نه انقلاب پست مدرن، بلکه تجلی شکاف های عمیق اجتماعی و قبیلگی در جامعه ای است که در آن هویت ملی، دولت سازی و دستگاه اداری – حکومتی منسجم شکل نگرفته و بنابراین چشم انداز تداوم تنش و انتقام گیری و حتی جنگ های داخلی در این کشور مورد کاملا واقعی است و از این لحاظ تفاوت های بارزی با تحولات در مصر ، تونس و یا حتی بحرین و سوریه دارد. (همان :۱۸۳-۱۸۲)

به طور کلی، با شروع اعتراضات، جامعه لیبی و نیروهای مسلح براساس خطوط و گسست های محلی و قبیلگی دچار تجزیه و انشعاب شدند، در این میان حکومت قذافی بر پایه مجموعه ای از روابط و شبکه های محلی و قبیلگی در مناطق غربی کشور و در میان برخی قبایل دارای مشروعیت و پایگاه اجتماعی قابل ملاحظه ای بود، در حالی که نواحی شرقی به سرعت از کنترل دولت خارج شدند. بر این اساس کشور به سمت جنگ داخلی طولانی مدتی سوق یافت که تنها با دخالت نظامی مؤثر عوامل خارجی به پایان رسید. (همان :۱۸۳)

۵-۴-یمن

جمهوری متحده یمن در سال۱۹۹۰ میلادی با ادغام یمن شمالی و یمن جنوبی شکل گرفت و از آن تاریخ تا کنون عبدالله صالح در این کشور حکمرانی کرده است. به طور کلی مهم ترین ویژگی های سیاسی و نظام حزبی یمن پس از ادغام عبارتند از:

- **اقتدارگرایی مبتنی بر هژمونی حزب حاکم**: حکومت عبدالله صالح در زمره رژیم های اقتدارگرای مبتنی بر هژمونی حزب حاکم همراه با سطح بالایی از رقابت سیاسی و انتخاباتی، طبقه بندی می شود. در این نظام سیاسی اگرچه میزانی از رقابت انتخاباتی تحمل می شود، اما عملا حزب حاکم با بهره گیری از مجموعه ای از بازارها موقعیت مسلط را به دست می آورد. در خصوص پیروزی کنگره خلق عمومی باید توجه داشت که این جریان به مثابه حزب حاکم از مجموعه ای از ابزارها برای پیروزی در انتخابات به وجه احسن استفاده می کرد. (نیاکوئی، پیشین: ۱۰۵)
- **فساد اقتصادی گسترده**: در شرایطی که یمن فقیرترین کشور خلیج فارس محسوب می شود، فساد اقتصادی عظیمی در میان نخبگان و طبقه حاکم این کشور وجود داشته است. به گفته یکی از اعضای پارلمان، فساد سیاسی وسیع است و کنگره خلق عمومی تلاش چندانی برای مبارزه با اختلاس و ثروت های نامشروع نمی کند. (Blaydes,op-cit:217)

از نظر اوضاع اقتصادی اجتماعی، یمن فقیرترین کشور منطقه خاورمیانه است و حداقل ۵۸ درصد کودکان این کشور از سوء تغذیه رنج می برند. یکی دیگر از مشکلات مهم اجتماعی یمن، معضل بیکاری، به ویژه در میان جوانان است. رشد جمعیت بالا در یمن از یک سو و ناتوانی حکومت در اشتغال زایی از سوی دیگر، موجب شده که نرخ بیکاری در این کشور بسیار بالا باشد. (صادقی و احمدیان، ۱۳۸۹: ۲۶۱)

یمن از نظر شاخص های آموزشی نیز وضعیت اسفناکی دارد، به گونه ای که براساس آمارهای نهادهای امریکایی ، پنجاه درصد جامعه یمن بی سواد هستند. براین اساس، بسیاری از محققان ، ضعف هویت ملی و انسجام اجتماعی و عدم شک ل گیری دولت ملت را از مهم ترین چالش های این کشور تلقی می کنند. گذشته از شکاف های قبیلگی، شکاف های فرقه ای و مذهبی نیز در یمن چشمگیر است.عدم توزیع عادلانه ثروت و قدرت بین گروه های قومی، مذهبی و مناطق جغرافیایی مختلف نیز شکاف های اجتماعی یاد شده را تشدید کرده است. به طورکلی می توان گفت که فساد گسترده و ویژگی الیگارشیک حکومت صالح و اقتدارگرایی مبتنی بر هژمونی حزبی در یمن، نارضایتی احزاب و گروه های سیاسی اپوزیسیون

را برانگیخته و بحران مشروعیت عمیقی را در این کشور ایجاد کرده بود؛ در این میان فقر، بیکاری گسترده، عدم توزیع عادلانه ثروت و سو تغذیه و بحران منابع نیز بر پیچیدگی های بحران یمن افزوده و تلقیقی از بحران های مشروعیت و کارآمدی را ایجاد کرده و خیل عظیمی از طبقات و نیروهای اجتماعی را در مقابل حکومت قرار داده بود. در چنین شرایطی، موج سرایتی انقلاب های جهان عرب جرقه آغاز اعتراضات در یمن را ایجاد کرد و مردم یمن همچون مصری ها راهپیمایی و تظاهرات عظیمی را در میدان های بزرگ شهرهای یمن از جمله صنعا برگزار کردند. عمده جریانات و نیروهای اجتماعی که در اعتراضات سال ۲۰۱۱ در مقابل حکومت عبدالله صالح صف آرایی کردند، عبارتند از: جنبش جوانان و دانشجویان، حوثی ها، مردم جنوب ، خاندان پرنفوذ الاحمر و گروه هایی از افسران ارتش که از حمایت صالح جدا شدند. البته بدون شک، آغازگر قیام مردم یمن را باید دانشجویان و جوانان مستقل نامید که اکثر آنها وابستگی به حزب و یا گروه سیاسی خاصی نداشتند. (احمدیان، ۱۳۹۰)

در خصوص مدل انقلاب یمن و همچنین نیروهای اجتماعی دخیل در انقلاب توجه به نکات زیر ضروری است:

۱. نیروهای اجتماعی مختلف و فراگیری، اعم از دانشجویان و جوانان و قبایل در جبهه انقلاب حضور دارند، با این حال با توجه به بافت قبیلگی و روستایی یمن به نظر می رسد که قبایل و فرقه های مذهبی نقش تعیین کننده تری در روند تحولات کشور داشته اند . حضور جریانات مختلف، اعم از حوثی های متأثر از ایران، جدایی طلبان جنوب، سلفی های وابسته به عربستان سعودی و جوانان و دانشجویان که دغدغه ها و مطالبات مختلفی دارند، چشم انداز پیچیده ای را در خصوص آینده سیاسی یمن به تصویر می کشد. همچنین باید توجه داشت که با توجه به بافت قبیلگی یمن، برخی قبایل نیز از صالح حمایت کرده اند.

۲. با توجه به بی سوادی گسترده، مناسبات قبیلگی و شکاف های پیچیده مذهبی و فرقه ای در یمن، تفاوت های ی شگرفی بین تجربه این کشور و کشورهای دیگری چون تونس و مصر که طبقه متوسط قدرتمندی در آن حضور دارند، به چشم می خورد .با توجه به موارد فوق، با اطمینان می توان گفت که در یمن نه به سرعت دموکراسی برقرار می شود و نه آرامش و ثبات و حتی امکان تکرار تحولات سومالی و گسترش هرج و مرج و جنگ داخلی نیز کاملا متصور است.

۳. واکنش ارتش و نیروهای مسلح یمن به اعتراضات پیچیده بوده است .در این کشور به مانند لیبی، نهادمندی نیروهای مسلح پایین بوده است. بر این اساس، واحدها و افسرانی که پیوستگی و قرابت هایی با خانواده حاکم داشتند، از رژیم حمایت کردند و به طور کلی براساس گسست ها و شکاف های قبیلگی و فرقه ای در جامعه، نیروهای مسلح یا در کنار عبدالله صالح قرار گرفته و یا به مخالفان پیوستند.براین اساس، گارد ریاست جمهوری که فرماندهی آن در دست خاندان عبدالله صالح است همچنان از حکومت صالح حمایت می کند اما با پیوستن خاندان پرنفوذ الاحمر به جریان انقلاب، بسیاری از فرماندهان ارتش نیز از حکومت عبدالله صالح روی برگرداندند. (نیاکوئی، پیشین: ۱۱۸)

به طور کلی، اگرچه حکومت عبدالله صالح به دلیل بحران های سیاسی و اجتماعی مختلف، فاقد مشروعیت سیاسی برای تداوم حکمرانی بوده و طبقات و نیروهای اجتماعی مختلفی از جمله جوانان، دانشجویان، مهم ترین قبایل و احزاب سیاسی و همچنین حوثی ها و جنوبی ها در مقابل حکومت قرار گرفته و بارها تظاهرات فراگیر و عظیمی را برپا کردند، اما شکاف های قبیلگی در این کشور باعث حمایت برخی قبایل و گروه ها از رژیم صالح شده است. (سجادپور، ۱۳۹۰: ۱۱۹)

۵-۵-بحرین

بحرین از دیرباز، به لحاظ موقعیت استراتژیک و قرارگرفتن در آ بهای خلیج فارس، اهمیت بسیاری داشته و همواره، محل تردد کشتیهای خارجی بوده است .برخی دلایل اهمیت آن عبارتند از: راه مهم ارتباطی بین اروپا و هند (به ویژه در دوران استعمار انگلستان)، وجود پایگاه های نظامی خارجی در آن (قبل و بعد از جدایی از ایران)، وجود ناوگان پنجم دریایی آمریکا و مرکز مالی بانکی منطقه .جمعیت بحرین، بر اساس آمار 2009 برابر ۱۴۶۰۰۰۰ نفر می باشد که اندکی بیش از 50 درصد آن نیروی کار خارجی می باشند. حدود 65 تا 70 درصد جمعیت شیعه می باشند.(امیرعبداللهیان، ۱۳۹۰: ۱۴۸)

به طور کلی مهمترین ویژگی های حکومت آل خلیفه که به طور تاریخی با عث نارضایتی مردم این کشور شده است را می توان تبعیض مذهبی و اقتدار گرایی خلاصه کرد . بحرین کشوری است که به دلیل اوضاع جمعیتی همواره کانون رستاخیز اکثریت شیعی بوده است . در این کشور شیعیان از اکثریت برخوردار هستند ولی خانواده حاکم آل خلیفه و اکثر نخبگان سیاسی به آیین تسنن تعلق دارند .و شیعیان بحرینی همواره مناصب سیاسی و فرصت های اقتصادی محدودی داشته و از تبعیض های گوناگون

مذهبی رنج برده اند که می توان به ممانعت در استخدام بخش های دولتی ، به ویژه پلیس ، نیروهای مسلح ، وزارت امورخارجه و وزارت دفاع اشاره کرد .(نیاکویی ،۱۳۹۰ :256-255)

حمد بن عیسی آل خلیفه، پادشاه بحرین که بعد از فوت پدرش در مارس 1999 ، به قدرت رسید، بر اثر فشارهای داخلی و خارجی، تمایلاتی مبنی بر انجام اصلاحات سیاسی و اقتصادی نشان داد .اوضاع بحرانی بحرین و مرگ ناگهانی شیخ عیسی در 1999، شیخ حمد را بین دو راه مخیر نمود :سخت گیری بیشتر یا ارائه دیدگاهی تازه. راه حل اخیر، پشتیبانی نیروهای خارجی را نیز در بر داشت و احتمالاً، دلیل عمده اتخاذ این سیاست، همان فشار خارجی بود .بانکها در جستجوی مکانی امن تر در خلیج فارس مانند دبی، از بحرین خارج می شدند و آمریکائیها که ناوگان پنجم خود را در پایگاه دریائی بحرین نگاه داشته بودند، به طور فزاینده ای به این نکته واقف می شدند که خانواده سنی مذهب حاکم بر بحرین، محتاج برخورد متعاد لتری با مسائل مربوط به اکثریت شیعه این کشور است .ادام ارلی سفیر آمریکا در سال های 2006 تا 2009 در بحرین می گوید: « ما همواره به حکومت بحرین توصیه می کنیم که برای ثبات کشور، حقوق شیعیان را محترم بشمارند». شیخ حمد بن عیسی، به فاصله کوتاهی پس از به قدرت رسیدن، به اتخاذ سیاست های جدیدی روی آورد که در مجموع، تأثیراتی بر اوضاع داخلی و وضعیت سیاسی این کشور داشت و دورنمایی را ترسیم می کرد که امید به ایجاد فضای باز سیاسی و برقرای آشتی ملی را تداعی می کرد و به بازگشت برخی مخالفان به صحنه فعالیت های اجتماعی و سیاسی بحرین انجامید .از جمله این سیاست ها، میتوان به بازگشایی پارلمانی که پدرش در 1975 منحل نمود، الغاء قانون سرکوب امنیتی، عفو تمام 1000 زندانی سیاسی، تدوین و به همه پرسی گذاشتن منشور ملی بحرین، اجازه بازگشت به معارضان تبعیدی خارج از کشور، تشکیل کمیته حقوق بشر در مجلس مشورتی، تقویت نقش زنان در جامعه و اجازه نامزدی زنان در انتخابات شوراهای شهرداری ها و پارلمان اشاره کرد .(امیر عبداللهیان، ۱۳۹۰: ۱۴۸)

در اولین اقدام در فوریه 2001 ، امیر بحرین دستور همه پرسی « منشور جدید ملی» را صادر کرد .در این منشور، مواردی همچون برقراری انتخابات آزاد مجلس، گسترش آزادیهای شخصی، برخورداری شهروندان از حقوق برابر، استقلال قوه قضائیه و اجازۀ فعالیت اجتماعی بیشتر و حق رأی و شرکت زنان در انتخابات مجلس گنجانده شد. اقدامات فوری دولت نیز شامل حذف « دادگاه امنیتی حکومتی» و « قوانین ویژۀ امنیتی» بود که بعد از ناآرام یهای داخلی در سال 1995 ، برقرار شده بودند . (امیرعبداللهیان، پیشین: ۱۴۹)

در سطح داخلی، فشارهای طبقه متوسط و پایین جامعه که اکثریت آنها را شیعیان تشکیل می دهند، گام مؤثری در اعمال اصلاحات سیاسی بوده است. این اکثریت برای سالیان دراز از رفتار تبعیض آمیز حاکمان سنی کشور و عدم برخورداری از حقوق سیاسی، اقتصادی و اجتماعی، رنج می برند و همواره خواهان برخورداری از حقوق اجتماعی و سیاسی برابر و خصوصاً، وضعیت اقتصادی مساعدتری هستند. در طول سال های حکومت شیخ عیسی، هسته های اصلی ناآرامی و نارضایتی در اجتماع شیعیان بحرین شکل گرفته و منجر به شور شهای خیابانی و دستگیری تعداد زیادی از آنها شد .تداوم این امر در طول دههٔ1990 ، در چندین نوبت، منجر به افزایش تنش های سیاسی جامعه بحرین گردید. به همین دلیل، اولین اقدام امیر جدید بحرین، هرچند به صورت صوری، معطوف به رفع محدودیت های سیاسی و تبعیض در درون جامعه شد که تبلور آن به صورت تدوین « منشور ملی جدید» نمایان گردید و در همه پرسی 14 و 15 نوامبر 2001 ، به تصویب 98 درصد مردم بحرین رسید.

(Lugar,2004)

یکی از مهمترین اصول این منشور، احیای انتخابات آزاد بر اساس قانون است .همچنین، در این منشور آمده که همه شهروندان در برابر قانون مساوی هستند و هرگونه تبعیض در زمینه هایی همچون جنسیت، اصل و نسب، زبان و مذهب، نفی شده است. هیچ کس و در هیچ زمینه ای نباید مورد اذیت و آزار اخلاقی یا فیزیکی تحت هر شرایطی قرار گیرد .استراق سمع به هر شکلی ممنوع است، مگر در موارد مهم امنیتی، آن هم با اجازه دادگاه ها .تأسیس هرگونه انجمن خصوصی، علمی، فرهنگی وحرفه ای آزاد است و تمامی شهروندان از حق بیان عقاید خود به صورت گفتاری و نوشتاری برخوردارند. در سطح منطقه ای، عواملی همچون جنگ خلیج فارس و انقلاب ارتباطات مطرح می باشد. روند اصلاحات سیاسی در منطقه، با حملهٔ عراق به کویت و بروز جنگ خلیج فارس آغاز شد و به دنبال خود، موج وسیعی از تغییرات سیاسی، اقتصادی و اجتماعی را به همراه آورد . ضرورت این تغییرات از عوامل عینی، همچون هزینه عظیم جنگ و حضور گستردهٔ نظامیان خارجی و نیز نوسان قیمت نفت در بازارهای جهانی ناشی می شد .انعکاس اخبار جنگ، موجب ارتقای سطح آگاهی سیاسی مردم و افزایش خواسته ها و توقعات سیاسی آنها شد. جنگ خلیج فارس، عجز و ناتوانی نخبگان حاکم بر منطقه در دفاع از تمامیت ارضی کشورهایشان را به اثبات رساند و بر وابستگی آنها به غرب و به خصوص، ایالات متحده، صحه گذاشت .نتیجهٔ تحولات فوق زیر سؤال رفتن مشروعیت حکومتهای منطقه از جمله بحرین بود که در چندین مرحله منجر به اعطای آزادیهای سیاسی به طبقات مختلف جامعه گردید.

(عبداللهیان ، پیشین :۱۴۹)

روند رو به گسترش جهانی شدن و حرکت کشورها برای همسوشدن با آن، یکی دیگر از دلایل آزادسازی سیاسی در بحرین میباشد. در دههٔ اخیر، مشکلات کشورهای عربی در جهت ادغام در اقتصاد جهانی و جذب سرمایه گذاری های خارجی، بسیاری از رهبران کشورهای عربی را وادار کرده درهای کشور را به سوی اقتصاد جهانی و کشورهای غربی باز کنند. تحت فشارهای شدید جامعهٔ بین المللی، برخی از حکومتهای عربی منطقه مجبور شده اند از کنترل سخت و همه جانبهٔ سیاسی بر جوامع خود بکاهند و روند آزادسازی سیاسی و اجتماعی را تسریع بخشند. در حال حاضر، مؤسسات مالی جهانی، همچون بانک جهانی، صندوق بین المللی پول و سایر جوامع اقتصادی بین المللی و همچنین، کشورهای اروپایی، ایالات متحده و ژاپن و در نهایت، سایر بازیگران بین المللی، همچون سازما نهای غیردولتی که اغلب کمکهای اقتصادی و مالی در اختیار کشورهای عربی قرار می دهند، خواستار برقراری سیستم باز سیاسی و اقتصادی در این کشورها می باشند. اقدامات دولت بحرین، طی سا لهای گذشته در جهت دستیابی آسان تر به اهداف اقتصادی و ادغام در روند اقتصادی جهانی شدن می باشد. (Bahrain Economic Development Board, 2008)

عملکرد نادرست سیستم حکومتی بحرین، اعمال تبعیض و نابرابری و عدم توجه حکومت به مطالبات مشروع شهروندان، منجر به بروز اعتراضات گسترده مردم مسلمان بحرین، اعم از شیعه و سنی در فضای بهار عربی و خیزش های مردمی که متأثر از بیداری اسلامی است، گردید. در این بین، بحرین به دلیل برخورداربودن بیش از هفتاد درصد ترکیب جمعیتی شیعه، مورد هجمه نظامی عربستان سعودی و برخی کشورهای حاشیه خلیج فارس با پوشش نیروهای سپر جزیره قرار گرفت. برخی حاکمان سعودی و کشورهای عربی، تلاش نمودند با ایجاد درگیری فرقه ای و اختلاف شیعه و سنی، مطالبات مردم بحرین را با ترکیبی از رو شهای نرم افزاری و سخت افزاری سرکوب نمایند. پس از گذشت ماه ها از سرکوب نظامی و امنیتی مردم بحرین و در پی مقاومت مردم مسلمان این کشور و واکنش گروه های حقوق بشری و غیر دولتی نسبت به فجایعی که در این کشور از سوی حکومت اعمال گردید، شرایط برای نیروهای نظامی عربستان سعودی و همچنین، حکومت بحرین دشوار گردید و در نتیجه، مردم با تلاش بیشتری مطالبات خود را پیگیری نمودند. نکته مهم در تحولات بحرین این است که:

اولاً، هیچیک از رسانه های غربی و عربی نسبت به پوشش قیام مردم اقدامی نکردند.

ثانیاً، رهبران سیاسی و دینی معارض بحرینی، به رغم کشته و مجروح شدن صدها تن، همواره مردم را به پیگیری مطالبات خود از طریق مسالمت آمیز ترغیب نمودند.

ثالثاً، مردم بحرین، مطالبات مشروع خود را با رو شهایی کاملاً دموکراتیک و مسالمت آمیز پیگیری نموده اند.

رابعاً، بانیان طرح خاورمیانه بزرگ، از گسترش دموکراسی در کشورهای خاورمیانه صحبت نمودند، اما به رغم طرح مطالبات دموکراتیک از سوی معارضین و نقض حقوق بشر و رفتارهای ناقض دموکراسی از سوی حکومت بحرین و سعودی، هیچ واکنشی از خود نشان ندادند و در واقع، مهر تأییدی بر اقدامات ضد انسانی و ضد دموکراتیک این حکومتها زدند. به نظر می رسد، قیام مردم بحرین با عنایت به خطای راهبردی و استراتژیک عربستان سعودی و حکومت بحرین و متأثر از تحولات خاورمیانه، به سمت و سویی پیش خواهد رفت که غیرقابل بازگشت خواهد بود. (عبداللهیان، پیشین: ۱۵۶)

۵-۶-سوریه

همانطور که می دانیم سوریه اهمیت فوق العاده ای در منطقه استراتژیک خاورمیانه دارد. واقع شدن این کشور در کناره دریای مدینترانه و همچنین همسایگی آن با رژیم صهیونیستی ، جایگاه ویژه ای به سوریه داده است؛ این موقعیت استراتژیک باعث شده که تحولات این کشور و پیامدهای ان با حساسیتهای زیادی در محافل منطقه ای دنبال شود. در این بخش سعی می شود که سیاست خارجی بازیگران تاثیرگذار در رابطه با تحولات این کشور مورد بررسی قرار بگیرد؛ بر این اساس سیاست ایران، رژیم صهیونیستی، ایالات متحده ، عربستان سعودی و در نهایت ترکیه در خصوص بحران سوریه مورد بررسی قرار می گیرد.(نیاکوئی ، پیشین :۱۶۲)

۱. ایران و بحران سوریه

پیش از انکه موضع ایران را درقبال بحران اخیر سوریه، اعتراضات ۲۰۱۱ مورد بررسی قرار دهیم ، لازم است پیش درآمدی از روابط ایران و سوریه در دوران معاصر بیان شود.

در دوره پیش از انقلاب اسلامی ، در مجموع روابط سردی میان ایران و سوریه برقرار بود . تفاوت نظامهای سیاسی و جهت گیری خارجی متفاوت ، مهمترین علل سردی روابط دور کشور تا قبل از انقلاب اسلامی بوده است . در واقع در حالی که حکومت ایران سلطنتی و وابسته به غرب بود و رژیم صهیوتیستی را نیز به رسمیت می شناخت ، دولت سوریه کاملا در مقابل ایران قرر داشت . این کشور دارای نظام جمهوری پارلمانی بوده و به بلوک شرق نزدیکتر بود . علاوه بر این سوریه ، رژیم جمهوری پارلمانی بوده و به بلوک شرق نزدیکتر بود . علاوه بر این سوریه ، رژیم صهیونیستی را دشمن اصلی خود تلقی می

کرد . به هر حال پیروزی انقلاب اسلامی نقطه عطفی در روابط دو کشور بود . به گونه ای که روابط ایران و سوریه به سرعت بهبود و گسترش یافت . از مهمترین دلایل بهبود روابط می توان به ارتباط دولت سوریه با مخالفان شاه قبل از انقلاب، تغییر بنیادین در سیاست خارجی ایران با پیروزی انقلاب اسلامی، قطع رابطه ایران با رژیم صهیونیستی و خارج شدن از بلوک غرب و مخالفت دور کشور با سیاست های رژیم بعث عراق اشاره کرد. دراین میان بدون شک حمایت سوریه از ایران در خلال جنگ تحمیلی بسیار پراهمیت بود ؛ این امر باعث شد که جنگ ایران به عنوان فارس و عرب مطرح نشود . سوریه همچنین سوریه همچنین با بستن لوله هایی که نفت شمال عراق را به ساحل شرقی دریای مدیترانه رساند، ضربه بزرگی به اقتصاد عراق وارد کرد ، این کشور بارها مانع اجماع کشورهای عضو اتحادیه عرب بر علیه ایران در جنگ تحمیلی شد که از جمله می توان به اقدام این کشور در تحریم اجلاس سران کشورهای عرب در سال ۱۹۸۲ اشاره کرد . گذشته از اینها سوریه در اوج تحریم تسلیحاتی ایران ، توانست سلاحهای پیشرفته دفاعی را در اختیار جمهوری اسلامی قرار دهد. و همچنین سوریه باعث تعمیق روابط ایران با لبنان شد.البته رابطه سوریه با ایران برای این کشور نیز مزایای اقتصادی و سیاسی مهمی داشته است که از جمله می توان به افزایش نقش و جایگاه منطقه ای سوریه و همچنین نقش میانجیگرانه ایران در قبال بحران روابط ترکیه با سوریه اشاره کرد. اهمیت روابط دو کشور به گونه ای بوده که رهبری انقلاب در ملاقاتی که با بشار اسد در سال ۱۳۸۵ داشتند ، ایران و سوریه را عمق استراتژیک یکدیگر نامیده و تاکید فرمودند که روابط دو کشور از دیرینه ترین و ممتازترین روابط کشورهای منطقه است. در خصوص روابط ایران و سوریه همچنین باید به نقش لجستیکی پر اهمیت سوریه برای حزب الله لبنان و حماس که از متحدان سیاسی ایران هستند نیز اشاره کرد. با توجه به موارد فوق ، ایران در قبال بحران سیاسی اخیر در سوریه ، قاطعانه از حکومت اسد حمایت کرد . باید توجه داشت که چشم انداز سقوط دولت اسد برای جمهوری اسلامی ایران بسیار ناراحت کننده می باشد و عملا سقوط دولت اسد، انزوای ایران در منطقه را افزایش می دهد ، زیرا که هر حکومتی که پس از اسد در سوریه به قدرت برسد، کمتر از این رژیم میل به همکاری با ایران خواهد داشت.جمهوری اسلامی با لحاظ کردن موارد فوق و همچنین برخی شواهد ، اعتراضات سوریه را یک جریان مردمی و اسلامی تلقی نکرده و برنقش بازیگران خارجی از جمله عربستان سعودی ، ایالات متحده و رژیم صهیونیستی در برپایی آشوب های سوریه تاکید کرده است. ایران مواضع عربستان ، ترکیه و غرب را نشانه ای از یک توطئه بزرگ علیه سوریه و محور مقاومت می بینند. به باور مقامات ایرانی ، عربستان با حمایت مالی از سلفی های مسلح و ترکیه با هماهنگی آمریکا در سدد هستند تا حکومت سوریه را که حلقه اساسی پیوند

جمهوری اسلامی و مقاومت در منطقه است سرنگون ساخته تا به این ترتیب ائتلاف راهبردی سی ساله تهران – دمشق به آخر خط برسد . البته با گسترش امواج اعتراضات در تابستان ۱۳۹۰ و همچنین برخی تماس های دیپلماتیک ، موضع سیاسی ایران در حمایت از حکومت اسد نرم تر شده است و ایران در عین حمایت از دولت اسد و محکوم کردن دخالت های خارجی، بر ضرورت گفتگوهای ملی بین دولت و مخالفان و همچنین اصلاحات سیاسی دموکراتیک در این کشور تاکید می کند . در این میان باید توجه داشت که برخی از کارشناسان بر این باورند که موضع دیپلماسی ایران در مقابل سوریه منفعل بوده و ایران می توانست با تعامل بهتر با برخی جریانات اپوزیسیون در سوریه و تلاش در ایجاد گفتگوهای ملی ، دیپلماسی فعالتری را اتخاذ نماید.(همان:۱۶۴-۱۶۳)

۲.رژیم صهیونیستی و بحران سوریه :

همانطور که در بخش های قبلی بیان کردیم ، بحران سوریه از پیچیده ترین بحران های کنونی در منطقه خاورمیانه محسوب می شود که پیامدهای آن می تواند تاثیرات قابل توجهی بر سایر کشورهای منطقه داشته باشد. پیچیدگی بحران سوریه باعث شده که جهت گیری های بازیگران مختلف منطقه ای تحت تاثیر عوامل مختلفی قرار گیرد . این وضعیت در رابطه با رژیم صهیونیستی که با چالش های سیاسی امنیتی مختلفی مواجه است، جلوه بیشتری دارد. رهبری رژیم صهیونیستی از یک سو با توجه به نقشی که سوریه در حمایت از جریان های مقاومت در طی سالیان اخیر داشته است، بر این باورند که بحرا نها و ناآرامی های داخلی موجب تضعیف رژیم سوریه و در نتیجه تضعیف جریان مقاومت که شامل بازیگرانی چون ایران ، سوریه ، حزب الله لبنان و حماس است می شود . در این میان باید توجه داشت که سوریه عملا حلقه ارتباطی ایران با جریاناتی چون حماس و حزب الله لبنان بوده وتضعیف آن می تواند ضربه ای بنیادین به جبهه مقاومت وارد کند. از سوی دیگر این دغدغه در میان مسئولان رژیم صهیونیستی به چشم می خورد که گسترش ناامنی در سوریه می تواند به طور مستقیم امنیت رژیم صهیونیستی را با خطر مواجه کند. این موضوع با توجه به امن بودن مرزهای رژیم صهیونیستی – سوریه در دوران اسد نمود بیشتری یافته است. در واقع باید توجه داشت که علی رغم چالشهای سیاسی بین رژیم صهیونیستی و سوریه در طی سالیان اخیر، مرزهای دو کشور همواره ایمن بوده است، حال آن که پس از بحران های داخلی اخیر در سوریه ، در این زمینه جالشهایی به وجود امده است. گذشته از این ، مسئولان رژیم صهیونیستی در حیرتند که جایگزین اسد چه جریانی خواهد بود . اگرچه رهبران رژیم صهیونیستی از وجود جریانات دموکراسی خواه و گروههای حقوق بشری فعال در سوریه مطلع هستند اما آنها از

قدرت یابی اخوان المسلمین سوریه در هراسند .به طور کلی دغدغه هایی چون شکل گیری بی ثباتی های گسترده در سوریه و تاثیرات سرایتی آن بر امنیت رژیم صهیونیستی یا به قدرت رسیدن اسلام گرایان افراطی که بیشتر از حکومت سکیولار اسد می توانند امنیت رژِیم صهیونیستی را مورد تهدید قرار دهند از جمله مهمترین نگرانی های رژیم صهیونیستی در رابطه با حوادث اخیر در سوریه می باشد و این در حالی است که رژیم صهیونیستی ابزرهای چندانی برای تاثیرگذاری بر روند وقایع این کشور ندارد و با تردید و ابهام ،آینده سیاسی این کشور را نظاره می کند. (همان: ۱۶۴).

۳. ایالات متحده و بحران سوریه :

پیچیدگی بحران سوریه در سیاست خارجی ایالات متحده نیز نمایان بوده است. مهمترین دغدغه های ایالات متحده در خصوص سوریه را می توان در امنیت رژیم صهیونیستی و کاهش نفوذ منطقه ای ایران خلاصه نمود. در این راستا در ابتدای بحران سوریه ، آمریکا عمدتاً خواهان انجام اصلاحات سیاسی توسط بشار اسد و همچنین جدایی تدریجی سوریه از ایران بود به گونه ای که معاون وزیر امور خارجه آمریکا بیان نمود که اگر رهبران دمشق در روابط خود با حزب الله لبنان ، جنبش حماس و ایران تجدید نظر کنند. ، اوضاع داخلی سوریه به حالت عادی باز خواهد گشت. این موضع گیری البته پرسش های مهمی را در رابطه با نقش احتمالی ایالات متحده در نا آرامی های داخلی سوریه مطرح می کند. به هر حال با گسترش یافتن ابعاد بحران در سوریه و عدم برآورد شدن مطالبات ایالات متحده، موضع این کشور نسبت به رژیم اسد شدیدتر شد. به گونه ای که در اظهارات مسئولان آمریکایی از پایان یافتن مشروعیت بشار اسد، و لزوم سقوط حکومت بعثی این کشورسخن گفته شد . البته بسیاری از کارشناسان غربی ، دولت اوباما را به بی عملی در رابطه با سوریه متهم کرده و اظهار داشته اند که ایالات متحده جز محکوم کردن حکومت سوریه تا کنون نتوانسته اقدام عملی موثری را در این کشور انجام دهد. در مجموع ایالات متحده عمدتا تلاش کرده تا از طریق سازمان های بین المللی بر تحریم و تحت فشارقرار دادن سوریه اقدام کند ، با این حال چالش هایی چون عدم حمایت روسیه و چین در شورای امنیت بر موقعیت طرح های آمریکا سایه افکنده است . گذشته از اینها باید به حمایت قدرتمند ایران از حکومت سوریه نیز توجه داشت که بر کار آمدی گزینه های آمریکا در قبال سوریه تاثیرگذار می باشد. (موسوی،۱۳۹۰)

۴.عربستان سعودی و بحران سوریه

عربستان سعودی یکی دیگر از از بازیگران مهم منطقه ای است که تلاش نموده است تا در جریان تحولات اخیر منطقه خاورمیانه و آفریقایی شمالی نفش آفرینی کند . به طور کلی نقش آفرینی عربستان سعودی در جریان تحولات اخیر منطقه ای بر محورهای زیر استوار بوده است :

۱- حمایت از حکومت های سنتی و غیر دموکراتیک : حکومت عربستان سعودی که هر گونه موج دموکراتیک را خطری برای موجودیت خود تلقی می کند ، در جریان اعتراضات اخیر همواره از حکومت های سنتی و غیردموکراتیک حمایت نمود. حمایت عربستان سعودی از بن علی در تونس، مبارک در مصر، آل خلیفه در بحرین و عبدالله صالح در یمن را از این منظر می توان مورد توجه قرار داد .

۲- حمایت از اهل سنت در مقابل شیعیان : حکومت عربستان سعودی به طور کلی تلاش کرده است تا از نظر هویتی و ایدئولوژیک نوعی بنیادگرایی سنی را در منطقه گسترش دهد ، این کشور تا آنجا پیش رفته که حتی در برخی مناطق سنی نشین ایران از جمله بلوچستان به سازماندهی و آموزش طلاب اهل سنت اقدام نموده است. در واقع گسترش اسلام وهابی و مخالف با شیعیان از وجوه بارز سیاست منطقه ای عربستان محسوب می شود ؛ بر این اساس می توان سرکوب شیعیان در بحرین ، سرکوب حوثی ها در یمن و همچنین حمایت از گروههای سلفی سوری در مقابل رژیم علوی سوریه را تبیین نمود. گذشته از این ها عربستان سعودی در طی سالیان پس از اشغال عراق ، نیز همواره نسبت به گسترش نفوذ شیعیان در ساختار سیاسی این کشور ابراز نگرانی و از جریانات سنی حمایت کرده است

۳- محدود کردن نفوذ منطقه ای ایران: تلاش آل سعود برای کاهش نقش آفرینی جمهوری اسلامی ایران یکی دیگر از وجوه بارز تحولات اخیر منطقه ای محسوب می شود. در حالی که ایران مهد تشیع انقلابی در منطقه محسوب می شود ؛ عربستان سعودی نماینده اسلام وهابی بوده است و بر این اساس تضاد ایدئولوژیک و هویتی میان دو کشور وجود داشته است. گذشته از این در شرایطی که ایران پرچمدار جریان رادیکال در منطقه است عربستان سعودی پرچمدار کشورهای عرب محافظه کار بوده است .

۴- در مجموع رقابت ایران و عربستان سعودی در تحولات منطقه به ویژه در رابطه با بحرین ، یمن و سوریه کاملاً نمایان و برجسته بوده است. در خصوص سوریه ، عربستان سعودی تلاش کرده است که از جریانات اسلام گرایی سنی مانند اخوان المسلمین سوریه داشته است. گذشته از اینها در برخی گزارش هایی به نقش عربستان سعودی در ارسال اسلحه

به سوریه و حمایت مالی از گروه های مسلح مبارز اشاره شده از جمله گفته شده که نهادهای اطلاعاتی سعودی به سراغ قبیله شمر که اعضای آن در شمال عربستان ، اردن ، جنوب، و شرق سوریه و همچنین در غرب عراق ساکن هستند رفته و تلاش کرده تا اعتراضات را در منطقه حوران و دیرالزور شعله ورکنند. علاوه بر اینها عربستان سعودی که خود نقش قابل توجهی در سرکوب مردم بحرین و یمن داشته است، در اعتراض به سرکوب های دولت سوریه و حمایت مالی و تسلیحاتی از اسلام گرایان سنی مهمترین وجوه سیاست عربستان سعودی نسبت به تحولات اخیر سوریه بوده است . (فنایی ، ۲۷:۱۳۹۰).

۵.ترکیه و بحران سوریه

ترکیه از دیگر بازیگران تاثیرگذار در عرصه تحولات منطقه ای محسوب می شود . این کشور در ابتدا تلاش کرد تا حکومت بشار اسد را به اصلاحات ترغیب نماید ولی پس از بالا گرفتن موج اعتراضات و درگیریها در سوریه که مهاجرت بخشی از مردم سوریه به خاک ترکیه را در پی داشت ، موضع این کشور نیز دچار تغییر و تحولاتی شد طوری که عملاً ترکیه از تغییر حکومت در سوریه دفاع کرده است. ترکیه در مواضع اخیر خود بیان کرده است که حکومت سوریه باید از قدرت کناره گیری کند . ترکیه همچنین سعی کرده تا پذیرای جریانات اپوزیسیون سوری باشد براین اساس تا کنون اجلاس های مختلفی در این کشور برگزار شده است. درپایان باید به روابط حسنه بسیاری از جریانات اپوزیسیون سوری از جمله اخوان المسلمین این کشور با ترکیه اشاره نمود. در حال حاضر ترکیه تحریم هایی را به صورت یکجانبه در همکاری با بازیگران غربی علیه سوریه اعمال می کند . گذشته از این گزارش هایی در خصوص نقش ترکیه در گسترش نا آرامی های سوریه نیز مطرح است. از جمله مرکز مطالعات جهانی روسیه اعلام کرده که مدارکی در رابطه با نقش ناتو و ترکیه در جهت ایجاد ناآرامی وپشتیبانی و مداخله نظامی در سوریه در دست دارد . نقش اخیر ترکیه در رابطه با سوریه باعث نگرانی جمهوری اسلامی ایران شده و بر روابط دیرپای دو کشور که از به قدرت رسیدن حزب عدالت و توسعه ایجاد شده سایه افکنده است ؛ در واقع هم اکنون در رابطه با سوریه رقابت قابل توجهی میان ایران و ترکیه و همچنین ایران و عربستان سعودی به چشم می خورد . یکی دیگر از از بازیگران بین المللی که نقش مهمی در بحران سیاسی سوریه ایفا کرده است ، دولت روسیه است . روسیه که پیوند های استراتژیک مهمی با سوریه دارد، بارها در شورای امنیت مانع اجماع در صدور قطعنامه علیه سوریه شد و

به حمایت از دولت بشار اسد و محکوم کردن تلاش های کشورهای غربی و عربی مبادرت کرده است . گذشته از روسیه ،

چین نیز نسبت به تلاش های کشورهای غربی و برخی دولت های عربی برای ساقط کردن رژیم اسد با سوظن و بدبینی نگاه

کرده است. هم اکنون تحولات سوریه در بستر پیچیده ای ازمنافع و علایق متضاد بازیگران مختلف منطقه ای و فرامنطقه ای

قرار گرفته و به نظر می رسد که عوامل خارجی مهمترین تاثیر را بر آینده سیاسی این کشور داشته باشد . (همان :۲۹)

نتیجه گیری فصل پنجم

این فصل که به بررسی شش کشور تونس ، مصر ، لیبی ، یمن ، بحرین ، سوریه در تحولات بهار عربی پرداخته است می توان

نتیجه گرفت که مهمترین ویژگی های آنان راکه منجر به سقوط و یا در حال سقوط می باشند را دیکتاتوری حزبی ، اقتدار گرایی

و شخصی بودن قدرت ، فساد گسترده ، فرسودگی حکومت و عدم گردش نخبگان عنوان کرد و به نظر می رسد تحولات سیاسی

در منطقه خاورمیانه بعد از انقلابهای عربی بازیگران جدید منطقه ای را بوجود خواهد آورد که دارای نقش آفرینی بیشتر در منطقه

خواهند بود .

فصل ششم

تضاد ها و مشابهت های رویکردی ایران و آمریکا

در باره تحولات جهان عرب

۶-۱- رویکرد ایران به تحولات جهان عرب

تحولات جهان عرب، هم از بعد «منافع» و هم از بعد «ارزش‌ها»، برای ایران مهم است. از لحاظ منافع، مسائل عمدتاً بر محور جابجایی حکومت‌ها و تأثیرات آن بر روابط دوجانبه و ثبات منطقه‌ای، معادلات مربوط به توازن قدرت و نقش بازیگران منطقه‌ای و فرامنطقه‌ای و به طور کلی، منافع اقتصادی و سیاسی است. از لحاظ ارزش‌ها هم این تحولات به لحاظ پیروی از شعارهای انقلاب اسلامی، عمدتاً بر محور حمایت از جنبش‌های مردمی، مبارزه با نقش بیگانگان در منطقه و تحقق «وحدت اسلامی»، دارای اهمیت است. از آغاز بروز این تحولات، تلاش اصلی سیاست خارجی ایران، چگونگی برقراری تعادل بین تأمین «منافع» و پیگیری خواسته‌های «ارزشی» بوده است. با توجه به این شرایط، سیاست ایران باید درباره هر کشور عرب، با توجه به حساسیت‌ها و درجه اهمیت در روابط دو جانبه و مسائل منطقه‌ای، ویژگی خاص خود را داشته باشد. در مورد مصر، به دلیل اهمیت نقش این کشور در معادلات منطقه‌ای، سیاست ایران باید مبتنی بر اولویت بر منافع و بهبود روابط دوجانبه باشد. درباره سوریه، ایران باید سیاست واقع‌گرایانه مبتنی بر تأمین منافع استراتژیک خود را داشته باشد و مواضع خود را بر پایه واقعیت‌های موجود جامعه سوریه تنظیم کند. گویا، اتحاد موجود بین دو کشور که به دلیل شرایط خاص روابط ایران ـ سوریه ـ حزب‌الله در منازعه با رژیم اسرائیل است، حتی در شرایط پذیرش بعضی از تحولات در سوریه هم ادامه داشته باشد. در مورد بحرین و عربستان هم سیاست ایران باید مبتنی بر تعادل بین «منافع» و «ارزش‌ها» و حمایت از جنبش‌های مردمی در چهارچوب حفظ احترام متقابل در روابط دوجانبه باشد.

(برزگر، ۱۳۹۱: ۱)

مطمئناً سیاست ایران در خلیج فارس، اقدام نظامی نیست، چون این سیاست منجر به تقویت این استراتژی قدیمی آمریکا و رژیم اسرائیل می‌شود که از زمان انقلاب اسلامی، هدف اصلی سیاست منطقه‌ای ایران را تحت نفوذ قرار دادن همسایگان معرفی کرده‌اند. این امر به ویژه با توجه به برنامه هسته‌ای ایران، از حساسیت بیشتری برخوردار می‌شود. مطمئناً ایران اشتباه سعودی‌ها را تکرار نخواهد کرد، چرا که این امر می‌تواند شکاف‌های سیاسی ـ امنیتی منطقه‌ای را افزایش دهد و توجیهی برای حضور همیشگی بیگانگان در منطقه باشد.

همچنین ایران باید با یک دیپلماسی فعال، از فرصت پدید آمده برای استفاده از نقش و نفوذ سازنده خود در حل و فصل بحران‌های منطقه استفاده کند. یک سیاست می‌تواند ابتکار برقراری یک کنفرانس منطقه‌ای در تهران و با شرکت تمامی طرف‌های

دارای منافع در سطح منطقه یا فرامنطقه از جمله ترکیه، عربستان، آمریکا، مصر، عراق، لبنان و... و با هدف یافتن یک راهکار فوری برای پایان دادن سریع به منازعه در بحرین باشد. ایران همچنین می‌تواند با حضوری فعال در سایر کنفرانس‌های منطقه‌ای، از نقش و نفوذ خود برای دستیابی به یک راه حل بینابینی در میان ملت‌ها و دولت‌های منطقه استفاده کند. (همان: ۲)

۶-۱-۱-رویکرد ایران در تحولات مصر

کشور مصر به رغم اتخاذ سیاست خارجی مستقل و فعالانه در دوره جمال عبدالناصر، بعد از شکست در چندین جنگ مقابل اسراییل و انعقاد پیمان کمپ دیوید در سیاست منطقه ای خود کاملا به سمت آمریکا و اسراییل متمایل شد. روابط جمهوری اسلامی ایران و مصر در دوره مبارک در سطح بسیار پایینی بوده است و به خصوص سیاست منطقه ای مصر در اغلب حوزه ها سمت و سویی متعارض با جهت گیری های منطقه ای و منافع امنیتی ایران داشته است. چالش‌های سیاسی و ایدئولوژیک مختلف مانع اصلی روابط دو کشور در دوره حسنی مبارک بوده‌اند که از جمله آنها چالش در حوزه سیاست خارجی، عدم اجماع سیاسی در دو کشور، چالش در حوزه اسلام سیاسی و تروریسم، چالش در مورد نام‌ها و نشانه‌ها و چالش‌های ناسیونالیستی مورد اشاره قرار می‌گیرند. با این حال به نظر می‌رسد در میان مؤلفه‌های فوق تعارضات و چالش‌های دو کشور در حوزه سیاست خارجی موانع اصلی برقراری روابط دو کشور بوده‌اند که باعث چالش های امنیتی خاصی برای ایران در طول چند دهه گذشته شده است. به خصوص همکاری های امنیتی مصر با آمریکا و اسراییل و مطرح بودن آن به عنوان بازیگر مهم ائتلاف محافظه کار عربی مقابل ایران محدودیت های مهمی را برای سیاست امنیتی کشور در حوزه خاورمیانه ایجاد می کرد. (جعفری ولدانی، ۱۳۸۷: ۱۲۸-۹۵)

سیاست خارجی مصر در دوره مبارک براساس اتحاد با آمریکا و همکاری با اسراییل استوار بود، اما در دوره بعد از مبارک مواضع و رفتارهای دیپلماتیک دولت موقت مصر به نخست‌وزیری عصام شرف حاکی از آغاز برخی تغییر و تحولات در سیاست خارجی مصر و تلاش برای طراحی پایه‌های جدیدی برای سیاست خارجی است. تلاش برای فاصله گرفتن از سیاست همکاری مطلق و نزدیک با اسراییل، عادی‌سازی روابط با همه همسایگان و کشورهای منطقه و نداشتن دشمن و برتری دادن منافع اقتصادی و استراتژیک از محورهای مهم سیاست خارجی دولت موقت مصر محسوب می‌شود که رویکردی متفاوت را نسبت به دوره مبارک نشان می‌دهد. از جمله شواهد حرکت مصر به سوی اتخاذ رویکردی جدید در سیاست خارجی را می‌توان دیدار مراد موافی رئیس جدید دستگاه اطلاعاتی مصر از سوریه و دیدار با مقامات برجسته این کشور، اجازه عبور رهبران حماس از فرودگاه این

کشور برای سفر به سوریه، بازگشایی مرز رفح، توافق رهبران فلسطینی فتح و حماس در قاهره، موافقت با اجازه عبور کشتی‌های جنگی ایرانی به سوی لاذقیه سوریه از طریق آبراه سوئز، سفر عصام شرف نخست‌وزیر مصر به سودان و موارد مشابه برشمرد. هرچند هنوز نمی توان در خصوص جهت گیری های منطقه ای جدید مصر در شرایطی که هنوز دولت دائمی تشکیل نشده است با قاطعیت سخن گفت، اما حداقل می توان به این مساله امیدوار بود که مصر همانند دوره مبارک در جهت همکاری امنیتی با اسراییل تلاش نکند و به عنوان بازیگری متخاصم در برابر سیاست های منطقه ای ج.ا.ایران نقش بازدارنده و منفی ایجاد نکند. حتی امیداواری بیشتری وجود داردکه مصر با ایفای نقش منطقه ای مستقل و فعال در سطح منطقه به حرکت خاورمیانه به سوی حوزه ای با استقلال و تاثیرگذاری گسترده تر در عرصه بین المللی به همراه کشورهایی مانند ایران بسیار کمک کند. مساله ای که در صورت تحقق باعث کاهش نفوذ و نقش آفرینی اسراییل و آمریکا در سطح منطقه و بهبود محیط امنیتی جمهوری اسلامی ایران خواهد شد(http://nahad.govir.ir/portal/Home/ShowPage.aspx?Object=News?)

۶-۱-۲-رویکرد ایران در تحولات بحرین

خیزش مردمی در بحرین بعد از سقوط مبارک از ۲۲ بهمن ۱۳۸۹ با حضور جوانان انقلابی آغاز شد و بعد از سرکوب اولیه اعتراضات از سوی حکومت ال خلیفه در ۲۵ بهمن به اعتراضات و راهپیمایی های گسترده مردمی تبدیل شد. از این زمان اقشار و گروه های مختلف مردمی و سیاسی از جمله الوفاق به عنوان مهمترین تشکل سیاسی شیعیان در بحرین در اعتراضات شرکت کردند و حتی نمایندگان الوفاق از پارلمان این کشور استعفا کردند. با ورود نیروهای نظامی عربستان سعودی و امارات عربی متحده به بحرین از ۲۲ اسفند ماه ۱۳۸۹ اعتراضات مردمی به شدت سرکوب شد و بسیاری از مخالفان دستگیر و زندانی شدند و تعدادی نیز کشته شدند. علاوه بر این حکومت به ایجاد رعب و وحشت، بیکار نمودن کارگران و کارمندان معترض، تخریب مساجد و حسینیه ها و اقدامات مشابه دیگر در جهت کنترل و مهار اعتراضات پرداخت. علاوه بر این دادگاه نظامی بحرین هشت نفر از رهبران انقلابی بحرین را به حبس ابد محکوم کرد. از خرداد ۱۳۹۰ حکومت اعلام نمود که وضعیت فوق العاده در این کشور لغو شده و پادشاه الظهرانی رئیس مجلس را به عنوان نماینده حاکمیت برای گفتگو با مخالفین تعیین کرده است، اما تداوم اقدامات سرکوبگرانه و خشونت نیروهای امنیتی و همچنین رویکرد کلی آل خلیفه حاکی از آن است که برخی اظهارات مقامات بحرینی در خصوص اصلاحات و گفتگو با مخالفین تنها نمایشی و درجهت ترمیم پرستیژ نظام سیاسی حاکم است و حکومت قصد هیچ گونه

اعطای امتیاز و گفتگوی واقعی و جدی با مخالفین را ندارد. این مساله ای است که حتی گروه های معتدل مخالف مانند الوفاق به آن واقف هستند و تنها راه را تداوم اعتراض مسالمت آمیز مردم برای دستیابی به مطالبات خود می دانند. از اول ماه تیر حکومت با دعوت از ۳۰۰ نفر از گروه های مختلف سعی در پیشبرد طرح گفتگوی ملی داشته است، اما گروه های مخالف حکومت را فاقد اراده لازم برای اعطای امتیاز و ایجاد تحول مردم سالاری می دانند و امید چندانی به نتیجه بخشی گفتگوها ندارند. Popular , (2011: 7)

ایران و عربستان سعودی در طول چند دهه گذشته دو بازیگر رقیب مهم در منطقه خلیج فارس بوده اند و به خصوص در یک دهه اخیر درنتیجه وقوع تحولاتی مانند تغییر حکومت در عراق و تحولات لبنان و فلسطین رقابت های دو کشور افزایش یافته است. رهبران سعودی در سال های گذشته با هدایت آمریکا، وانمود کرده اند که ایران در حال نفوذ در حوزه عربی است و از نقش افرینی ایران در تحولات منطقه ای بسیار ناراضی و نگران بوده اند. با آغاز خیزش مردمی در بحرین با اکثریت جمعیت شیعی و تعمیق و گسترش اعتراضات مردمی و درخواست های فزاینده برای اصلاحات سیاسی و حتی تغییر حکومت، آمریکا و به پیروی از آن ها، سعودی ها از هر گونه تحولی که باعث قدرت گرفتن شیعیان و افزایش نفوذ ایران در مجاورت مرزهای خود شود بسیار نگران شدند و برای ممانعت از تحقق چنین روندی به سرعت وارد عمل شدند. آمریکا از دیگر بازیگران موثر در تحولات بحرین است که از تداوم ساختار قدرت به منظور تاراج نفت وثروت های منطقه موجود و بقای حکومت آل خلیفه در بحرین حمایت می کند. با توجه به استقرار ناوگان پنجم دریایی آمریکا در بحرین، ثبات بحرین و تداوم بقای آل خلیفه برای آمریکا اهمیت راهبردی دارد. مساله مهم دیگر اینکه هرگونه تغییر و دگرگونی اساسی و بی ثباتی در بحرین که اکثریت جمعیت آن شیعه هستند، بر ثبات عربستان سعودی و شیعیان شرق این کشور تاثیر گذار است. به قدرت رسیدن شیعیان در بحرین همان گونه که هنری کسینجر به آن اشاره می کندثبات عربستان سعودی به عنوان حکومت دست نشانده وزیرسلطه آمریکارا تهدیدمی کندو باعث تجزیه این کشورمی‌شود. علاوه بر این تغییر نظام سیاسی در بحرین از دیدگاه آمریکا باعث افزایش نفوذ ایران در خلیج فارس می شود. بر این اساس آمریکا مخالف هرگونه تغییر ساختار قدرت در بحرین است.(کسینجر ، ۱۳۹۰)

۶-۱-۳-رویکرد ایران در تحولات یمن

خیزش مردمی و بحران در یمن در مقایسه با سایر کشورهای عربی پیچیدگی بسیار بیشتری دارد و در واقع مناقشه های مختلف در کنار هم قابل مشاهده است. بحرانی که با سقوط بن‌علی در تونس، گریبان حکومت‌های استعمار زده عرب را گرفت، یمن بحران زده را نیز به شدت لرزاند. از زمان آغاز اعتراضات گسترده یمنی‌ها در اوایل اسفند ۱۳۸۹ تا زمان دخالت شورای همکاری خلیج فارس به دستور آمریکا برای حل و فصل بحران در اردیبهشت ۱۳۹۰، تحولات گسترده‌ای رخ داد و مفاهیم نوینی وارد فرهنگ سیاسی حاکم بر یمن شد. روشن‌ترین نتیجه این دگرگونی‌ها گذار یمن از علی عبدالله صالح، پس از ۳۲ سال حکمرانی است؛ به نحوی که در شرایط کنونی بحث بر سر خروج یا عدم خروج صالح از یمن نمی‌باشد بلکه بر چگونگی خروج وی از قدرت متمرکز است. سه اهرم داخلی ارتش، قبایل و معترضان، مخالفان و نیز عامل خارجی و نقش و سیاست آمریکا در قبال تحولات یمن، جملگی در کنار یکدیگر اوضاع را بدین سمت پیش برد. شکاف‌های درون ارتش و به خصوص پیوستن علی محسن الأحمر به معترضان و حمایت وی از خواسته‌های آنها از یک سو جایگاه صالح را به شدت تضعیف کرد و از سوی دیگر، خطر جنگ داخلی را جدی‌تر از پیش در افق آینده سیاسی یمن نمایان ساخت. اختلاف قبایل و دست شستن بسیاری از قبایل پشتیبان صالح از وی نیز نقشی اساسی در حرکت یمن به سمت گذار از صالح داشت. از میان قبایل مورد اشاره، اتحادیه قبایل حاشد از اهمیت بیشتری برخوردار است؛ زیرا از یک سو صالح خود عضو آن است و از سوی دیگر مهم‌ترین رقبای سیاسی وی، خاندان الأحمر، رهبران این اتحادیه می‌باشند. فاصله گرفتن فرزندان شیخ عبدالله الأحمر از صالح، جایگاه وی را در ساختار قبیله‌ای یمن نیز به شدت تضعیف کرد. جوانان معترض که خود عامل اصلی تحولات کنونی یمن می‌باشند، تاکنون توانسته‌اند علاوه بر مخالفان رسمی یمن، بسیاری از قبایل، نظامیان، قضات و... را با خود در مطالبه کناره‌گیری صالح همراه سازند. در واقع اعتراضات از چنان گستره‌ای در شهرها و استان‌های مختلف یمن برخوردار است که اپوزیسیون و سایر نیروها برای حفظ اعتبار، خود را مجبور به هماهنگی با مواضع معترضان می‌بینند. این نکته به وضوح در موضع مخالفان در رد ابتکار شورای همکاری مشهود بود. عربستان سعودی با توجه به مجاورت جغرافیای خود با یمن و تاثیرگذاری بی ثباتی های یمن بر این کشور و همچنین روابط نزدیک با صالح تلاش گسترده ای برای هدایت بحران در این کشور دارد و آمریکا نیز به دلیل سرایت بی ثباتی ها به عربستان سعودی در خصوص یمن دغدغه های بالایی دارد. آنچه در مرحله کنونی حائز اهمیت است، چیدمان نیروهای داخلی یمن، پس از صالح می‌باشد. این نکته از آن جهت حائز اهمیت است که یمن با سه بحران اساسی مواجه است که با صرف کنار رفتن صالح، مرتفع

نخواهد شد؛ تجزیه‌طلبی در جنوب، قدرت‌گیری حوثی‌ها در شمال و گسترش فعالیت القاعده. هر چند اعتراضات یمن این نیروها را در کنار هم و در مقابل صالح قرار داد، اما به نظر می‌رسد با تحقق هدف اصلی، اختلافات گسترده‌ای بر سر تقسیم غنائم آغاز خواهد شد. (احمدیان، ۱۳۹۰: ۱۷)

۶-۱-۴-رویکرد ایران در تحولات سوریه

تحولات اخیر در سوریه بدون تردید سخت‌ترین چالش داخلی نظام بشار اسد تاکنون بوده است. این تحولات مصنوعی با هدایت بیگانگان شکل یافته است. البته این امر به نقش مهم منطقه ای سوریه و اهمیت بازیگری این کشور بر تحولات منطقه از جمله مباحث مربوط به فلسطین، مقاومت، مذاکرات سازش، مسئله عراق و دیگر مسائل منطقه ای بر می‌گردد. سوریه تا کنون عامل ثبات در منطقه محسوب می‌شده و برای ایفای این نقش ثبات آفرین در تحولات منطقه همواره مورد توجه طرف‌های منطقه ای و بین المللی بوده است. اما اکنون دولت بشار اسد در مقابل تحولات جدید با چالش های سختی روبرو است ، تحولاتی که از تحولات منطقه ای جدید و رویکردها و اقدامات بازیگران خارجی متاثر است. دولت سوریه در مهار بحران داخلی خود با طیف گسترده ای از معضلات داخلی و فشارهای خارجی روبروست. در داخل این کشور در کنار نارضایتی ها از شرایط سیاسی و اقتصادی، گروه های افراط گرا و عناصر مسلح نیز به رویارویی نظامی با نیروهای امنیتی سوریه پرداخته اند که نحوه مدیریت بحران را دشوار ساخته است. دولت سوریه برای مهار بحران وعده هایی را مبنی بر ایجاد اصلاحات سیاسی، تغییر قانون اساسی، برگزاری انتخابات مجلس شعب ،بهبود شرایط معیشتی و امور خدماتی مطرح نموده و از جمله به لغو حالت فوق العاده، صدور فرمان عفو عمومی،اصلاح قانون انتخابات و موارد مشابه اقدام کرده است. با این حال درگیری هایی بین دولت و مخالفان به وجود آمده است. علاوه بر این غرب و برخی کشورهای منطقه به رغم اینکه خواستار ایجاد اصلاحات از سوی دولت و تعدیل رویکرد آن در قبال مخالفان شده اند ، تلاش هایی برای اعمال تحریم اقتصادی و همچنین صدور قطعنامه در شورای امنیت سازمان ملل علیه سوریه و همچنین حمایت از مخالفان انجام داده اند که ظاهراً نتایج امیدوار کننده ای برای استکبار جهانی به سرکردگی آمریکا و صهیونیسم بین المللی نداشته است(ایرانی ، ۱۳۹۰)

۶-۱-۵- تاثیر تحولات جهان عرب بر امنیت ملی جمهوری اسلامی ایران

خیزش های مردمی و تحولات جهان عرب در سال ۱۳۹۰ به صورت همزمان فرصت ها و تهدیداتی را برای امنیت ملی جمهوری اسلامی ایران در پی دارد و این تحولات ابعاد مختلف امنیت ملی کشور در ابعاد سرزمینی، جامعه و نظام سیاسی را متاثر می سازد. تحولات جهان عرب ابعاد و ویژگی های مختلفی دارند که متغیرهای مختلف امنیت ملی یعنی قابلیت نظامی و راهبردی، مشروعیت سیاسی، مدارای قومی و مذهبی، و توانایی اقتصادی کشورهای مختلف و از جمله جمهوری اسلامی ایران را به صورت های ناهمگون و در مقیاس های متفاوت تحت تاثیر قرار می دهند.

(http://nahad.govir.ir/portal/Home/ShowPage.aspx?Object=News&)

۱-تهدیدات امنیت ملی ج.ا.ایران

یکی از تهدیدات مهم امنیت ملی جمهوری اسلامی ایران در نتیجه تحولات جهان عرب بی ثباتی ها و ناامنی های منطقه ای دوره گذار است. خیزش ها و انقلاب های جهان عرب با دگرگونی نظام های سیاسی سنتی باعث ایجاد سطحی از بی ثباتی و خلا قدرت در بخشی از کشورهای منطقه می شود و رهبران جدید برای استقرار و تحکیم نظام سیاسی جدید نیازمند دوره گذار برای تثبیت ساختارها و شرایط هستند. به عبارت دیگر تغییر نظام های سیاسی و انتقال قدرت به رهبران سیاسی جدید در کشورهای انقلابی با چالش ها و مسائل مختلفی همراه است که معضلات و بی ثباتی های قابل توجهی را در سطح منطقه ایجاد می کند و این بی ثباتی امنیت ملی بازیگران مختلف منطقه و از جمله جمهوری اسلامی ایران را تحت تاثیر قرار می دهند. تشدید تنش های فرقه ای ، تشدید اختلافات و معضلات قومی و قبیله ای، احتمال بروز جنگ داخلی در کشورهای دچار بحران، بهره گیری گروه های افراطی مانند القاعده از خلا قدرت و ایجاد ناامنی و تداوم بی ثباتی در سطوح مختلف از جمله مسائل و ابعاد دوره گذار در سطح منطقه است که چالش هایی امنیتی را برای ایران نیز ایجاد می کند. این بی ثباتی ها و تنش ها می توان بر یکپارچگی و مدارای مذهبی به خصوص در میان شیعیان و سنی های کشور تاثیر گذار باشد و همچنین با فقدان امنیت در محیط پیرامونی ایران تهدیدات نظامی کم شدت و تهدیدات سیاسی علیه ایران شکل بگیرد. تهدید مهم دیگر تلاش های همزمان قدرت های بزرگ فرامنطقه ای و بازیگران منطقه ای مخالف تغییرات اخیر و انقلاب های مردمی برای ایجاد بحران های جدید و شکل دهی به جریان نوینی از تهدیدات برای امنیت ملی جمهوری اسلامی ایران است. با توجه به اینکه بخش مهمی از تحولات جهان عرب از

منظر غرب و بازیگران مخالف ایران در سطح منطقه مانند عربستان سعودی ،در حال دگرگونی توازن قدرت منطقه ای به نفع ایران است ، احتمال تلاش بازیگران رقیب برای بحران سازی های جدید و تلاش برای تضعیف محور مقاومت فارغ از میزان موفقیت های آن تا حد زیادی قابل پیش بینی است. در این راستا می توان به تلاش های مختلف برای تشدید ناارامی های داخلی سوریه و تبدیل ساختن تحولات سوریه به بحرانی منطقه ای اشاره نمود. بحرانی که از بسترهایی برای ایجاد منازعه بین سطح گسترده ای از بازیگران منطقه ای از جمله ایران برخوردار است. علاوه بر این بحران سازی در فلسطین و لبنان نیز از سایر حوزه های بالقوه برای طراحی های بازیگران رقیب ج.ا.ایران است که می تواند توانمندی های نظامی و نفوذ استراتژیک ایران را تحت الشعاع قرار دهد. (ایرانی، ۱۳۹۰: ۳)

در طول یک دهه گذشته جمهوری اسلامی ایران در همکاری و اتحاد با سوریه و گروه های مقاومت در فلسطین و لبنان شکل دهنده ائتلاف منطقه ای مهمی موسوم به محور مقاومت در منطقه بود. این ائتلاف ضمنی منطقه ای پتانسیل استراتژیک مهمی برای سیاست منطقه ای ایران است و باعث گسترش نفوذ و نقش افرینی کشور در منطقه و مقابله با چالش های امنیتی از سوی دولت های رقیب و متخاصم شده است. با وقوع تحولات جدید در جهان عرب ، زمینه ها و مولفه هایی برای گسست در محور مقاومت نیز قابل شناسایی است که مهمترین مورد آن تحولات سوریه و تلاش بازیگران رقیب برای تغییر حکومت یا تغییر رفتار در این کشور است. تهدید احتمالی سوم در نتیجه تحولات منطقه ای اخیر برای امنیت ملی جمهوری اسلامی ایران، نفوذ و تاثیر گذاری بازیگران رقیب در کشورهای دچار بحران و مدیریت تحولات در جهت شکل گیری نوعی از ترتیبات سیاسی و امنیتی است که در سطح منطقه ای حداقل در کوتاه مدت چالش هایی امنیتی را برای کشور ایجاد کند. دگرگونی نظام های سیاسی اقتدار گرای سنتی و ایجاد نظام های سیاسی دموکراتیک یا شبه دموکراتیک جدید به رغم مزایای مختلف آن این خطر و چالش را نیز به همراه دارد که فضای گسترده تری را برای نقش افرینی و مداخله بازیگران فرامنطقه ای در این کشورها به وجود می آورد. به خصوص انکه در خاورمیانه هنوز فرهنگ و روندهای دموکراتیک به بلوغ کامل نرسیده و رهبران سیاسی و مردمی فاقد تجارب سیاسی دموکراتیک کافی هستند و بر این اساس کشورهای منطقه در دوره گذار به سوی تثبیت نظام های سیاسی مردمی جدید با چالش احتمال نفوذ و مداخله قدرت های بیرونی مواجه هستند. این مساله بدین مفهوم است که بسترهایی برای حضور و نقش آفرینی قدرت های رقیب و متخاصم جمهوری اسلامی ایران در منطقه نیز در نتیجه تحولات اخیر ایجاد می شود که می تواند به بروز

چالش هایی امنیتی برای کشور بیانجامد. این تلاش ها در کشورهای مختلف دچار بحران از جمله مصر و یمن به صورت واضح

قابل مشاهده است. (http://nahad.govir.ir/portal/Home/ShowPage.aspx?)

۲- فرصت های امنیت ملی ج.ا.ایران

تحولات جهان عرب به رغم برخی چالش ها برای امنیت ملی جمهوری اسلامی ایران که عمدتا به دوره زمانی کوتاه مدت مربوط

است، در میان مدت و بلندمدت با گسترش و تعمیق دگرگونی های منطقه ای، فرصت ها و منافع امنیتی مهمی برای کشور خواهند

داشت. از جمله مهم ترین این فرصت ها عبارتند از: طرح و تقویت الگوهای نوین مشروعیت سیاسی که بر مردم مسلمان منطقه

تاکید خواهند داشت، تغییر نظام های سیاسی به نظام هایی مردمی و بومی و به خصوص با گرایش های مستقل و بومی تر در

عرصه سیاست خارجی و هم چنین شکل گیری ترتیبات سیاسی و امنیتی جدیدی در سطح منطقه که در آن بازیگران رقیب و

متخاصم ایران نقش کم رنگ تری خواهند داشت. با بررسی الگوهای مشروعیت سیاسی در منطقه خاورمیانه می توان دریافت که

رهبران نظام های اقتدارگرا در قالب های مختلف مانند پادشاهی یا جمهوری بقای نظام سیاسی خود را بر اساس مولفه های غیر

مردمی مانند خاندان های سیاسی، کودتا و نظامیان و یا پیوندهای خارجی قرار داده اند و مردم در مشروعیت بخشی به حکام

سیاسی نقش چندانی نداشته اند. این در حال است که مردم یکی از ارکان اساسی مشروعیت نظام سیاسی و رهبران سیاسی در

جمهوری اسلامی ایران محسوب می شوند و اسلامی بودن و مردمی بودن دو پایه مهم انقلاب اسلامی است. (Ehud Yaari,
2011)

خیزش های مردمی در جهان عرب در واقع نوعی رویارویی مردم با حکومت های اقتدارگرا و تاکید بر حقوق سیاسی و اجتماعی

مردم در برابر حاکمیت است و این امر به مفهوم پایان و کنار رفتن تدریجی مبانی مشروعیتی غیر مردمی در میان کشورهای منطقه

است. بر این اساس در میان مدت و بلند مدت می توان شاهد تسلط الگوی مشروعیت سیاسی مردمی شد که در واقع تقویت کننده

الگوی مشروعیت سیاسی در جمهوری اسلامی ایران و در نتیجه تثبیت امنیت ملی کشور خواهد بود. اما شکل گیری نظام های

سیاسی مردمی علاوه بر تقویت الگوی مشرعیت سیاسی مردم سالار باعث تغییرات مثبتی در سیاست خارجی کشورها به خصوص

استقلال بیشتر در جهت گیری های سیاست خارجی نیز خواهد شد. تاکنون فقدان مشروعیت سیاسی داخلی در بسیاری از

کشورهای منطقه باعث حرکت حکومت های سیاسی به سوی اتحاد و همکاری با قدرت های فرامنطقه ای شده است. این شرایط

به شکل گیری اتحاد و ائتلاف های امنیتی بین حکومت های اقتدارگرای منطقه و غرب مانند کشورهای حاشیه جنوبی خلیج فارس

و آمریکا در مقابل ایران شد که تهدیدات قابل توجهی را علیه امنیت ملی ایران شکل داده است. دموکراتیزه شدن تدریجی سیاست در کشورهای منطقه باعث تاثیرگذاری بیشتر ملاحظات ملت های منطقه در عرصه های سیاست خارجی می شود که رویکردهای مستقل تر و بومی تر در جهت گیری های سیاست خارجی را باعث خواهد شد. علاوه بر این مشروعیت و حمایت های داخلی دولت های منطقه باعث خواهد شد که این دولت ها بتوانند بدون اتکا بر قدرت های بیرونی به صورتی مستقل تر در سیاست خارجی عمل کنند و موانع موجود برای ایجاد روابطی عادی و دوستانه با ج.ا.ایران را پشت سر بگذارند. این شرایط در دوره زمانی کوتاه مدت تا بلندمدت باعث می شود ایران با مجموعه جدیدی از دولت های معتدل و حتی دوست در محیط پیرامونی خود روبرو باشد که با تاثیرپذیری کمتر از غرب باعث بهبود شرایط امنیتی محیطی ایران خواهد شد. مساله مهم و مثبت دیگر برای امنیت ملی جمهوری اسلامی ایران در نتیجه تحولات جهان عرب دگرگونی در ائتلاف های منطقه ای مخالف و رقیب و شکل گیری تدریجی نوعی از ترتیبات سیاسی و امنیتی نوین در منطقه خواهد بود که در آن بازیگران رقیب و مخالف ایران نقش کم رنگ تری را ایفا خواهند کرد. خروج مصر از ائتلاف دولت های استعمارزده و تحت سلطه عربی متحد غرب ولو با عدم پیوستن به محور دولت های مستقل در منطقه سراغاز این دگرگونی ها محسوب می شود و می توان به تدریج و در بلند مدت با ظهور دولت های مردمی و مستقل در سطح منطقه شاهد شکل گیری ترتیبات سیاسی و امنیتی بومی در منطقه بود. این ترتیبات جدید که تامین کننده امنیت ملی ج.ا.ایران خواهند بود نوعی از ترتیبات خواهند بود که در آن بازیگرانی مانند آمریکا، حکومت اسراییل و عربستان سعودی نقشی ضعیف ایفا خواهند کرد.(همان)

با آغاز خیزش های مردمی در جهان عرب و فروپاشی یا دگرگونی جدی نظام های سیاسی استعمارزده و دست نشانده عربی ، حکومت با دولت های جدید یا دگرگون شده ای در جهان عرب مواجه است که تاحد قابل ملاحظه ای بازگوکننده خواسته عمومی عربی در برابر هستند. به عنوان نمونه ای مهم حکومت مبارک به صورت جدی در راستای اهداف و منافع امنیتی در منطقه عمل می کرد، اما اکنون با به قدرت رسیدن هر نوع رهبرانی در مصر تاکید بر حقوق فلسطینی ها و حمایت از آنها از ارکان سیاست خارجی جدید مصر خواهد بود. در سایر کشورهای منطقه نیز وضعیت مشابهی در حال وقوع است و حتی دولت های محافظه کار عربی که از خیزش های مردمی در کوتاه مدت مصون می مانند در شرایط جدید منطقه ای قادر به تداوم رویکردهای گذشته در قبال فلسطینی ها نخواهند بود. هر چند آمریکا در مواجهه با خیزش های مردمی جهان عرب در پی مدیریت و مهار بحران ها و تضمین نفوذ منطقه ای خود بوده است، با این حال ماهیت و سمت و سوی تحولات سال۱۳۹۰ به گونه ای است که

از پیامدهای راهبردی بلندمدت آن کاهش نفوذ و نقش منطقه ای امریکا در منطقه محسوب می شود. سیاست آمریکا در منطقه تاکنون بر اساس سلطه و استعمار و اتحاد با حکومت های دست نشانده و استبدادی عربی و نقش آفرینی های بوده است، اما در شرایطی که این حکومت ها در حال فروپاشی و یا تضعیف هستند و نیز با محدودیت های نوینی مواجهه شده است، آمریکا با کاهش نفوذ و نقش آفرینی مواجهه خواهد شد. هر چند آمریکا سعی دارد با تقویت روابط خود با رهبران جدید و همچنین حفظ برخی حکومت های سیاسی موجود مانند مصر همچنان نفوذ خود در منطقه را حفظ نماید ، با این حال با مردمی شدن سیاست در منطقه و تشدید گرایش های مستقل در سیاست خارجی کشورها و ظهور خاورمیانه ای مستقل تر تاثیرگذاری آمریکا بر رویدادهای منطقه ای کاهش خواهد یافت. در نتیجه تهدیدات امنیتی معطوف به ایران در پیامد سیاست ها و اقدامات آمریکا در منطقه تا حد قابل توجهی تعدیل خواهد شد.

عربستان سعودی نیز در طول یک دهه گذشته بازیگری مهم در ائتلاف موسوم به محور استعمارزدگی عربی متشکل از کشورهای دست نشانده عربی است که در مقابل محور مقاومت شامل ج.ا.ایران، سوریه و گروه های مقاومت نقش آفرینی می کرد و تهدیدات امنیتی مهمی را برای کشور ایجاد نموده است. این کشور که از خیزش های جهان عرب نگرانی های جدی را احساس می کند درصدد ایجاد ائتلاف نوینی متشکل از کشورهای دست نشانده و پادشاهی خواهان حفظ وضع موجود برای مقابله با دگرگونی های منطقه ای است. این گونه تلاش های سعودی ها هرچند ممکن است در کوتاه مدت بتواند تا حدودی به برطرف شدن چالش های سیاسی و امنیتی این کشور کمک نماید، اما روند تحولات منطقه ای در دراز مدت در جهتی است که محدودیت ها و کاهش نقش آفرینی دولت را در پی خواهد داشت. چرا که از یک سو الگوی استعمارزدگی سعودی در سطح منطقه و درون این کشور تحت تاثیر خیزش های مردمی تضعیف خواهد شد و در نتیجه با کاهش مشروعیت داخلی در بلندمدت حکومت سعودی با بی ثباتی هایی مواجه خواهد شد. از سوی دیگر تغییر حکومت یا اصلاحات اساسی در کشورهای متحد عربستان سعودی مانند مورد مهم مصر باعث خواهد شد تا به تدریج محدودیت ها و انزوای دولت سعودی در میان دولت ها و ملت های منطقه افزایش یابد. بر این اساس عربستان سعودی به مرور زمان از جایگاه کنونی خود فاصله خواهد گرفت و با رویارویی با چالش های سیاسی و امنیتی داخلی و منطقه ای نقشی کمرنگ تر ایفا خواهد کرد. این مساله به مفهوم کاهش چالش های سیاسی و امنیتی ج.ا.ایران در سطح منطقه ای به خصوص در حوزه خلیج فارس و بهبود شرایط و نفوذ کشور در حوزه ای مانند بحرین در آینده خواهد بود(Toby c,2011:.2.)

۶-۲-رویکرد آمریکا به تحولات عربی

در پی شکل گیری تحولات جهان عرب، آمریکا با حمایت از این تحولات در چارچوب ممانعت از رادیکالیزه شدن آن سعی کرد این تحولات را در "کشورهای دوست و متحد خود" با هدف حفظ ساختارهای امنیتی و نظامی این کشور ها و در "کشورهای غیر دوست "با هدف نابودی ساختارهای امنیتی و نظامی این کشورها، مدیریت کند. ویژگی اصلی تحولات جهان عرب که از اواخر دسامبر سال ۲۰۱۰ کشورهای متعدد عرب را در نوردید، ماهیت بومی و اجتماعی این جنبش ها می باشد. تمامی این جنبش ها متأثر از خصلت های سیاسی، معادلات فرهنگی و مؤلفه های اقتصادی مستقر در بدنه جامعه بودند. یعنی عوامل بیرونی نبودند که حیات بخش این جنبش ها محسوب شوند بلکه ظرفیت های کاملاً "بومی" بودند که آن ها را ممکن ساختند. از تونس تا لیبی از مصر تا بحرین، بنیادهای داخلی که ریشه در تاریخ و هویت این جوامع دارند، ستون های رفیع جنبش ها را بنا ساختند. کشورهای قدرتمند منطقه ای و جهانی نقشی در شکل گرفتن و حیات یافتن این جنبش ها بازی نکردند. این جنبش ها باید در دو مرحله تصویر گردند. در مرحله اول، شکل گیری جنبش ها مطرح می شوند که مسئله مهم در آن همانگونه که بیان شد کتمان ناپذیری ماهیت داخلی و بومی حیات بخش جنبش ها است. در مرحله دوم توجه معطوف به پی آمدهای اجتماعی آن ها است. در مرحله اول جلوه داخلی کاملاً همه گیر بود اما در مرحله دوم آنچه محرز می نماید نقش تعیین کننده و وسیع نیروهای فراملی و در این رابطه آمریکا است. (دهشیار ، ۱۳۹۱،۱)

آمریکایی ها که خاورمیانه عربی را محوری ترین منطقه جغرافیایی در استراتژی کلان خود در مقطع زمانی کنونی محسوب می کنند به یکباره با این واقعیت مواجه شدند که منطقه درگیر تنش های وسیع و بنیان برافکن اجتماعی شده است. آمریکایی ها در چارچوب این منطق با موضوع برخورد کردند که هرچند آنان نقشی در حیات یافتن این جنبش ها نداشته اند، اما باید این فضای شکل گرفته را به گونه ای مدیریت کنند که فزونترین منفعت را برای آنان و دوستان منطقه ای و بیشترین هزینه را برای دشمنان منطقه ای آمریکا پدید آورد. این منطق، آمریکا را به سوی مدیریت دوگانه بحران های شکل گرفته سوق داد. آمریکا با کشورهای دوست و یا متحد این کشور و غرب که مواجه با بحران شدند به مانند دوران جنگ سرد به سیاست انفعالی روی نیاورد و تظاهرکنندگان را نفی نکرد و به صرف حفظ ثبات و حمایت از رهبران دوست، مدیریت بحران ها را طراحی نکرد. آمریکا جنبش های اجتماعی در کشورهای دوست و متحد خود را در چارچوب ممانعت از رادیکالیزه شدن جنبش ها مدیریت کرد . آمریکا با حمایت مستقیم و آشکار از جنبش های اجتماعی در کشورهای دوست و متحد خود، از رهبران این کشور ها تقاضا کرد به

خواست تظاهرکنندگان جواب دهند و از قدرت کناره گیری کنند. خروج صاحبان قدرت منجر به این شد که تظاهرکنندگان خود را پیروز فرض کنند و خواست های دیگر را پی نگیرند و به جای تظاهرکنندگان در خیابان ها، نخبگان حاکم و نخبگان معارض به صحنه وارد شوند و تعامل های داخلی سیاسی شروع شود که مطرح ترین نمونه همانا مصر است .(**همان: ۲**)

در بعضی از کشورهای دوست، دولت آمریکا جلوگیری از رادیکالیزه شدن را در جنگ و گریز مداوم و طولانی تظاهرکنندگان و رژیم متحد یافت؛ جنگ و گریزی که در یک طرف آن حکومتی قرار داشت که از ظرفیت بالای مقاومت برخوردار بود و در طرف دیگر تظاهرکنندگانی قرار داشتند که فاقد جایگاه استراتژیک و یا توان غلبه بر ساختار قدرت حاکم بودند. در این صورت جنبش های اجتماعی به فرسایش دچار می شد و در نتیجه خروج خود حاکم را در نهایت طلب می کرد و تظاهرات پایان می گرفت و یا اینکه بدون رسیدن به خواست نهایی خیابان ها را تخلیه می کرد که در این رابطه می توان به یمن و بحرین اشاره کرد .هدف آمریکا از مدیریت غیر خشونت آمیز تحولات در کشورهای دوست، همانا حفظ دو ساختار مهم یعنی تشکیلات امنیتی و تشکیلات نظامی بوده است. برای آمریکا جنبش ها فی النفسه خطری محسوب نمی شدند به شرطی که تشکیلات نظامی- امنیتی که به شدت در طول دهه ها تحت نفوذ و کنترل امریکایی فعالیت کرده اند، بدون تغییر باقی بمانند. رهبران جدید حتی اگر مخالف آمریکا باشند مجبور هستند دو نهاد کلیدی یعنی اطلاعات و ارتش را که نفوذ فراوان آمریکا چه از نظر سلاح، آموزش و تاکتیک و استراتژی را تجربه کرده اند، حفظ کنند .

اما در کشورهایی که در طول دهه ها دشمن آمریکا و یا حداقل کشورهای غیر نزدیک به آمریکا قلمداد می شده اند، آمریکا مدیریت متفاوتی را در رابطه با جنبش های اجتماعی پی گرفت. (http://www.payam-aftab.com/fa/news/19389/)

آمریکا از فرصت ایجاد شده به وسیله تظاهرکنندگان بهره گرفت و به بهانه حمایت از تقاضاهای مشروع آنان که حداقل آن سقوط رژیم بود به اقدام نظامی مستقیم و یا فشار نظامی غیر مستقیم روی آورد. این کشورهای غیر دوست، کشورهایی بودند که دو نهاد نظامی و امنیتی آن ها به وسیله اتحاد جماهیر شوروی شکل و یا تکامل یافته بود .هدف آمریکا از حمایت از جنبش ها یا تظاهرات مردمی نابود سازی و از بین بردن کامل این دو نهاد بود. حمله نظامی این امکان را فراهم آورد که کلیت، ساختار و بنیان این نهادها از بین برود. از زمان سقوط شوروی، هدف آمریکا در خاورمیانه عربی از بین بردن تشکیلات و نهادهای امنیتی و نظامی بوده است که روس ها نقش مؤثری در ایجاد آن ها داشتند. بنابراین از همان ابتدای سقوط شوروی، آمریکا هدف نابودسازی این نهادها در عراق، لیبی و سوریه بوده است . با توجه به شیوه مدیریت روسی حاکم بر این نهادها علی رغم عدم وجود نظام کمونیستی و دور

شدن این کشورها از خصومت مستقیم و خطر جدی بر علیه آمریکا، آمریکا خواهان نابودی آن ها و جایگزین شدن آن ها با ساختارهایی بود که به نگاه غربی نزدیک باشد. آمریکا بعد از تصرف بغداد در اولین گام، ارتش را منحل کرد و تشکیلات امنیتی جدیدی شکل گرفت. در لیبی هواپیماهای غربی و جنگجویان تمامی نهادها را نابود ساختند. بنابراین آمریکا با آگاهی از منشأ داخلی و بومی جنبش های جهان عرب، سعی کرد با حمایت از این جنبش ها با هدف کسب منافع بیشتر برای خود و دوستان منطقه ای اش و ایجاد بیشترین هزینه برای دشمنان منطقه ای خود، این تحولات را مدیریت کند. (-http://www.payam aftab.com/fa/news/19389/)

۶-۳- تضاد ها و مشابهت های رویکردی ایران و آمریکا در باره تحولات جهان عرب

تحولات اخیر در منطقه که همگی با وجه متمایز دگرگونی و تحول عمیق داخلی سامان یافته‌اند، مناسبات و تعاملات منطقه‌ای و بعضا فرامنطقه‌ای را نیز دستخوش تغییر قرار داده است. به واقع، خیزش مردمی در خاورمیانه عربی و آفریقای شمالی، سونامی دیپلماسی را رقم زده است که مهم‌ترین برآیند آن تبدیل مخاطبان سیاست خارجی کشورها از دولت‌های منطقه به ملت‌های منطقه است. اکنون و از گذر این تحولات، کارکرد ابزار دیپلماسی در ابعادی چون دولتی، رسانه‌ای، پارلمانی و عمومی اهمیتی مضاعف یافته است. البته در میان این ابعاد می‌توان وجه دیپلماسی عمومی را به‌دلیل برجسته شدن مخاطبان آن یعنی ملت‌ها متمایزتر دانست.در واقع با وقوع تحولات موسوم به بیداری عربی، جمهوری اسلامی ایران و ایالات متحده دیدگاه ها و انتظارات متفاوتی از آینده و نتیجه این تحولات داشتند که در گذر زمان این تفاوت دیدگاه ها عمیق تر نیز شده است. دستگاه سیاست‌خارجی جمهوری اسلامی ایران با استفاده از دیپلماسی عمومی و گسترش حوزه نفوذ خود در منطقه می‌تواند قدرت نرم ایران را افزایش دهد. جمهوری اسلامی ایران با تکیه بر آرمان‌ها و اصول انقلاب اسلامی در بهار بیداری اسلامی خاورمیانه عربی به حمایت از ملت‌های آزاده منطقه برخاسته است. جهت‌گیری دیپلماسی عمومی ایران در قبال تحولات منطقه موجبات الگوگیری دیگر کشورهای انقلابی از ساخت و ساختار جمهوری اسلامی را فراهم آورده است .این اقبال و استقبال گسترده در جبهه عربی و اسلامی از مدل جمهوری اسلامی باعث شده تا بسیاری ایران را برنده بازی بزرگ خاورمیانه بدانند؛ بازی‌ای که نتیجه آن تاکنون توانسته به تثبیت نقش و جایگاه ایران در خاورمیانه اسلامی کمک کند.برآورد دستاوردهای دیپلماسی ایرانی در کوران تحولات منطقه در حالی منتج به این نتیجه شده که روند هارمونی تحولات نشان می‌دهد این مسئله با اصطکاک‌های خاصی از سوی جبهه عربی و غربی مواجه

شده است. اتهام‌زنی و فرافکنی کشورهای غربی و عربی مبنی بر طرح دخالت ایران در تحولات منطقه نشان از عمق هراس آنها از تأثیرگذاری و نتیجه‌گیری ایران از رویدادهای خاورمیانه عربی و آفریقای شمالی است. ایران در سال ۲۰۱۱، سال امید و آزادی برای ملت‌های عربی در حالی دیپلماسی عمومی خود را به اقبال ملت‌های منطقه می‌بیند که کشورهای غربی به مانند گذشته راه ایران هراسی و ایران گریزی را ادامه می‌دهند. تصویب ۲ قطعنامه در شورای حقوق بشر سازمان ملل متحد و شورای تصمیم‌گیری اتحادیه اروپایی در طول چند هفته اخیر نشانی از اعمال فشار بیشتر و تحریم مضاعف ایران است.

(http://hamshahrionline.ir/print/133434)

با این حال رویکرد سیاست فعال جمهوری اسلامی تنها محدود به حوزه جامعه اروپایی نمی‌شود و اصولا این دیپلماسی حوزه‌های اثر را در تمامی حوزه‌ها هدف‌گذاری کرده است. یکی از ملموس‌ترین این حوزه‌ها، خاورمیانه است .الگوبخشی و الهام‌بخشی انقلاب اسلامی به خیزش‌های مردمی در کشورهای خاورمیانه عربی نتیجه سرمایه‌گذاری ۳دهه‌ای جمهوری اسلامی نسبت به کشورهای منطقه است. به واقع می‌توان گفت که عمق نفوذ دیپلماسی ایرانی با گذر از لایه‌های دیپلماسی دولتی و پارلمانی به بین ملت‌ها رفته و در قالب دیپلماسی عمومی نمود یافته است. از این رهرو، تهران تلاش دارد تا با دولت‌های برآمده از خواست و اراده انقلابی مردم، روابطی نزدیک داشته باشد. خواست دولت جدید مصر مبنی بر استقبال از گشایش عصر جدیدی در روابط تهران و قاهره نشان می‌دهد که گفتمان عدالت خواهی و اسلام‌طلبی جمهوری اسلامی مورد تأیید و پذیرش ملت‌هاست. از این رو می‌توان ضریب نفوذ دیپلماسی عمومی ایران را فارغ از برخوردهای سنتی و مغرضانه کشورهایی چون عربستان مورد استقبال دیگر کشورها دانست .بازخوردهای موفقیت این دیپلماسی فعال در واکنش‌های غرب به سیاست‌های کنشگرایانه ایران قابل رصدکردن است. نامه اخیر کاترین اشتون، مسئول عالی سیاست خارجی اتحادیه اروپا به سعید جلیلی پس از گذشت ۳ ماه از مذاکرات استانبول نشانه‌ای از پیش‌قدم‌شدن غرب در ارائه درخواست‌های متعدد و البته مکرر مذاکرات به ایران است. این درخواست‌ها در حقیقت نشانه درستی از درک این واقعیت از سوی غرب است که دیگر دوران تهران گریزی و بازی ندادن تهران در معادلات منطقه‌ای به سر آمده است؛ منطقه‌ای که تهران برنده بازی بزرگ آن است. البته قبل از تحولات منطقه نیز ایران سیاستی وحدت بخش را نسبت به کشورهای منطقه در پیش گرفته بود. در ادامه این تحکیم روابط و تعمیق مناسبات منطقه‌ای، سفر احمدی‌نژاد به امارات و عمان (برای نخستین‌بار در طول ۳دهه اخیر یک رئیس‌جمهور ایران به امارات سفر می‌کرد) یک ساختارشکنی دیپلماتیک

از سوی ایران بود .این ساختارشکنی البته در بر هم زدن رویه موجود و شکستن انسداد روابط سیاسی در سطح سران بین تهران و ابوظبی و مسقط بسیار تأثیرگذار بود. همه اینها در کنار تحرک دیپلماتیک ایران در ادامه سیاست چرخش به شرق و گسترش روابط با همسایگان شمالی، کشورهای آمریکای لاتین، آسیا و آفریقا و سازمانهایی نظیر سازمان همکاریهای شانگهای نشان از فصلی جدید در سیاست خارجی تهران است. البته مسئله‌ای که نباید از کنار آن به راحتی گذر کرد این است که در عرصه منطقه‌ای و با توجه به تحولات اخیر در خاورمیانه باید دیپلماسی تهران بیش از پیش به سمت مدیریت رقابت دیپلماتیک حرکت کند. مدیریت رقبای سنتی نظیر امارات، عربستان و ترکیه و رقبای جدیدی چون قطر که در معادلات منطقه‌ای تقابل منفعت و مصلحت آشکاری دارند، تلنگری برای اتخاذ یک دیپلماسی هوشمند و تهاجمی و مدیریت تعامل و تبادل است. البته روشن است که دکترین سیاست تهاجمی باید نه در تقابل با مختصات منافع دیگران و پیش بردن یک‌جانبه منافع ملی باشد که باید آن را در تعامل با سایر بازیگران جست‌وجو کرد .سیاست تهاجمی ایران تنها در پهنه دیپلماسی منطقه‌ای جست‌وجوگر منافع ملی نبوده، بلکه عمق بخشیدن به ضریب نفوذ خود در دیگر حوزه‌های بین‌المللی را نیز مدنظر قرار داده است. تمایل کشورهای منطقه آمریکای لاتین به ایجاد ساختارهای جدید منطقه‌ای و استمرار حمایت از سیستم چندقطبی جدید در نظام بین‌الملل از طریق فعال‌گرایی در سیاست خارجی، فرصت‌های متعددی را در اختیار عمق دیپلماسی ایرانی قرارداده است. این فرصت سبب شده تا ایران در حیاط خلوت آمریکا، جای پایی برای خود باز کند و در یک راهبری تهاجمی حیاط خلوت آمریکا را به حیاط خطر این کشور تبدیل کند. گسترش روابط اقتصادی و سیاسی ایران با کشورهای این منطقه از شکست تلاش‌های تحریمی و تهدیدی آمریکا علیه ایران حکایت دارد. محمود احمدی‌نژاد در سفر به برزیل با استقبالی مواجه شد که انتظار آن برای بسیاری از کشورهای اروپایی و آمریکا نمی‌رفت .این استقبال و پهن کردن فرش قرمز توسط لولا داسیلوا، رئیس‌جمهور سابق برزیل برای همتای ایرانی‌اش برخلاف رویکرد تبلیغی و رسانه‌ای کشورهای غربی بود.(http://noorportal.net/PrintArticle.aspx?id=30536)

بنابراین در کل به نظر می رسد که ایران کمترین تاثیر را از نظر دیپلماسی عمومی در رابطه با تحولات خاورمیانه داشته است. از طرفی دیگر، در دیدگاه ایالات متحده، تحولات بیداری عربی منجر به تحقق دموکراسی و مردم سالاری در کشورهای درگیر چالش خواهد شد. بر مبنای این نگرش، مردم کشورهای عربی به خواسته دیرینه و تاریخی خود که همان دموکراسی، حاکمیت قانون، آزادی های اجتماعی ، آزادی احزاب و سازمان های غیر دولتی، آزادی رسانه ها و مطبوعات و غیره خواهند رسید و بدین ترتیب

در مسیر توسعه و پیشرفت قرار خواهند گرفت. ایالات متحده با تکیه بر این دیدگاه معتقد است که حکومت های مردم سالار آینده در خاورمیانه ، خواه ناخواه به سمت همگرایی تعامل و دوستی با ایالات متحده حرکت خواهند کرد. زیرا آنها در اثر فرایند جهانی شدن ناچارند به منظور تامین نیازهای اقتصادی خود وارد فرایند وابستگی متقابل موجود در عرصه اقتصاد جهانی شوند و همچنین در اثر پذیرش ارزش ها و هنجارهای دموکراتیک، به لحاظ سیاسی نیز به سمت اتحاد و همراهی با ایالات متحده حرکت خواهند کرد. زیرا هنجارهای دموکراتیک مشترک، خود سبب گرایش به دوستی و همگرایی می شود. طبق همین دیدگاه، ایالات متحده بر این باور است که گسترش حکومت های مردم سالار درخاورمیانه در نهایت باعث می شود که در این منطقه نظمی مردم سالار همانند قاره اروپا شکل بگیرد که در آن نه تنها برتری و هژمونی ایالات مورد پذیرش قرار خواهد گرفت، بلکه همچنین دشمنان و مخالفان ایالات متحده را به حاشیه ای خواهد راند و بدین ترتیب هزینه های ایالات متحده در منطقه کاهش پیدا خواهد کرد. این چکیده دیدگاه ایالات متحده درباره آینده تحولات موسوم به بیداری عربی است. در مقابل جمهوری اسلامی ایران، دیدگاهی متفاوت دارد. بدین عنوان که نظام های سیاسی موجود در کشورهای عربی که در اثر تحولات بیداری اسلامی دچار تغییر شده اند، همگی پیش از آغاز این تحولات وابسته به دولت های غربی بوده اند و این وابستگی یکی از دلایل اصلی شورش های مردمی علیه حکومت گران در این کشورها بوده است. لذا انتظار می رود که مردم جوامع عرب که خواهان استقلال کشور خود هستند، در آینده به دنبال تشکیل نظام سیاسی باشند که این خواست تاریخی را تحقق ببخشد. از طرفی چون در گذشته نظام های سیاسی سوسیالیستی و سکولار قادر نبوده اند که استقلال، توسعه و پیشرفت را برای جوامع عربی به ارمغان بیاورند، لذا آنها نظام سیاسی را تاسیس خواهند کرد که مبتنی بر آموزه های دینی و اسلامی باشد. بدین ترتیب در اثر روی کارآمدن نظام های سیاسی اسلام گرا و استقلال طلب در سراسر منطقه، به تدریج یک بلوک اسلامی قدرتمند در منطقه خاورمیانه شکل خواهد گرفت که نه تنها نفوذ و سلطه قدرت های فرامنطقه ای مانند ایالات متحده را در خاورمیانه به چالش خواهد کشید، بلکه حتی قادر است که در عرصه بین المللی نیز به عنوان یک بازیگر مهم ایفای نقش بکند. این تفاوت دیدگاه ها باعث شده است که دو کشور با تصور این که شرایط منطقه ای به نفع آنها است، لذا احساس ضرورتی نسبت به تعامل و دوستی نداشته باشند.(غلامی ، ۱۳۹۱: ۱)

جمهوری اسلامی ایران بر این باور است در شرایطی که حرکت عظیمی در منطقه در جهت اسلام خواهی با سلطه غرب شکل گرفته است، نباید به دنبال طرح دوستی با ایالات متحده باشد. از طرفی ایالات متحده نیز متاثر از دیدگاهی که دارد بر این باور

است که در نهایت تحولات دموکراسی خواهانه در منطقه ا ایران را منزوی خواهد کرد و یا منجر به تغییرات اساسی در این کشور نیز خواهد شد. از آنجایی که کشورها در تصمیم گیری های خود ملاحظات آینده را نیز در نظر خواهند گرفت، باید گفت که دیدگاه های متفاوت جمهوری اسلامی ایران و ایالات متحده نسبت به آینده تحولات موسوم به بیداری اسلامی باعث شده است که آنها در تصمیم گیری ها و سیاست گذاری های خود چندان به تعامل و همگرایی نیندیشند. دو دیدگاه متفاوت ایالات متحده و جمهوری اسلامی ایران که در بالا شرح آن رفت، صرفا محدود به عرصه تئوری و نظری نیست و دارای تاثیرات اساسی در عرصه عملی نیز می باشد. بدین معنی که دو کشور ایران و ایالات متحده متاثر از دیدگاه هایی که درباره آینده تحولات موسوم به بیداری عربی دارند، در رابطه با این تحولات به اتخاذ موضع و سیاست می پردازند. ایالات متحده در راستای تحقق نظام های سیاسی دموکراسی خواه در منطقه خاورمیانه به کنش فعالی در کشورهای درگیر چالش شورش های مردمی پرداخته است. ایالات متحده با اتخاذ سیاست مدیریتی اوضاع در کشورهای عربی به دنبال آن است که با جلوگیری از حرکات رادیکالی و ناگهانی در کشورهای عربی فرایند تدریجی حرکت به سوی ارزش ها و هنجارهای دموکراتیک در این کشورها را تضمین کند. در این راستا ، ایالات متحده ارزش ها و هنجارهای دموکراتیک در تونس را مورد حمایت قرار داد، در مصر با جلوگیری از سقوط ارتش این کشور زمینه را برای انتقال تدریجی قدرت به نظام سیاسی جدید فراهم کرد و در رابطه با بحرین و یمن اط طریق متحدین منطقه ای خود اقدام کرد. در رابطه با لیبی نیز در جهت حذف حکومت قذافی عملا به حمایت نظامی از مخالفان پرداخت. در اثر این سیاست ها ایالات متحده انتظار دارد که مانع شکل گیری و تحقق عواملی شود که به زعم انها حرکت مردم جوامع به سمت ارزش هاو هنجارهای دموکراتیک را منحرف خواهد کرد. در مقابل جمهوری اسلامی ایران و نیز متاثر از دیدگاهی که در رابطه با تحولات موسوم به بیداری اسلامی دارد، تلاش کرده است که با اتخاذ سیاست ها و مواضعی متناسب به زعم خود مانع انحراف حرکت های اسلام خواهانه در خاورمیانه توسط دشمنان گردد(همان :۳)

. در این راستا جمهوری اسلامی ایران به دیپلماسی عمومی روی آورده است. زیرا به باور جمهوری اسلامی ایران در تحولات موجود در دنیای عرب، توده های مردم هستند که نقش اصلی را ایفا می کنند و لذا آینده را نیز آنها شکل خواهند داد. از طرفی چون مخاطب اصلی دیپلماسی عمومی مردم هستند، لذا جمهوری اسلامی ایران با بهره گیری از دیپلماسی عمومی به دنبال آن است که خواست های مردم جهان عرب که مبتنی بر اسلام خواهی است را یاری رساند. بدین ترتیب بر خلاف ایالات متحده که

به دنبال تعامل با نظام های سیاسی سابق در تونس ، مصر، یمن، بحرین و حتی لیبی ود تا از این طریق فرایند انتقال قدرت از نظام سیاسی سابق به نظام سیاسی جدید را تضمین کند، جمهوری اسلامی ایران با آغاز تحولات موسوم به بیداری اسلامی به مخالفت با بن علی، مبارک، قذافی، صالح و آل خلیفه پرداخت و عملا مردم این کشورها را مخاطب و مورد حمایت خود قرار داد. دولت مردان جمهوری اسلامی ایران با برگزاری سخنرانی ها، همایش ها، دعوت از مردم انقلابی جوامع عربی برای سفر به ایران و از طریق رسانه ها و مطبوعات تلاش می کند که حرکت مردم جهان عرب به سمت اسلام سیاسی را از تعهدات و توطئه دشمنان ایمن سازد. در راستای سیاست دیپلماسی عمومی، رهبر جمهوری اسلامی ایران به ایراد سخنرانی برای مردم جهان عرب به زبان عربی پرداختند و نیز تهران میزبان انقلابیونی از مصر، تونس و دیگر کشورهای عربی بود که این انقلابیون به نوعی نماینده بخش هایی از مردم کشور خود بودند. جمهوری اسلامی ایران در مسیر دیپلماسی عمومی تلاش کرده است که تجربیات و دستاوردهای خود را که ناشی از وقوع انقلاب ۵۷ می باشد در اختیار مردم مسلمان کشورهای عربی قرار دهد و بدین ترتیب آنها را در مسیر اسلام خواهی یاری و کمک رساند. ملاحظه می شود که تحت تاثیر تحولات موجود در جهان عرب، دو کشور سیاست های ستفاوتی را اتخاذ کرده اند که بیش از پیش آنها را در مقابل همدیگر قرار می دهد. (همان: ۴)

نتیجه گیری فصل ششم

در این فصل رویکرد ایران نسبت به تحولات کشور های عربی و همچنین تضادها و مشابهت های رویکردی ایران و آمریکا در باره تحولات جهان عرب مورد بررسی قرار گرفته است. هر دو کشور با دو دیدگاه متفاوت به این تحولات نگاه می کنند . ایران معتقد است که در اثر روی کار آمدن نظامهای سیاسی اسلام گرا و استقلال طلب در سراسر منطقه ، به تدریج بلوک اسلامی قدرتمند در منطقه خاورمیانه شکل خواهد گرفت و هم چنین آمریکا معتقد است که در نهایت تحولات دموکراسی خواهانه در منطقه ایران را منزوی خواهد کرد و یا منجر به تغییرات اساسی در این کشور نیز خواهد شد .این تفاوت دیدگاهها باعث شده است که دو کشور با تصور اینکه شرایط منطقه ای به نفع آنهاست، لذا ضرورتی نسبت به تعامل و دوستی نداشته باشندو نتیجه می گیریم که روابط ایران و آمریکا در این برهه زمانی بیشتر در راستای تقابل با یکدیگر بوده تا تعامل.

نتیجه گیری

سوال اصلی در این پژوهش این بود که انقلاب های منطقه خاورمیانه چه تاثیراتی بر روابط ایران و آمریکا داشته است ؟

فرضیه ما در این پژوهش این بود که جنبشهای اخیر در منطقه باعث افزایش فشارها از جانب آمریکا به ایران(پرونده انرژی هسته ای ، تحریم های شورای امنیت ، تحریم خرید نفت) شده است.

حال با توجه به سوال و فرضیه باید گفت که، روابط ایران و امریکا پس از گذشت حدود سی سال از وقوع انقلاب اسلامی ایران، همواره در حالت چالشی و مخاصمه جویانه قرار داشته است. این روابط پس از خاتمهٔ دوران جنگ سرد و مخصوصاً طی یک دههٔ گذشته، وارد مرحلهٔ تازه‌ای شده است که مقارن با دوران یکجانبه گرایی امریکا شده است.

با توجه به حذف رقیب اصلی از صحنه رقابت و برتری امریکا در صحنهٔ جهانی، این احتمال، دور از ذهن نبود که اقدامات امریکا در منطقهٔ حساسی مانند خاورمیانه، علاوه بر تثبیت هژمونی آن کشور بر منطقه، تمامی قدرت‌های منطقه‌ای از جمله ایران را در حاشیه قرار دهد، اما روند تحولات نشان می‌دهد که این رویکرد به خاورمیانه، نه تنها موجب کاهش و انزوای نقش ایران نشده است، بلکه یکی از پی‌آمدهای آن، توسعهٔ نفوذ و افزایش شعاع تأثیر ایران بر منطقه بوده است.

طی سالهای دهه ۱۹۸۰، ایران همواره از میان دو ابر قدرت، ایالات متحده را تهدید بزرگتری به شمار آورده است. اگر اتحاد شوروی منافع ایران در خلیج فارس را تهدید نکند، ایران به مخالفت با حضور ایالات متحده و اعمال قدرت این کشور در منطقه، و هر کشوری که از حضور ایالات متحده حمایت کند ادامه خواهد داد. گرچه رقابت قدیمی شرق و غرب مسئله ای است که عمدتا به گذشته تعلق دارد، از دیدگاه ایران تعهد جدید مسکو به بین الملل گرایی چند جانبه، منافع ایران را بسیار کمتر از گرایش آمریکا به یکجانبه گرائی تهدید می کند.

ایران خواستار حذف قدرت ایالات متحده از ناحیه خلیج فارس در کوتاه ترین زمان ممکن است، و لذا توان سیاسی خود را وقف سرعت بخشیدن به بیرون رفتن کشتی ها، و برچیدن تاسیسات نیروی دریایی و تجهیزات دفاع هوائی آمریکا از این منطقه خواهد

کرد. این کشور فعالانه می کوشد تا سایر کشورهای خلیج فارس را که از حضور ایالات متحده حمایت کرده اند (کویت، بحرین، عربستان سعودی و عمان) متقاعد کند که دیگر چنین نیازی وجود ندارد

بنابراین، مناسبات ایران و ایالات متحده در دهه های آینده احتمالا صمیمانه نخواهد شد، و البته این بدان معنی نیست که آنها نمی توانند روابط خود را تصحیح کنند و منافع متقابل یکدیگر را تامین نمایند. اما مناسبات دو کشور در حال حاضر بار منفی سنگین گذشته را حمل می کند. ایرانی ها همچنان به مقاصد ایالات متحده بدگمانند، و مایل اند این اعتقاد را حفظ کنند که ایالات متحده قادر است بر سیر رویدادها در ایران و منطقه تاثیر بگذارد. در این فضا، جمهوری اسلامی ایران راهبردهای امنیتی رژیم صهیونیستی را در فضای تحولات و انقلاب‌های عربی در تضاد با منافع امنیتی خود می‌بیند. بی‌شک ماهیت این تحولات، قدرت‌یابی نیروهای اسلام‌گراست. به همین دلیل، آرام‌سازی فضا و کمک به روندهای مردم‌سالارانه در نهایت ظرفیت‌های بالایی را برای ظهور نیروهای اسلام‌گرای مخالف غرب و رژیم صهیونیستی فراهم خواهد کرد.

با توجه به این شرایط، سیاست ایران باید درباره هر کشور عرب، با توجه به حساسیت‌ها و درجه اهمیت در روابط دو جانبه و مسائل منطقه‌ای، ویژگی خاص خود را داشته باشد. در مورد مصر، به دلیل اهمیت نقش این کشور در معادلات منطقه‌ای، سیاست ایران باید مبتنی بر اولویت بر منافع و بهبود روابط دوجانبه باشد. درباره سوریه، ایران باید سیاست واقع‌گرایانه مبتنی بر تأمین منافع استراتژیک خود را داشته باشد و مواضع خود را بر پایه واقعیت‌های موجود جامعه سوریه تنظیم کند .

گویا، اتحاد موجود بین دو کشور که به دلیل شرایط خاص روابط ایران ـ سوریه ـ حزب‌الله در منازعه با رژیم اسرائیل است، حتی در شرایط پذیرش بعضی از تحولات در سوریه هم ادامه داشته باشد. در مورد بحرین و عربستان هم سیاست ایران باید مبتنی بر تعادل بین «منافع» و «ارزش‌ها» و حمایت از جنبش‌های مردمی در چهارچوب حفظ احترام متقابل در روابط دوجانبه باشد.

مطمئناً سیاست ایران در خلیج فارس، اقدام نظامی نیست، چون این سیاست منجر به تقویت این استراتژی قدیمی آمریکا و رژیم اسرائیل می‌شود که از زمان انقلاب اسلامی، هدف اصلی سیاست منطقه‌ای ایران را تحت نفوذ قرار دادن همسایگان معرفی کرده‌اند. این امر به ویژه با توجه به برنامه هسته‌ای ایران، از حساسیت بیشتری برخوردار می‌شود. مطمئناً ایران اشتباه سعودی‌ها را تکرار نخواهد کرد، چرا که این امر می‌تواند شکاف‌های سیاسی ـ امنیتی منطقه‌ای را افزایش دهد و توجیهی برای حضور همیشگی بیگانگان در منطقه باشد.

همچنین ایران باید با یک دیپلماسی فعال، از فرصت پدید آمده برای استفاده از نقش و نفوذ سازنده خود در حل و فصل بحران‌های منطقه استفاده کند. یک سیاست می‌تواند ابتکار برقراری یک کنفرانس منطقه‌ای در تهران و با شرکت تمامی طرف‌های دارای منافع در سطح منطقه یا فرامنطقه از جمله ترکیه، عربستان، آمریکا، مصر، عراق، لبنان و... و با هدف یافتن یک راهکار فوری برای پایان دادن سریع به منازعه در بحرین باشد. ایران همچنین می‌تواند با حضوری فعال در سایر کنفرانس‌های منطقه‌ای، از نقش و نفوذ خود برای دستیابی به یک راه حل بینابینی در میان ملت‌ها و دولت‌های منطقه استفاده کند.

همچنین باید گفت، تحولات جهان عرب افزون بر این که نقش و نفوذ منطقه‌ای ایران را افزایش داده است، به همان اندازه بر حساسیت کشورهای منطقه از اهداف حضور ایران در این تحولات، افزوده است. یک دیپلماسی فعال باید به گونه‌ای تنظیم شود که شایبه هر گونه دخالت در مسائل داخلی کشورهای منطقه ـ که می‌تواند منجر به تیرگی روابط در سطح دولت‌ها و همچنین جریحه‌دار شدن احساسات ملی و مردمی در این کشورها شود رفع کند.

از طرفی دیگر آمریکا سیاست سنتی افزایش "نفوذ" و تسلط بر جریان های سیاسی- امنیتی و اقتصادی در منطقه را با هدف مدیریت تحولات جهان عرب از طریق بکارگیری قدرت هوشمند، دیپلماسی عمومی و ارائه مدل غربی حکومتی، تمرکز بر طبقه متوسط و دمکراسی سازی در منطقه پیگیری می کند. آمریکا همچنان در انتخاب بین "منافع "و "ارزش ها" به دلیل اصل بودن حفظ امنیت اسرائیل در سیاست خاورمیانه ای خویش، طرف منافع خود را می گیرد. بر همین اساس ایالات متحده از دموکراسی در بحرین حمایت نمی کند و بر حفظ نظام موجود در این کشور تأکید دارد و به سرکوب خونین و ظالمانه مردم در این کشور اعتراضی ندارد. از سوی دیگر منافع درازمدت آمریکا موجب شده است تا اخیرا اوباما نسبت به ارسال انواع سلاح ها برای مخالفین دولت سوریه به ویژه افراد القاعده دچار تردید و نگرانی شود زیرا رئیس جمهور آمریکا فکر می کند که ممکن است این جنگ افزارها به دست گروه های افراطی اسلام گرا از جمله القاعده بیفتد و در نتیجه در دراز مدت امنیت اسرائیل را به خطر بیندازد. بنابراین آمریکا ، سیاست نمد مالی را در بحران سوریه انتخاب کرده چون خواهان بهم خوردن ثبات منطقه ای نیست زیرا که ممکن است منافع آمریکا را به خطر بیندازد.با توجه به رویکردهای ایران و آمریکا در قبال تحوات جهان عرب باید گفت، تا زمانی که جمهوری اسلامی ایران و ایالات متحده ایران دارای تضاد منافع و اهداف هستند، و هر دو به دنبال گسترش حوزه های نفوذ و منافع خود در مقابل دیگری هستند، روابط دو کشور از هز تحولی که در خاورمیانه اتفاق بیفت، متاثر خواهد شد. بر این

مبنا باید گفت که ، تداوم فرایند بهار عربی به هر سمت و سو جهتی که باشد، روابط ایران و ایالات متحده را نیز متاثر خواهد کرد. زیرا این فرایند ممکن است به سود یکی و به ضرر دیگری باشد و از این طریق منافع یک دولت تامین شود و منافع و امنیت دولت دیگر در معرض تهدید قرار گیرد. در این شرایط دولتی که از تحولات موجود احساس زیان کند برای دفع خطر واکنش نشان خواهد داد و دولتی که احساس منفعت کند برای حفظ آن تلاش خواهد کرد. بدین خاطر ایالات متحده و جمهوری اسلامی ایران به طور دقیق ابعاد و موئلفه های بهار عربی را رصد خواهند کرد تا متناسب با آن به اتخاذ تصمیم بپردازند.

فرایند مبهم تحولات جهان عربی تا کنون سبب تشدید وخامت و تیرگی در روابط دو کشور گشته است. به گونه ای که هر گونه تعامل و سازشی را میان دو کشور دشوار می کند و به نظر می رسد که این وضعیت در گذر زمان نیز تشدید شود. زیرا به هر اندازه که تحولات بهار عربی به سمت شفافیت و مشخص شدن جهت گیری آن حرکت کند، به همان میزان بر رقابت موجود میان ایران و ایالات متحده افزوده خواهد شد.

منابع فارسی

کتابها :

۱. ایوانف، م. س. (۱۳۵۶) ، **تاریخ نوین ایران**، ترجمه: هوشنگ تیزابی و حسن قائم‌پناه و بی‌جا، چاپ اول ،.استکهلم

۲. آل احمد، جلال،(۱۳۵۷)، **خدمت و خیانت روشن فکران**، جلد دوم ، تهران :انتشارات خوارزمی.

۳. آیتی، علیرضا، (۱۳۸۳)،**طرح ژئوپلتیک جدید امریکا، خاورمیانه و محیط پیرامونی**، کتاب خاورمیانه یک ، تهران: مؤسسه ابرار معاصر.

۴. **بداقی ، حمید رضا ،(۱۳۸۷) ، بررسی روابط سیاسی ایران و ایالات متحده آمریکا(۱۳۴۷-۱۳۳۲) ، تهران : مرکز چاپ و انتشارات وزارت امور خارجه.**

۵. بلامی، الکس جی،۱۳۸۶، جوامع امن و همسایگان، ترجمه محمود یزدان فام و پریسا کریمی‌نیا،چاپ اول ، تهران: پژوهشکده مطالعات راهبردی.

۶. - بوندارفسکی ، گریگوری ، (۱۳۶۵)، نفت ایران و کودتای ۲۸ مرداد   ۱۳۳۲،تهران: شرکت سهامی انتشار .

۷. بیومونت،پیتر، (۱۳۶۹)، **خاورمیانه**، ترجمه محسن مدیرشانه چی، مشهد: استان قدس.

۸. بیل، جیمزا، (۱۳۷۱)، **شیر و عقاب**، چاپ اول، ترجمه فروزنده برلیان، تهران: نشر فاخته.

۹. پارسونز، سرآنتونی ،(۱۳۶۳)،"غرور و سقوط"، ترجمه :دکتر راستین،تهران: نشر هفته.

۱۰. جفری کمپ ، رابرت هارکاوی ، (۱۳۸۳)، **جغرافیای استراتژیک خاورمیانه**، ترجمه مهدی حسینی متین، تهران: پژوهشکده مطالعات راهبردی.

۱۱. جعفری ولدانی، اصغر، (۱۳۸۷)، **ایران و مصر: چالش‌ها و فرصت‌ها**، تهران، مرز فکر.

۱۲. **جعفری ولدانی ، اصغر ، (۱۳۸۸)، چالش ها و منازعات در خاورمیانه ، تهران : پژو هشکده مطالعات راهبردی.**

۱۳. جوادی آملی، عبداللّه، (۱۳۸۴)، **حق و تکلیف در اسلام**، قم: اسراء.

۱۴. حافظ نیا،محمّدرضا، (۱۳۷۸)،**خلیج فارس ونقش استراتژیک تنگه هرمز**، تهران: انتشارات سمت،.

۱۵. حجازی، حامد، (۱۳۸۵)، **یک لبنان مقاومت، یک اسرائیل ادعا** ، تهران: انتشارات بصیرت

۱۶. حمیدی نیا،حسین.(۱۳۸۲)، **ایالات متحده آمریکا** ، تهران : مرکزچاپ و انتشارات وزارت امورخارجه.

۱۷. حسینی، حسن، (۱۳۸۳)، **طرح خاورمیانه بزرگ تر**، تهران: موسسه بین المللی ابرار معاصر.

۱۸. حائری‌یزدی، مهدی، (۱۳۸۴)، **جستارهای فلسفی**، ترجمه عبدالله نصری،تهران:موسسه پژوهشی حکمت و فلسفه ایران.

۱۹. خلیلی، اسدالله،(۱۳۸۱)، **روابط ایران و آمریکا**، تهران: موسسه مطالعات ابرار معاصر

۲۰. **خمینی، روح ا... ، (۱۳۶۲) ، صحیفه نور، ج ۱۸،**

۲۱. **خمینی،روح ا... ،.(۱۳۵۸) ، صحیفه نور، ج ۷.**

۲۲. سنجر، ابراهیم،(۱۳۷۰)، **نفوذ امریکا در ایران**، تهران: ناشر مولف.

۲۳. سنجابی،علیرضا، (۱۳۷۵)، **استراتژی وقدرت نظامی**، تهران:نشر پاژنگ.

۲۴. **داوری اردکانی، رضا ،(۱۳۸۸)،درباره غرب،چاپ دوم ، تهران:انتشارات هرمس.**

۲۵. دلدم، اسکندر،(۱۳۵۸)، **تاریخچه ظهور امپریالیسم در ایران، اسرار جاسوسی آمریکا در ایران**، تهران :انتشارات هماورد.

۲۶. دهشیری، محمدرضا،(۱۳۶۸)، **نقش امریکا به عنوان نیروی سوم در سیاست خارجی ایران(۱۸۸۳-۱۹۴۶ میلادی)**، تهران: دانشگاه امام صادق(ع).

۲۷. دهشیار، حسین، (۱۳۸۶)، **سیاست خارجی آمریکا، خاورمیانه و دموکراسی**، تهران: نشر خط سوم.

۲۸. دهشیری،محمّدرضا، (۱۳۸۶)، **منطقه گرایی نوین درخاورمیانه،(کتاب خاورمیانه۱)**، تهران: مؤسسه فرهنگی بین المللی ابرار معاصر..

۲۹. درودیان، محمد، (۱۳۷۸)، **سیری در جنگ ایران و عراق ، پایان جنگ**، تهران: مرکز تحقیقات و مطالعات جنگ.

۳۰. دفتر مطالعات سیاسی و بین المللی،(۱۳۸۹)، **کتاب سبز لیبی**،تهران : مرکز چاپ و انتشارات وزارت امور خارجه .

۳۱. دهقانی فیروزآبادی، سید جلال ، (۱۳۸۹)، **سیاست خارجی جمهوری اسلامی ایران**، چاپ سوم، تهران: انتشارات سمت.

۳۲. ذوقی،ایرج، (۱۳۶۸)، **ایران و قدرتهای بزرگ در جنگ جهانی دوم**، تهران، انتشارات پاژنگ.

۳۳. **رضازاده ملک، رحیم ،(۱۳۵۰)، تاریخ روابط ایران و ممالک متحده آمریکا ، تهران : نشر کتابخانه طهوری**

۳۴. روبین، باری،(۱۳۶۳)، «**جنگ قدرت‌ها در ایران**»،ترجمه: محمود مشرقی،تهران: نشر آشتیانی .

۳۵. رنجبر،جواد، (۱۳۸۳)، **کتاب آسیا، ویژه افغانستان پس از طالبان، سیاست خارجی امریکا درقبال افغانستان از دیدگاه حقوق بین الملل**، تهران: مؤسسه بین المللی ابرار معاصر.

۳۶. زکریا ،فرید، (۱۳۴۸)، **آینده آزادی، اولویت لیبرالیسم**، ترجمه امیر حسین نوروزی، تهران: انتشارات طرح نو.

۳۷. طلوعی، محمود، (۱۳۷۴)، **پدر و پسر**، تهران، نشر نی.

۳۸. **علی بابایی ، غلامرضا ،(۱۳۷۹) ،فرهنگ سیاسی و تاریخی ایران، جلد یک ، تهران : انتشارات امیر کبیر.**

۳۹. عنایت، حمید، (۱۳۶۳)، **سیری در اندیشه سیاسی عرب**، چاپ اول ، تهران:انتشارات امیرکبیر.

۴۰. عنایت، حمید، (۱۳۷۲)، **اندیشه سیاسی در اسلام معاصر**، ترجمه بهاءالدین خرمشاهی،تهران : انتشارات خوارزمی.

۴۱. غرایاق زندی، داود، (۱۳۸۷) ، **حضور نظامی آمریکا در خلیج فارس و تأثیر آن بر امنیت ملی جمهوری اسلامی ایران**، تهران: پژوهشکده مطالعات کاربردی فارابی.

۴۲. فاوست، لوئیس، (۱۳۷۴)، **ایران و جنگ سرد**، ترجمه: کاوه بیات، چاپ دوم ،تهران: دفتر مطالعات سیاسی و بین‌المللی.

۴۳. فلاح زاده، محمد هادی، (۱۳۸۳)، **جمهوری عربی مصر**، تهران : موسسه فرهنگی مطالعات و تحقیقات بین المللی ابرار معاصر.

۴۴. قزوینی حائری، یاسر، (۱۳۹۰)، **سونامی در جهان عرب**، چاپ اول ،تهران : انتشارات امیر کبیر.

۴۵. **- قمی، شیخ عباس ، مفاتیح الجنان، دعای «کمیل».**

۴۶. فالاچی، اوریانا،(۱۳۸۳)، «**مصاحبه‌های تاریخی باایت ا... خمینی (ره)، مهدی بازرگان، محمد رضا پهلوی**،چاپ اول، تهران : نشر مرکب سپید.

۴۷. فولر، گراهام، (1390) ، **قبله عالم :ژئوپلتیک ایران**، ترجمه عباس مخبر، چاپ پنجم، تهران، نشر مرکز، چاپ پنجم.

۴۸. کاردانکوس، هلن،(۱۳۶۳)، **برادر بزرگتر**، ترجمه: ژاله عالیخانی، انتشارات هفته.

۴۹. کلاف، شپرد،(۱۳۶۸)، **تاریخ اقتصادی اروپا در قرن بیستم**، ترجمه: محمدحسین وقار، جلد یک ،تهران: نشر گسترده.

۵۰. گریگوری، بوندرافسکی، (۱۳۶۵)، **شیر و عقاب**، مداخلات آمریکا در ایران، ترجمه حسین سلحشور، تهران :انتشارات خرم.

۵۱. گازیوروسکی، مارک، (۱۳۷۱)، **سیاست خارجی آمریکا و شاه**، ترجمه فریدون فاطمی، تهران: نشر مرکز.

۵۲. **- لنور، مارتین ،(۱۳۸۳)، چهره جدید امنیت در خاورمیانه ، ترجمه قدیر نصری ، تهران : پژوهشکده مطالعات راهبردی .**

۵۳. لیسون، آبراهام، (۱۳۵۸)،**روابط سیاسی ایران و آمریکا**، ترجمه محمد باقر آرام، تهران:وزارت امور خارجه.

۵۴. میلسپو،آرتور ،(۱۳۷۰)، **آمریکاییان در ایران**، ترجمه: عبدالرضا هوشنگ مهدوی، تهران: انتشارات البرز.

۵۵. مجتهدزاده، پیروز،(۱۳۸۰)، **امنیت و مسایل سرزمینی خلیج فارس**،ترجمه امیرمسعود اجتهادی، تهران: مرکز چاپ و انتشارات وزارت خارجه.

۵۶. **- مصباح، محمّدتقی،(۱۳۷۸) ، جامعه و تاریخ، قم : مؤسسه آموزشی و پژوهشی امام خمینی (ره).**

۵۷. معاونت فرهنگی ستاد مشترک سپاه، ۱۳۶۸، پایان عصر امریکا در خاورمیانه، تهران: انتشارات سپاه.

۵۸. ملازهی،پیر محمد ،(۱۳۸۳)، **کتاب آسیا ویژه افغانستان**، تهران:موسسه ابرار معاصر.

۵۹. ملازهی، پیرمحمد، (۱۳۸۴)، **امنیت بین الملل ، فرصتها و تهدیدهای امنیتی فراسوی جمهوری اسلامی در نگرش به موضوع افغانستان**، تهران: مؤسسه ابرار معاصر.

۶۰. متقی ، ابراهیم، (۱۳۸۵)، **امریکا، هژمونی شکننده و راهبردی جمهوری اسلامی ایران**، تهران: مرکز تحقیقات.

۶۱. متقی ، ابراهیم ، (۱۳۸۷)، رویارویی غرب معاصر با جهان اسلام ،چاپ اول ، تهران :سازمان انتشارات پژو هشگاه فرهنگ و اندیشه اسلامی.

۶۲. **مقتدر ، هوشنگ ، (۱۳۵۸)، مباحثی درباره سیاست بین الملل و سیاست خارجی ، تهران : دانشکده علوم سیاسی و اجتماعی .**

۶۳. منصوری،جواد.(۱۳۸۵)، **سیر تکوینی جمهوری اسلامی**تهران : مرکز چاپ و انتشارات وزارت امورخارجه.

۶۴. منصوری ، جواد ،(۱۳۹۰)، چالش های ایران و آمریکا ، چاپ اول ، تهران : انتشارات مرکز اسناد انقلاب اسلامی .

۶۵. میلانی، عباس.(۱۳۸۵)، **معمای هویدا**،چاپ شانزدهم،تهران : نشر اختران.

۶۶. نواب‌صفوی، سیدمجتبی، (۱۳۷۹) **فداییان اسلام برنامه حکومت اسلامی**، ترجمه سیدهادی خسروشاهی،تهران : انتشارات اطلاعات.

۶۷. **نوایی، عبد الحسین ،(۱۳۶۹)، ایران و جهان ،جلد اول ، تهران: نشر هما.**

۶۸. **نیاکوئی ، امیر ، (۱۳۹۱) ، کالبد شکافی انقلابهای معاصر در جهان عرب ، چاپ اول ،تهران: نشر میزان.**

۶۹. **واعظی ، حسن ، (۱۳۸۱) ، بررسی سیاستهای آمریکا در ایران ، تهران : انتشارات سروش**

۷۰. **- هنسن ، برت و تافت ، پتر و ویول ، آندرس ،(۱۳۹۰) ، راهبرد های امنیتی و نظم جهانی آمریکایی ، ترجمه امیر نیاکوئی و احمد جانسیز،چاپ اول ، رشت : اداره چاپ و انتشارات دانشگاه گیلان .**

۷۱. هویدا، فریدون،(۱۳۶۵)، **سقوط شاه**، ترجمه ح.ا. مهران،تهران : نشر اطلاعات.

۷۲. هوشنگ مهدوی، عبدالرضا ،(۱۳۶۸)، **تاریخ روابط خارج ایران از پایان جنگ دوم تا سقوط رژیم پهلوی**، تهران: نشر نو.

۷۳. هوشنگ مهدوی، عبدالرضا، (۱۳۷۷) سیاست خارجی در دوران پهلوی ۱۳۵۷-۱۳۰۰، تهران: نشر البرز.

۷۴. - هینبوش ، ریموند و همکاران ،(۱۳۹۰) ، سیاست خارجی کشور های خاورمیانه ،ترجمه محمد قهرمانپور ،چاپ اول ، تهران: انتشارات دانشگاه امام صادق (ع) .

۷۵. - یسلسون،آبراهام،(۱۳۶۸) ، تاریخ روابط سیاسی ایران و ایالات متحده آمریکا(۱۹۲۱-۱۸۸۳م)، ترجمه محمد باقر آرام ، تهران ، انتشارات امیر کبیر

مقالات :

۷۶. آلاسدایر دوایسدل، و جرالد چ .بلیک، (۱۳۷۰)،جغرافیای سیاسی خاورمیانه و شمال آفریقا، دره میرحیدر (مهاجرانی)، تهران: وزرات امور خارجه، دفتر مطالعات سیاسی و بین المللی ، مرکز مطالعات خلیج فارس .

۷۷. احمدیان، حسن، (۱۳۹۰)، چشم‌انداز تغییر حکومت در یمن؛ چالش‌ها و پیامدها، گزارش راهبردی، شماره ۳۵۵، معاونت پژوهش های سیاست خارجی مرکز تحقیقات استراتژیک، فروردین .

۷۸. افراسیابی ، کاوه ،(۱۳۸۴) ، ایران و طرح خاورمیانه بزرگ ، فصلنامه سیاست خارجی ، سال نوزدهم ، شماره دوم ، تابستان .

۷۹. اعلامیه اصول ایجاد و ساخت جامعه اطلاعاتی،(1383)، ماهنامه *تکفا* (TAKFA)، فروردین و اردیبهشت .

۸۰. امیر عبداللهیان،حسین ، (۱۳۹۰)، ناکامی طرح خاوریمانه بزرگ و خیزش بیداری اسلامی در جهان عرب: مطالعه موردی بحرین، فصلنامه مطالعات راهبردی، سال چهاردهم، شماره دوم، تابستان.

۸۱. بوزان، بری، (۱۳۸۱)، خاورمیانه ساختاری همواره کشمکش زا، ترجمه احمد صادقی، فصلنامه سیاست خارجی، سال شانزدهم، شماره سوم، پاییز.

۸۲. برشنده، مرتضی(۱۳۸۹)، عوامل موثر در گسترش روابط نظامی ایران و آمریکا در دوران نیکسون و پیامدهای آن، فصلنامه مطالعات تاریخی، شماره ۲۹ ، تابستان .

۸۳. بخشی، احمد،(1390)، پایان دموکراسی: بررسی بنیان های نظری و فکری سیاست و حکومت در دوره قذافی، مهرنامه، شماره ۱۵، شهریور.

۸۴. بوزان ، بری ،(۱۳۸۱)، خاورمیانه: ساختاری همواره کشمکش زا ، ترجمه احمد صادقی ، فصلنامه سیاست خارجی ، سال شانزدهم، شماره سوم ، پاییز .

۸۵. تائب، سعید، (۱۳۶۷)، قانون داماتو ایران یا اروپا، فصلنامه سیاست خارجی، سال یازدهم، شماره اول، بهار

۸۶. خرمشاد ، محمد باقر ،(۱۳۸۱)، رفتار شناسی آمریکا در قبال انقلاب اسلامی ایران ، فصلنامه راهبرد ، شماره ۳۱، بهار .

۸۷. دهشیار، حسین، (۱۳۸۵)، «آمریکا و دگرگونی در استراتژی کلان»،فصلنامه پژوهش حقوق و سیاست، سال هشتم، شماره ۲۱..

۸۸. .دهشیار ، حسین، (۱۳۸۹)، لیبی قربانی امپریالیسم بشردوستانه، اطلاعات سیاسی- اقتصادی، سال بیست و پنجم، شماره پنجم و ششم.

۸۹. رجایی، فرهنگ، ۱۳۸۱، اندیشه سیاسی معاصر غرب ، فصلنامه علوم سیاسی، سال دوازدهم ، شماره شانزدهم ، بهار.

۹۰. رمضانی، روح‌اله، (۱۳۸۰)، گفت‌وگو نیاز به نظریه، ترجمه علیرضا طیب، **اطلاعات سیاسی اقتصادی**، سال ۱۵، شماره ۱۶۷ و ۱۶۸، مهر و آبان.

۹۱. سجادپور، محمدکاظم، (۱۳۹۰)، تحلیل استراتژی امریکا در یمن: وزن های ناهمسنگ ، **همشهری دیپلماتیک**، شماره ۴۸.

۹۲. شیرودی، مرتضی، (۱۳۸۴)، طرح خاورمیانه بزرگ غرب و کشورهای مسلمان زمینه‌ها، چیستی و پیامدها؛ فصلنامه اندیشه تقریب، سال اول، شماره سوم ، تابستان .

۹۳. شحاته دینا و مریم وحید، (۱۳۹۰)، عوامل دگرگونی در جهان عرب، **فصلنامه مطالعات راهبردی جهان اسلام**، سال دوازدهم، بهار.

۹۴. صاحب خلق، نصیر، (۱۳۸۳)، اعلامیه اصول ایجاد و ساخت جامعه اطلاعاتی»، **ماهنامه تکفا**، فروردین و اردیبهشت .

۹۵. صادقی ، احمد، (۱۳۸۴)، چیستان ایرانی؛ کشاکش ایارن و آمریکا ، **فصلنامه سیاست خارجی**، سال ۱۹، شماره ۱، بهار.

۹۶. صادقی، احمد (۱۳۸۷)،« تبارشناسی سیاست خارجی جمهوری اسلامی ایران ؛جایگاه هویت ، فرهنگ و تاریخ»، **فصلنامه سیاست خارجی** ، سال ۲۲، شماره۲.

۹۷. صادقی، حسین و احمدیان، حسن ،(۱۳۸۹)، دگرگونی جایگاه منطقه ای یمن : امکانات و چالش ها، **فصلنامه راهبرد**، شماره ۵۶ ، پاییز.

۹۸. صادقی ، حسن و عباسی ، مجید ،(۱۳۹۱)، تاثیر سیاست های آمریکا و فرانسه بر روابط جمهوری اسلامی ایران و لبنان (مطالعه موردی : جنگ ۳۳ روزه)، فصلنامه سیاست خارجی ، سال بیست و ششم ، شماره ۱، بهار .

۹۹. علیزاده،علی اکبر، (۱۳۸۸)، ریشه های منازعه بین ایران و آمریکا، فصلنامه انسان پژوهی دینی، دوره ۶، شماره ۲۱، زمستان.

۱۰۰. غرایاق زندی، داود، (۱۳۸۷)، چشم انداز امنیت انسانی در خاورمیانه سده بیستم، **فصلنامه مطالعات راهبردی**، سال یازدهم، شماره سوم، پاییز.

۱۰۱. فولر، گراهام، (۱۳۸۲)، آینده اسلامی سیاسی، ترجمه پیروز یزدانی، **فصلنامه راهبرد**، شماره ۲۷، ،بهار .

۱۰۲. فنایی، داوود، (۱۳۹۰)، چالشهای سیاست خارجی ترکیه : دوری از مدار صفر، **همشهری دیپلماتیک**، دوره جدید، شماره ۵۰، آبان.

۱۰۳. معرفت، محمدهادی، (۱۳۸۲)، «جهانی شدن، زمینه جهانی سازی یا در انتظار یوم موعود»، **فصلنامه قبسات**، پاییز.

۱۰۴. میرباقری، سید محمّدمهدی، (۱۳۸۲)، «انسان و جهان آینده»، **ماهنامه موعود**، اسفند .

۱۰۵. **نقیب زاده ، احمد،(1373)، جامعه اروپا و مسائل خاورمیانه ، فصلنامه مطالعات خاورمیانه ، شماره دوم ، تابستان.**

۱۰۶. نیاکویی ، امیر ،(۱۳۹۰)،تحولات اخیر خاورمیانه و شمال آفریقا : ریشه ها و پیامد ها ، فصلنامه روابط خارجی ،سال سوم ، شماره چهارم ،زمستان .

۱۰۷. هاشمی رفسنجانی(مصاحبه)،(۱۳۸۳)، پاسخ‌های آیت‌الله هاشمی رفسنجانی به چند پرسش کلیدی، فصلنامه **راهبرد**، شماره ۳۴، زمستان .

۱۰۸. هاشمی رفسنجانی،(۱۳۸۰)، **فصلنامه خاورمیانه**، سال هشتم، شماره سوم، پاییز

۱۰۹. یزدان فام، محمود، (۱۳۹۰) ،تحولات جهان عرب: صورت بندی قدرت و هویت در خاورمیانه، **فصلنامه مطالعات راهبردی**، سال چهاردهم، شماره دوم، تابستان.

منابع اینترنتی

۱. ایرانی، محمد ،(۱۳۹۰) بحران سوریه و سردرگمی دوستان،(۲۳ اردیبهشت ۱۳۹۰)،:به نشانی اینترنتی :
http://www.khabaronline.ir/news-150416.aspx

۲. افراسیابی ، کاوه ،(۱۳۸۴)، ایران و طرح خاورمیانه بزرگ ،ترجمه احمد هاشمی ، فصلنامه سیاست خارجی . سال نوزدهم ، فروردین. یا به نشانی اینترنتی :**http://did.ir/catalog/index.aspx?cn=pp00020063101310910**

۳. برزگر، کیهان ،1390 ، ایران و تحولات جهان عرب : منافع و ارزش ها ،پژوهشکده تحقیقات راهبردی..l**www.isrjournals.ir/fa/middle-east-farsi/191-essay-farsi-47.html**

۴. پورسعید، فرزاد ، (۱۳۹۰)، عراق جدید و تهدید منزلت منطقه‌ای جمهوری اسلامی ایران:
http://diplomatist.blogfa.com/post-262.aspx
http://www.shareh.com/persian/magazine/uloum_s/41/05.htm

۵. تحولات تونس ، مصر و لیبی(شباهت ها و تفاوت ها) ، (۱۳۹۰)به نشانی اینترنتی :
http://www.tebyan.net/newindex.aspx?pid=160001

۶.تخشید، محمدرضا و نوریان ، اردشیر ،یکجانبه‌گرایی امریکا و تأثیر آن بر نقش منطقه‌ای جمهوری اسلامی ایران، به نشانی اینترنتی : ttp://noorportal.net/PrintArticle.aspx?id=30536

۵. دبیری مهر ، امیر،(۱۳۸۵)،شیر ایرانی و عقاب آمریکایی: گذری بر پیشینه؛ چالش‌ها و چشم‌انداز روابط ایران و آمریکا.
http://vista.ir/?view=context&id=238598

۶. دهشیار ، حسین ، (۱۳۹۱)، آمریکا و تحولات عربی، **پژوهشکده مطالعات استراتژیک خاورمیانه**، ۸ آبان ماه .
http://www.payam-aftab.com/fa/news/19389

۷. سجادپور، محمدکاظم،(۱۳۹۰)، معضلات متراکم : آمریکا و تحولات یمن، **سایت دیپلماسی ایرانی** :
http://www.irdiplomacy.ir

۸. عسکری، محمّدعلی،(۱۳۸۳)، «متن کامل طرح خاورمیانه بزرگ آمریکا»، **روزنامه شرق**، ویژه نامه نوروز .به نشانی :
www.Almustaghbal.com/2006/8/10

۹. غلامی ، طهمورث ،(۱۳۹۱) ، روابط ایران و ایالات متحده در پرتو تحولات عربی (بخش ۱و۲) ، مرکز بین المللی مطالعات صلح (IPSC) . به نشانی اینترنتی: www.peace.org.fa/

۱۰. قاسمی، علی پاشا،(۱۳۸۰)، جنگ ۳۳ روزه و جایگاه منطقه‌ای ایران، **فصلنامه مطالعات منطقه‌ای جهان اسلام**، آذر . به نشانی اینترنتی :**www.did.ir/document/index** 12456

۱۱. کسینجر، هنری ،(۱۳۹۰)تغییرات دمکراتیک در بحرین به نفع آمریکا نیست (۱۳۹۰/۳/۱۶)، به نشانی اینترنتی :
http://irna.ir/NewsShow.aspx?NID=30418533

۱۲. مرشدی ، ارسلان ،1390، دیپلماسی ایرانی درآوردگاه تحولات عربی .به نشانی اینترنتی :
http://www.hamshahrionline.ir/details/133434

۱۳. مرکز بررسی های راهبردی ریاست جمهوری ، ۱۳۹۱ ،تحولات جهان عرب و امنیت ملی جمهوری اسلامی ایران .
به نشانی اینترنتی :
http://nahad.govir.ir/portal/Home/ShowPage.aspx?Object=News&CategoryID
۱۴. موسوی، سید حسین، (۱۳۹۰)، بیم و امیدها در بحران سوریه، مرکز پژوهشهای علمی و مطالعات استراتژیک خاورمیانه
۱۵. http://fa.merc.ir/Default.aspx?tabid=237&currentpage=8.
۱۶. نکوئی سامانی ، مهدی(1387)،اسلام و جهانی شدن ، نشریه معرفت ،سال هفدهم، شماره ۱۳۳. به نشانی اینترنتی:
http://marifat.nashriyat.ir/node/601
۱۷. نوروزی ، حسن ، ۱۳۹۱،از خاورمیانه بزرگ تا خاورمیانه اسلامی . به نشانی اینترنتی
http://iranbazgoo.persianblog.ir/post/275:

منابع انگلیسی

Books :

1. **blaydes, lisa, 2011 , election and distributive politics in Mubarak,s Egypt, camdridge : university press .**
2. **Haeri, Niloofar ,2003, Sacred language, ordinary people: dilemmas of culture and politics in Egypt, New York: Palgrave.**
3. **Held, Colbert C, 2000, *Middle East Patterns: Places, Peoples, and Politics*, 3rd edition, Westview Press**
4. **Louise, Fawcett,2005, *International Relations of the Middle East*, New York :Oxford University Press .**
5. **osman, tarek, 2010, Egypt on the brink : from Nasser to Mubarak, yale: university press.**
6. **sheehi, Stephen ,2004, Foundations of modern Arab identity, Florida: University Press of Florida.**

Articles:

1. **Doyle, Mickael, 1986, Kant "liberalism and word politics" American political (29 since Reviw/vol. 80, No 4(December 1986)**
2. **Eppel, Michael ,1998, 'The elite, the Effendiyya, and the growth of nationalism and Pan- Arabism in Hashemite Iraq, 1921-1958', International Journal of Middle East Studies,Vol. 3o, No. 2, P. 227-250.**
3. **Malek. A &Afrasiabi k, 2003, Irans Foreign policy since September 11, Brons Jornal of word Affairs (Summer, 2003) vol. Ix. Nol./PP 255- 26۶.**
4. **Popular Protests in North Africa and the Middle East (III) , 2011: The Bahrain Revolt, Middle East/ North Africa Report 105 -6 April 2011, International Crisis Group.**
5. **Wallerestein, Immanuel,1993: "Foes as Friends" Foreign policy Vol, 90, No 1/ (spring 93).**

Internet sources :

1. Bahrain economic development board , 2008, economic vision 2030. http://www.bahrainedb.com/EDB in bahrain.aspx?id= 2224.

2. Ehud Yaari, The Arab Revolutions: an Israeli perspective,(march 15, 2011), in : http: www.Washingtoninstitute.org/templateco5.php?cid=3328.

3. Hentov, Elliot, (may ,10,2011), Irans unwanted Revolution. www.mideast.oreignpolicy.com/posts

4. Jenife L. Windsor , 2005, "promoting Democratization can combat terronism"? The washington couarterly summer 2005 at: www. washington quarterly. Com

5. Lugar, Richard.G (2004); " A New Partnership for the Greater Middle East: CombatingTerrorism, Building Peace", http://www.brookings.edu/comm/events/20040329lugar.pdf.

6. MEQ ,1996, 'Socialism's Last Defender', Middle East Quarterly, March, p. 93-94; Available at: http://www.meforum.org/298/socialisms-last-defender

7. Thomas corthens "Democracy: Terrorism Uncertain Artidos" (urent History Desember ,٢٠٠٣ p, 403: Reprinted at www.ceip. Org.

8. Toby c. jones, counterrevolution in the gulf, United States Institute of Peace , April 15 2011,p.2, in: www.usip.org.

9. UNDP ,2011, "International Human Development Indicators: Regional and National Trends in the Human Development Index 1970-2010: Arab States", Available at:http://hdr.undp.org/en/data/trends.